AUGUSTO CENTENO, CONNE

CORAZÓN

DE

ESPAÑA

HOLT, RINEHART AND WINSTON · NEW YORK

Drawings by Ruth Talovich

The illustration on the binding is based upon a
Hispano-Moresque plate of the
second half of the fifteenth century.

(Courtesy of the Hispanic Society of America.)

Library of Congress Catalog Card Number: 57-5147

31343-0417

Manufactured in the United States of America

STUDENT'S NAME			RNED
Lish	A	118	
Messinger	118	Clony	
Roberts	A 118	7/66	Clorm
Fetterhoff		118	
Stoner		6/66 6/66	
Simmons	7/68	118	
Turner	7/68		
P. Tortra	5/7		Dan
D. Bitner	5/20		Dan
L. Burr	5/21		Dwm M
Welsh, Tom	118	A - 12-16 - M	
Noдal, Dennis		118	Cwm
Sto Koppel		118	Cwm

PREFACE

Corazón de España is a small anthology of Spanish narrative literature. The stories are re-told in brief form and in simple, direct literary style.

The volume presents typical Spanish masterpieces, ranging in time from the twelfth century to the twentieth and representing the following literary genres : the epic poem, the Oriental tale, the medieval ballad, the Moorish novel, the romance of roguery, the novelette, the novel, the romantic legend, the folk story, the historical romance, and the modern realistic novel.

A new method of introducing great literature on a first-year level is offered in the present book.

Corazón de España may be thought of as a series of colored posters evocative of famous oil paintings. The complexity of the paintings has been reduced, as it were, to simple designs set in dramatically contrasting colored surfaces.

An important aim of the book has been to arouse in the student an imaginative response to the profound and varied human reality of the originals. To achieve this, the author has allowed himself complete, though never arbitrary, interpretative freedom in the presentation of the stories. A re-creation of the spirit, rather than the reproduction of the letter, has been the objective.

The language is simple in construction. The vocabulary consists of everyday words which the student can readily assimilate. Exceptions, of course, are those words essential to the colorful telling of each story. Especial care has been taken to include numerous cognates and antonyms. Basic words and constructions recur with great frequency. Verbal forms are introduced gradually.

Passages that might present linguistic difficulties are translated or fully explained in the footnotes. In addition, a series of *Notes on Life and Civilization* has been included. These latter present geographical, historical, and cultural material which complements the content of the stories and helps the student to visualize the Spanish scene.

Corazón de España offers more than enough material to satisfy reading requirements for the first year or the third semester of college Spanish.

The author is grateful to Professor Frederic Ernst, formerly of New York University, for his careful reading of the manuscript and for his valuable suggestions.

Augusto Centeno

New London, Connecticut
January 1957

TABLE OF CONTENTS

CORAZÓN DE ESPAÑA

A

Isabel Centeno

Consuelo dulce el clavel

GÓNGORA

Poema del Cid

[1]

ANÓNIMO

The Poema del Cid *is the only complete example left to us of early Spanish, or more exactly Castilian, epic poetry. It was composed in the region of Medinaceli, in the modern province of Soria, by one of those minstrels, his identity now unknown, who traveled throughout the land, chanting heroic tales in the market place in exchange for a good meal and a good glass of wine.   The date of composition is* circa *1140.*

The Cid (from the Arabic sidi, *lord or chieftain), whose name was Rodrigo Díaz de Vivar, is chronologically the first of those towering human types the creation of which constitutes Spain's greatest contribution to world literature.   The others are Don Quijote, Sancho, Don Juan, and Celestina.*

The Cid, Rodrigo Díaz, is the embodiment of the Castilian people.   In contrast to him, the King and the Princes of Carrión exemplify an older concept of life, traditional and aristocratic.

In the Poema del Cid *typical, bare Spanish realism makes its first appearance.*

No hundreds of thousands of warriors are pitted here against hundreds of thousands of warriors in a supernatural world.

Here the scale of life is the human scale; the emphasis is on man, his everyday problems and the difficulties of his existence.

Here a man can gladly do a work of charity and at the same time regret spoiling his new hat in doing so.

The Poema del Cid *was first published in 1779 by Librarian Tomás Antonio Sánchez.   The definitive critical edition of Professor Ramón Menéndez Pidal of the University of Madrid appeared in 1908-1911.*

Poema del Cid

ANÓNIMO

Cantan alegremente los gallos y está amaneciendo[1] en las anchas llanuras de Castilla.

El valiente Cid y sus buenos compañeros van* a caballo,[2] graves y silenciosos. ¿Adónde van?* Van a ganarse la vida,[3] lejos de su tierra. 5

El rey ha escuchado a los enemigos del Cid que están envidiosos de la riqueza y de la fama de este gran soldado. El rey ha desterrado al Cid de toda la tierra de Castilla.

El valiente Cid y sus buenos compañeros no piensan* volver jamás.[4] Han dejado atrás a sus esposas, a sus hijos, a sus 10 amigos. También han dejado atrás para siempre sus casas, sus campos de trigo, sus molinos, todo lo que[5] poseen en este mundo.

El Cid va* a hacer la guerra a los moros,[6] que ocupan una buena parte de España. Él y sus compañeros esperan 15 conquistar ciudades y ganar buen dinero en esta guerra.

---

* Asterisks focus attention on irregular verbs. (See list in Appendix.)

1. Cantan...amaneciendo, *The roosters are crowing merrily and it is dawning.* — *Note inversion of subject:* cantan los gallos.
2. van a caballo, *are riding on; literally, go on horseback.*
3. van...vida, *they are going to earn their livelihood.* — *Note that the possessive "their" is expressed by the reflexive* ganarse, *while the definite article is used with the noun* la vida.
4. no...jamás, *they intend never to return.* — Pensar + *inf. means " to intend."*
5. todo lo que, *all that.*
6. a los moros, *against the Moors.*

Ahora llegan a Burgos, la capital de Castilla. Hombres, mujeres y niños salen a verle.

Todos dicen :*

20 — ¡Dios, qué buen vasallo si tuviese* buen señor!⁷

El Cid quiere* detenerse aquí esta noche. La gente de Burgos no puede* recibirle. Entran todos⁸ en sus casas y las calles quedan desiertas.

Solamente una niña de nueve años viene* a hablar al Cid, 25 y le dice :*

— ¡Buen Cid! Hoy ha llegado una carta del rey. Queremos recibirle,⁹ pero no podemos. Si lo hacemos, vamos* a perder nuestras casas y nuestras vidas.

El Cid y sus compañeros pasan por las silenciosas calles 30 de Burgos, cruzan el río, y siguen* adelante.¹⁰

Marchan horas y horas por los caminos llenos de sol y de polvo. Llegan al Monasterio de Cardeña, donde están refugiadas la esposa del Cid, doña Jimena, y sus hijas doña Sol y doña Elvira. Todos rezan juntos.

35 Al amanecer, se despiden.¹¹* La separación es* muy dolorosa.

Dice* el poeta :

« Se parten unos de otros como la uña de la carne. »¹²

Muchos caballeros vienen* a reunirse con el Cid, para 40 ayudarle en la guerra.

Empiezan* las batallas con los moros. El Cid y sus compañeros conquistan pueblos y castillos. Tratan bien a los moros vencidos, y éstos se hacen buenos amigos¹³ de los caballeros castellanos.

45 El Cid mira hacia el Este, hacia el mar. Allí está la hermosa

---

7. Dios...señor, " *Almighty God, what a good vassal if only he had a good king!* " — Tuviese *is the imperfect subjunctive of* tener *and is used to express a wish.*

8. Entran todos, *they all enter.* — *Note again the inversion of subject.*

9. recibirle, *to receive you.* — *Note the use of the third person object for "you."*

10. siguen adelante, *they continue riding; literally, they continue forward.*

11. Al...despiden, *At dawn they say good-by to each other.*

12. Se...carne, *They are torn from each other as the fingernail is torn from the flesh.*

13. se...amigos, *they become good friends.*

ciudad de Valencia con sus muchas torres, rodeada de huertas
y jardines.

Valencia es de los moros.[14] El Cid la conquista. Ahora todos
los compañeros del Cid son* ricos.

Dice* el poeta :

« El oro y la plata, ¿quién lo podría contar? »[15]

El Cid toma la quinta parte de estas grandes riquezas. Su
fama se extiende* por toda España, y el rey de Castilla quiere*
hacer las paces[16] con su rico y poderoso vasallo.

50

14. es...moros, *belongs to the Moors; literally, is of the Moors.*
15. El...contar, *As for the gold and silver, who could count it?*
16. hacer las paces, *to make peace.*

55 El rey, para honrar al Cid, ha dispuesto el casamiento de doña Elvira y de doña Sol con dos miembros de la familia real, los dos Infantes de Carrión.

Se han celebrado las bodas con grandes fiestas,[17] y toda la familia del Cid se reúne ahora en Valencia.

60 En medio de estos días de felicidad llegan muy malas noticias. El Emperador de Marruecos viene* con un gran ejército para luchar contra el Cid. El ruido de los tambores es espantoso, y doña Jimena y sus hijas se asustan. El Cid las tranquiliza, y dice :*

65 — ¡Ahora veréis cómo un hombre gana su pan![18]

Dice el poeta :

« ¡La batalla es maravillosa y grande! »

« ¡Tantas cabezas con yelmos, que por el suelo caen, tantos caballos sin dueños, corren por todas partes! »[19]

70 Después de horas de lucha, el Cid vence. El Emperador huye* hacia el mar. El Cid le alcanza. De un solo tajo de su espada, le corta la cabeza,[20] que rueda* entre las olas de la playa. Su yelmo, cubierto de zafiros y rubíes, reluce al sol en la arena.

75 Los barcos de los moros huyen* y se dispersan por el mar.

Los Infantes de Carrión, que se han portado[21] cobardemente en la batalla, temen las palabras sarcásticas de los soldados, y deciden volver a Castilla con sus esposas.

Ya salen de Valencia. Ya están de camino.[22] Ya llegan
80 a un lugar muy solitario y oscuro, el bosque de Corpes. Hacen

---

17. Se...fiestas, *The wedding festivities have taken place amidst the greatest gaiety. — Note inverted word order.*

18. Ahora...pan, *Now you will see how a man earns his bread.*

19. Tantas...partes, *How many heads with helmets fall to the ground; how many riderless horses (literally, horses without masters) are running everywhere.*

20. De un solo...cabeza, *With a single blow from his sword he cuts off his head. — Note the use of the object pronoun + the definite article, used with parts of the body.*

21. se han portado, *have behaved.*

22. Ya...camino. *Now they are on their way.*

bajar a sus esposas de los caballos.[23] Brutalmente, con las cinchas de los caballos, las golpean hasta que salta la sangre.[24] Los cobardes Infantes vuelven* a montar a caballo,[25] y dejan a doña Sol y a doña Elvira en el oscuro bosque, muriendo* de dolor y de sed.[26]   85

Dice* el poeta :

« ¡ Qué ventura sería, si pluguiese al Creador, que asomara entonces el Cid Campeador! »[27]

Uno de los soldados del Cid, que vuelve* de Castilla a Valencia, oye* los lamentos que vienen* del bosque. Las hijas   90 del Cid se están muriendo* de sed,[28] y él busca agua, y la trae en su sombrero nuevo que acaba de comprar[29] en la ciudad.

El crimen de los Infantes de Carrión no puede* quedar sin castigo. Dos caballeros del Cid vencen a los Infantes en un duelo. Los Infantes quedan deshonrados para siempre.   95

Las hijas del Cid vuelven a casarse,[30] esta vez con los Infantes de Navarra y de Aragón.

Dice* el poeta :

« Hicieron* sus casamientos doña Elvira y doña Sol, los primeros fueron* grandes, pero éstos son mejores. »[31]   100

Y el poeta termina, diciendo :[32]*

« ¡ Ved cómo aumenta la honra, al que en buen hora nació, cuando reinas son sus hijas de Navarra y Aragón. »[33]

---

23. Hacen...caballos, *They make their wives dismount; literally, get off their horses.*
24. hasta...sangre, *until the blood spurts.*
25. vuelven...caballo, *mount again.* — Volver a + *inf.* = *to do (something) again.*
26. muriendo...sed, *dying of pain and thirst.*
27. Que...Campeador, *What good fortune it would be if the Creator were pleased to have the Cid, the good champion, appear now.*
28. se están...sed, *are dying of thirst.*
29. acaba de comprar, *he has just bought.*
30. vuelven a casarse, *marry again.* — *Note again:* volver a + *inf.*
31. Hicieron...mejores, *Doña Elvira and Doña Sol contracted new marriages. Their first were princely marriages, but their second were still better.*
32. Y el...diciendo,... *And the poet ends, saying...*
33. Ved...Aragón, *See how the hero born in a fortunate hour has grown in honor now that his daughters are queens of Navarre and Aragon.*

CUESTIONARIO

poema épico — El Poema del Cid.

1. ¿Adónde va el Cid?
2. ¿A quién escucha el rey?
3. ¿De qué están envidiosos?
4. ¿A qué ciudad llegan?
5. ¿Quién habla al Cid?
6. ¿Dónde está la esposa del Cid?
7. ¿Cómo tratan a los moros?
8. ¿De qué está rodeada Valencia?
9. ¿Qué conquista el Cid?
10. ¿Qué son ahora los compañeros?
11. ¿Cuánto (*how much*) dinero toma el Cid?
12. ¿Qué hace el rey?
13. ¿Cómo se celebran las bodas?
14. ¿Quién vence en la batalla?
15. ¿Qué hace el emperador?
16. ¿Cómo se han portado los Infantes?
17. ¿Qué temen?
18. ¿Qué hacen los Infantes?
19. ¿Quién trae agua a las hijas?
20. ¿Quiénes vencen a los Infantes?
21. ¿Cómo quedan los Infantes?
22. ¿Con quiénes se casan las hijas del Cid?

La fierecilla

se casa

[2]

INFANTE DON
JUAN MANUEL

el sobrino del rey Afonso X

Prince Juan Manuel (1282-1348?) was a nephew of King
Alfonso X (Alfonso the Learned).

Living in an age of anarchical turmoil, Don Juan Manuel
became an indefatigable war lord primarily interested in the
defense and further extension of the numerous lands, villages,
and castles of his rich patrimony.

As a writer, Don Juan Manuel is a master of psychological detail, humor, and grave moral comment.

His masterpiece is El conde Lucanor (1328-1335), a
collection of exemplary tales, from which the following selections
have been taken.   These stories are chiefly derived from Oriental
sources, Arabic and Persian, but Don Juan Manuel succeeds
in casting them in new and delightful molds.

Many of the tales in El conde Lucanor are considered
to be world classics.

La fierecilla se casa[1]

INFANTE DON JUAN MANUEL

Ésta es* una antigua ciudad de Andalucía, con su catedral en el centro, y sus calles estrechas, y sus plazas anchas, y su río pequeño con sus verdes huertas.

En este lado del puente, y en una casita pobre, vive un hombre con su hijo Fernando. Al otro lado, y en un magnífico palacio, vive un hombre muy rico con su mujer y su hija Beatriz.

Fernando es* un muchacho muy listo y muy guapo. Beatriz es* una muchacha chiquita, pelirroja, con una cara redonda de gran tonta.[2]

Esta muchacha tiene* la reputación de ser muy caprichosa, insolente, y malhumorada.

Oímos a Fernando, que está hablando con su padre :

— Padre, ni usted ni yo tenemos bastante dinero para vivir. Aquí yo no puedo* hacer nada de provecho.[3] Tengo* que marcharme[4] de la ciudad.

El padre le escucha en silencio y no contesta nada. Fernando, después de pensar[5] unos momentos, continúa :

— Padre, yo veo* sólo una solución. Casarme con la rica

---

1. La fierecilla se casa, *The little wild creature gets married.*
2. con... tonta, *with a silly round face ; literally, with a round face of a big fool.*
3. nada de provecho, *anything worth while.*
4. Tengo que marcharme, *I have to leave.*
5. después de pensar, *after thinking.*

20 e intratable Beatriz. Yo sé* que ella quiere* casarse. Y también
sé* que su padre quiere* librarse de ella.

— ¿Casarte con esa fierecilla?[6] — dice el padre —. No,
hijo. Va* a matarte a disgustos.[7]

— Descuide,[8] padre. Yo sé* hacer[9] las cosas.

25 — Pero, hijo, nadie ha querido casarse con ella a pesar
de todo su dinero. Y ya tiene* veinticinco años.

Fernando y Beatriz se casan. Ya se ha celebrado la boda
en el palacio de la novia. Ya se despiden* todos los parientes
y todos los amigos.

30 Todos piensan :*

— ¡Pobre Fernando! Esa loca le va* a hacer la vida
imposible. ¡Pobre Fernando!

Los novios están solos. Se sientan* a cenar. Fernando tiene*
una expresión furiosa y no dice* ni una palabra a su esposa.

35 Beatriz le mira asombrada.

En esto,[10] entra un perro en el comedor. Fernando le grita :

— ¡Señor perro,[11] quiero* agua para lavarme las manos![12]

El perro no la trae. Fernando vuelve a gritar. El perro
no trae el agua. Fernando se levanta, saca la espada, y mata

40 al perro. Beatriz mira a su marido con gran espanto.

Entra un gato en el comedor. Fernando grita :

— ¡Señor gato, quiero* agua para lavarme las manos!

El gato no la trae. Fernando le mata. Beatriz abre unos
ojos azules muy grandes y no sabe qué decir.

45 — ¡Señora mujer,[13] quiero* agua para lavarme las manos!
Beatriz se levanta temblando y le trae el agua a su marido.

---

6. ¿Casarte...fierecilla? *You marry this wild creature?*
7. Va...disgustos, *She is going to kill you with troubles.*
8. Descuide, *Don't worry.*
9. yo sé hacer, *I know how to do.* — Saber + *inf.* = *to know how to...*
10. En esto, *At this moment.*
11. Señor perro, *Sir dog.*
12. para lavarme las manos, *to wash my hands.* — *Note the use of reflexive pronoun + definite article.*
13. Señora mujer, *Lady wife.*

Terminan de cenar y van* a acostarse. Fernando dice a
su esposa :

— Beatriz linda, tengo mucho sueño.[14] Quiero dormir toda
esta noche y mañana todo el día.   50

Beatriz siente* que va* a echarse a llorar,[15] pero no se
atreve, y se calla.

A la mañana siguiente,[16] muy temprano, empiezan* a llegar
amigos y parientes,[17] todos con mucho miedo de encontrar
a Fernando desesperado y arrepentido de su casamiento.   55

Beatriz sale a la escalera principal del palacio y no les
deja subir.

— ¡Cuidado, cuidado! Mi marido está durmiendo.* Si se
despierta* va a matarnos a todos, como ha hecho[18] con el
perro y con el gato.   60

Los amigos y parientes no saben qué quiere decir esto,[19]
pero comprenden que Beatriz es ya una buena y dulce esposa.

Unos días más tarde el suegro de Fernando tiene* una
violenta disputa con su mujer, y para imitar a su yerno,

---

14. Tengo mucho sueño, *I am very sleepy*.
15. echarse a llorar, *burst out crying*.
16. A la mañana siguiente, *The following morning*.
17. empiezan...parientes, *friends and relatives begin to arrive.* — *Note inverted
     word order.*
18. como ha hecho, *as he did ; literally, as he has done*.
19. qué quiere decir esto, *what this means*.

65 mostrando mucha autoridad, mata un gallo. Su mujer le mira
irónicamente y le dice :
— Ya es tarde, amigo. Ya nos conocemos.[20]

CUESTIONARIO

1. ¿Quién vive en una casita pobre?
2. ¿Quién vive en un magnífico palacio?
3. ¿Qué reputación tiene la muchacha?
4. ¿Qué solución ve Fernando?
5. ¿Cuántos años tiene Beatriz?
6. ¿Qué dice Fernando al perro?
7. ¿Por qué mata Fernando al perro?
8. ¿Quién trae el agua a Fernando?
9. ¿Quiere dormir Fernando?
10. ¿Cuándo llegan los amigos y parientes?
11. ¿Tienen miedo de qué?
12. ¿Adónde sale Beatriz?
13. ¿Por qué no les deja subir?
14. ¿Qué comprenden los amigos y parientes?
15. ¿Qué hace el suegro de Fernando?
16. ¿Qué le dice su mujer?

20. Ya...conocemos, *It's too late now, my friend. We already know each other
too well.*

𝕯on 𝕴llán

INFANTE DON JUAN MANUEL

¿Quién es este don Illán tan alto, tan flaco, con sus grandes gafas de plata, y su gorro blanco y azul pintado de estrellas? Pues es el gran maestro científico de Toledo, famoso en toda Europa.

¿Y qué ciencias enseña don Illán? Enseña astronomía, física, 5 y química aplicada, y además el arte de componer relojes y otras máquinas.

Sus discípulos vienen* de todas partes del mundo.

¿Quién se detiene* ahora frente a su casa y llama a la puerta? Es el decano de la catedral de Santiago de Compostela. 10 Viene* de muy lejos, de Galicia. También el decano quiere aprender esas ciencias maravillosas.

El decano y don Illán se saludan[1] muy ceremoniosamente. Cuando el decano ha terminado de explicar[2] su propósito, don Illán le conduce por una escalera de piedra, muy oscura, 15 y después de bajar durante más de una hora, llegan a los misteriosos laboratorios llenos de luces, libros y aparatos.

— Estas salas — piensa* el decano —, deben de estar[3] debajo del río.

Y así es. Don Illán necesita tranquilidad y silencio para 20 sus estudios.

1. se saludan, *greet each other.*
2. ha terminado de explicar, *has finished explaining.*
3. deben de estar, *must be.*

Don Illán y su nuevo discípulo se sientan.* Don Illán toca una campanilla, y aparece una criada.

— Juana, prepara unas perdices para la cena. Vamos* a
25 cenar a las nueve.

Don Illán va al encerado y empieza* la lección.⁴ El decano escucha con gran interés. Pasan horas.

Es un lunes en el mes de marzo.

De pronto,⁵ aparecen dos criados del decano, que acaban
30 de llegar de Galicia. El Arzobispo de Santiago ha muerto* y el decano es nombrado ahora arzobispo. Don Illán pide* a su discípulo su antiguo puesto⁶ de decano para un sobrino suyo. El Arzobispo no quiere hacerlo porque ha prometido dar ese puesto a un amigo.

35 Don Illán continúa la lección, y el encerado está lleno de fórmulas extrañas. Pasan días y semanas.

Es un miércoles en el mes de junio.

De pronto, aparecen dos mensajeros de Roma. Ha muerto* un cardenal y el Arzobispo de Santiago es nombrado su sucesor.
40 Don Illán pide* a su discípulo su antiguo puesto de arzobispo para su sobrino. El cardenal no quiere hacerlo porque ha prometido dar ese puesto a otro amigo suyo.

Don Illán continúa la lección. Unos líquidos mágicos — verdes, azules, rojos, amarillos — aparecen y desaparecen en
45 los tubos del laboratorio. Pasan meses.

Es un jueves en el mes de noviembre.

De pronto, aparecen dos mensajeros. Ha muerto* el Papa, y el Cardenal es nombrado su sucesor. Don Illán pide* a su discípulo su antiguo puesto de cardenal para su sobrino.
50 El Papa no quiere hacerlo porque ha prometido dar ese puesto a un amigo suyo. Pasan años.

Es un lunes en el mes de marzo.

Don Illán se queja amargamente de la ingratitud de su discípulo. Éste dice :

---

4. empieza la lección, *the lesson begins.* — *Note again the inversion of subject.*
5. De pronto, *Suddenly.*
6. su antiguo puesto de, *his former position as.*

— ¿Yo ingrato? Si no se calla usted, voy* a denunciarle   55
a las autoridades. Usted enseña ciencias peligrosas y prohi-
bidas. Vamos* a meterle a usted en la cárcel y allí va* a morir.

Don Illán toca la campanilla y aparece la criada.
— Juana, sírveme las perdices a mí solo.[7] El señor decano[8]
tiene* que volver a Galicia inmediatamente.   60
El decano, que ya no es ni Papa, ni Cardenal, ni Arzobispo
— porque todo ha sido un sueño inducido por el gran maestro
científico don Illán — tiene tanta vergüenza[9] que no sabe
qué decir.
Son las nueve[10] de la noche. Suenan* los veinte relojes   65
de mesa[11], todos al mismo tiempo.
El decano dice* adiós a don Illán y sale de la casa.
Un momento después, muy cerca, el reloj de la catedral
da sus nueve largas, lentas campanadas.[12]

---

7. sírveme...solo, *serve the partridges to me alone.*
8. El señor decano, *My lord the dean.*
9. tiene tanta vergüenza, *is so ashamed.*
10. Son las nueve, *It is nine o'clock.*
11. Suenan...mesa, *The twenty table clocks strike.*
12. da...campanadas, *sounds its nine long, slow bell strokes.*

CUESTIONARIO

1. ¿Quién es don Illán?
2. ¿Qué ciencias enseña?
3. ¿De dónde vienen sus discípulos?
4. ¿Qué quiere el decano?
5. ¿Dónde están los laboratorios?
6. ¿A qué hora *(time)* van a cenar?
7. ¿Quién ha muerto?
8. ¿Qué es nombrado el decano?
9. ¿Cuánto tiempo *(how much time)* pasa?
10. ¿Quién ha muerto ahora?
11. ¿Cuánto tiempo pasa?
12. ¿Quién ha muerto ahora?
13. ¿Cuánto tiempo pasa?
14. ¿Qué dice don Illán a la criada?
15. ¿Qué ha sido todo?
16. ¿Qué hora es *(What time is it)* cuando entra la criada?

𝕰l paño maravilloso

INFANTE DON JUAN MANUEL

El rey moro de Algeciras está muy aburrido en su magnífico
palacio sobre la bahía. ¿Por qué? Porque el reino está perfectamente tranquilo y todos los problemas grandes y pequeños están
ya resueltos. El rey no sabe qué hacer para pasar el tiempo.

Ahora se pasea[1] lentamente por la gran sala. Va del trono 5
a las ventanas y de las ventanas al trono. Y suspira. De vez
en cuando[2] mira el mar. A su izquierda ve el enorme Peñón
de Gibraltar, enfrente la lejana costa de Africa, y a su derecha
la espléndida puesta de sol sobre el océano.

El rey se ha sentado en su trono. Su hermoso traje de seda 10
roja brilla cubierto de diamantes, y la brisa del mar, entrando
por las ventanas, juega* con su larga barba blanca. El rey
está muy aburrido.

Pero ¿qué gran ruido en los corredores es éste? ¿Qué
significan estas voces? ¿Por qué traen los soldados a estos 15
tres individuos que parecen extranjeros?

El rey les pregunta :

— ¿De dónde son* ustedes?[3]

Ellos contestan con gran dificultad porque no saben hablar
el idioma moro : 20

---

1. se pasea, *he paces, he walks.*
2. de vez en cuando, *from time to time.*
3. ¿De dónde son ustedes? *Where do you come from?; literally, from where
are you?*

— Somos* de Samarcanda.

— ¿Y a qué vienen* ustedes aquí?[4] — pregunta el rey.

— Venimos a ofrecer nuestros servicios. Sabemos hacer paños de lana y de algodón de todas clases. Nuestro país es famoso
25 por esta habilidad. Y nosotros tres somos* los más famosos fabricantes de nuestro país.

El rey contesta :

— Nosotros tenemos aquí excelentes fabricantes de paños y no necesitamos a nadie.

30 — Pero, señor, nosotros sabemos hacer un paño extraordinario, como no hay otro[5] en el mundo. Este paño, solamente los hombres que son hijos de su padre lo pueden* ver. Si un hombre es ilegítimo, entonces no puede* ver el paño, ni olerlo siquiera.[6]

35 El rey salta de alegría,[7] y piensa :*

— ¡Maravilloso! Si sé* quienes son hijos ilegítimos puedo* quitarles[8] sus posesiones, porque no tienen* ningún derecho a ellas. Y así voy* a ser mucho más rico que mi cuñado el rey de Ronda.

40 El rey da sus órdenes. Los tres fabricantes ocupan unas grandes habitaciones, con vistas a[9] las montañas, y reciben buenos sueldos, superiores a los de[10] los generales y ministros del reino.

Pasan muchas semanas, pasan muchos meses.

Los tres fabricantes trabajan y trabajan. Es decir,[11] hacen
45 creer[12] que están trabajando, porque no hay tal paño, ni cosa parecida.[13]

Al fin de un año, los tres fabricantes anuncian que el paño está terminado.

4. ¿Y a qué vienen ...aquí? *And what are you coming here for?*
5. como...otro, *like no other (cloth).*
6. ni olerlo siquiera, *nor even smell it.*
7. salta de alegría, *leaps for joy.*
8. quitarles, *take from them.*
9. con vistas a, *with a view of.*
10. a los de, *to those of.*
11. Es decir, *That is.*
12. hacen creer, *they make (people) believe.*
13. ni cosa parecida, *nor anything like it.*

El rey, con gran impaciencia, va a ver el paño maravilloso. 50

¡Por Alá! El rey no ve nada. Y piensa :*

— Soy* hijo ilegítimo. Si la gente lo sabe, voy* a perder el reino.

Y entonces sonríe* muy amablemente, y alaba con gran entusiasmo la delicadísima obra de arte. 55

Cuando vuelve* a su palacio, el rey envía a su ministro del Interior a ver el extraordinario trabajo. El ministro lo admira con toda su alma.

Entonces el rey envía a su ministro de Justicia. Éste declara que no hay nada tan exquisito en todo el reino, ni en ningún 60 otro reino.

Todas las personas que miran el paño, sin verlo,[14] exclaman en su idioma moro :

— ¡Estupendo! ¡Fascinante! ¡Morrocotudo![15]

65 La ciudad prepara sus grandes fiestas para celebrar el cumpleaños del rey. Éste manda hacer un espléndido traje[16] con el paño maravilloso, y se lo pone[17] ese día.

Ya sale la procesión por las calles. Ya aparece el rey en su caballo, acompañado de todos sus nobles.

70 Un mozo de establo, que está mirando, dice :

— No me importa si[18] soy* hijo legítimo o no, pero el rey está desnudo.

Otra voz dice :

— ¡El rey está desnudo!

75 Más y más voces gritan :

— ¡El rey está desnudo!

La procesión vuelve* rápidamente al palacio. Los tres fabricantes han desaparecido.

---

14. sin verlo, *without seeing it.*
15. Morrocotudo, *Corking.*
16. Éste manda hacer...traje, He (*literally, the latter*) *has a gorgeous robe made.*
17. se lo pone, *he puts it on.*
18. No me importa si, *It doesn't matter to me whether.*

CUESTIONARIO

1. ¿Dónde está el rey moro?
2. ¿Por qué está aburrido el rey?
3. ¿Dónde está el rey?
4. ¿Es joven o viejo?
5. ¿Quiénes son los tres extranjeros?
6. ¿De dónde son?
7. ¿A qué vienen aquí?
8. ¿Qué paño saben hacer?
9. ¿Quién es más rico que el rey?
10. ¿Qué reciben los tres extranjeros?
11. ¿Qué hacen los fabricantes?
12. ¿Cuánto tiempo pasa?
13. ¿Cuándo terminan el paño?
14. ¿Ve el rey el paño?
15. ¿Qué hace el rey?
16. ¿Qué hace el ministro del Interior?
17. ¿Qué hace el rey el día de su cumpleaños?
18. ¿Qué dice un mozo de establo?
19. ¿Qué gritan todos?
20. ¿A dónde vuelve la procesión?
21. ¿Dónde están los tres fabricantes?

Romance de la niña de Francia

[3]

ANÓNIMO

por anónimos

The Romancero *is the total body of old* romances, *or* ballads, *composed from the fourteenth to the seventeenth century. This vast amount of poetic material may be classified in the following manner:*

1. Romances históricos *(historical ballads)*
2. Romances juglarescos *(minstrel ballads)*
3. Romances novelescos *(folkloric ballads)*
4. Romances fronterizos *(frontier ballads)*
5. Romances moriscos *(Moorish ballads)*

These famous old ballads express with poetic brilliance and delicate simplicity the rich legendary past of Spain. The Romancero *is one of the main artistic achievements of the Spanish creative genius.*

The four ballads here re-told are of the folkloric type.

Romance
de la niña de Francia [1]

ANÓNIMO

En la Edad Media, cuando la gente joven se reunía — en los trabajos del campo [2] durante los días de primavera y verano, o junto al fuego del hogar en las noches de otoño e invierno — cantaban bellos romances de historias viejas o nuevas, éspañolas o extranjeras, tristes o alegres. Éste es el muy famoso romance 5 de la niña de Francia.

La niña — rubia, linda y rosa — caminaba en su hermoso caballo blanco. [3] Caminaba hacia París por los bellos paisajes verdes de la dulce Francia. Pero París todavía estaba muy lejos, y ya venía la noche. 10

La niña había perdido el camino, tenía miedo, y paró su caballo.

Se bajó, y se escondió entre unos árboles de espesas ramas, para descansar un rato.

Dice el romance : 15

> ... errado lleva el camino,
> errada lleva la guía... [4]

La niña estaba muy cansada del viaje, y se había dormido.

---

1. Romance de la niña de Francia, *Ballad of the maiden of France.*
2. en los trabajos del campo, *while working in the fields; literally, during the labor of the field.*
3. caminaba en...blanco, *she rode her beautiful white horse.*
4. errado...guía, *she has lost her way, she has lost her route.*

A lo lejos[5] sonaba el pesado trote de un caballo de guerra.[6]
20 La niña despertó con mucho miedo. Un caballero joven venía
por el camino.

> La niña, cuando le vió,
> de esta suerte le decía :
> — Si te place, caballero,
25 llévame en tu compañía.[7]

Y el caballero :

> — Pláceme — dijo — señora,
> pláceme — dijo — mi vida.[8]

El caballero y la niña caminaban en la noche oscura.
30 Y dice el romance que el caballero :

> ... en el medio del camino
> de amores la requería...[9]

— ¡No, no! — le dijo* la niña —. Yo no puedo* querer
a nadie, porque tengo una lepra muy mala en toda la cara
35 y en todo el cuerpo.[10]
El caballero, con mucho miedo, no dijo* nada. Y continuaron caminando en silencio.
Era* verano, las noches eran* muy cortas, y pronto empezó
a amanecer. A lo lejos aparecieron las torres, el río, y las
40 casas de la gran ciudad.

> A la entrada de París
> la niña se sonreía.[11]

---

5. A lo lejos, *in the distance.*
6. caballo de guerra, *charger.*
7. La niña...compañía, *The maiden, as she saw him, spoke to him in this manner: Sir Knight, if it please you, take me in your company.*
8. Pláceme...vida, *It pleases me—he said—my lady; it pleases me—he said—my darling.*
9. en...requería, *while they were riding he spoke to her of love.*
10. en toda...cuerpo, *on my whole face and on my whole body.*
11. A...sonreía, *As they were approaching Paris the maiden began to smile.*

— ¿Por qué esa sonrisa, señora? ¿Por qué esa sonrisa, mi vida? — le preguntó el joven.

— ¡Qué tonto el caballero![12] ¡Creer que yo tenía lepra! 45 — le contestó ella.

— ¡Señora! ¡Mi vida! Tengo que volver. He olvidado una cosa muy importante. Tenemos que volver inmediatamente.

— No, caballero.[14] Yo no volveré. Estamos en París, donde viven mis padres. Soy* hija del rey y de la reina de Francia. 50 Si me besas contra mi voluntad, te costará muy caro.[15]

---

12. Qué...caballero, *What a foolish knight.*
13. ¡Señora! ¡mi vida!, *My lady, my darling!*
14. caballero, *Sir Knight.*
15. te...caro, *you will pay dearly for it.*

CUESTIONARIO

1. ¿Dónde se reunía la gente joven en la primavera?
2. ¿Dónde se reunía la gente joven en el invierno?
3. ¿Qué cantaban?
4. ¿Qué romance es éste?
5. ¿Hacia dónde caminaba la niña?
6. ¿Es durante el día o durante la noche?
7. ¿Por qué tenía miedo la niña?
8. ¿Dónde se escondió?
9. ¿Estaba cansada la niña?
10. ¿Qué sonaba a lo lejos?
11. ¿Quién venía?
12. ¿Por qué no podía querer a nadie?
13. ¿Qué dijo el caballero?
14. ¿Eran las noches cortas o largas (*long*)?
15. ¿Tenía lepra la niña?
16. ¿Por qué se sonreía la niña?
17. ¿Qué contestó el caballero?
18. ¿Quiénes son los padres de la niña?

Romance de don Bueso

ANÓNIMO

Era* Domingo de Pascua Florida,[1] y muy temprano por
la mañana,[2] cuando don Bueso cruzó la frontera de las tierras
de los moros. Caminaba en su ligero caballo en busca de una
bella novia con quien casarse.[3]

Dice el romance :   5

> Camina don Bueso,
> mañanita fría,
> a tierra de moros,
> a buscar la niña.[4]

Junto a una fuente vió a una niña morena y bonita que   10
estaba allí lavando.[5]

— ¿Eres* mora, señora? — le preguntó.

— Soy* cristiana — le contestó ella. Hace siete años que
estoy* aquí cautiva.[6] Y me muero* de tristeza.

---

1. Domingo de Pascua Florida, *Easter Sunday.*
2. por la mañana, *in the morning.*
3. una...casarse, *a beautiful bride whom he might marry.*
4. Camina...niña, *Lo! Sir Bueso goes riding in the cool of the morn through the
   Moorish land in search of a maiden.*
5. lavando, *washing (clothes).*
6. Hace...cautiva, *I have been here as a captive for seven years.*

15   — Entonces, vente conmigo.[7]

Don Bueso la puso[8]* en la silla, y empezaron a caminar hacia las tierras de los cristianos.

Pasaron muchos campos llenos de flores nuevas, amarillas, y rojas, y azules, y por fin llegaron a un olivo muy grande 20 y muy verde.

La niña lloraba.

— ¡Ay,[9] mi olivo, mi viejo olivo! ¡Qué hermoso y qué grande está![10] ¡Ay, mi olivo!

El caballero le preguntó :

25   — ¿Por qué lloras, niña bonita? ¿Y por qué dices* « mi olivo »? ¿Cómo puede ser eso?

— ¡Ay, señor caballero! Hace muchos años,[11] una mañana de primavera, mi padre plantó este árbol. ¡Cómo lo recuerdo!* Mi padre plantaba, mi madre cosía, yo miraba los pájaros 30 en la fuente, y mi hermano corría en su caballo.[12]

—¿Cómo te llamas,[13] señora?

— Los moros me llamaban Zoraida, pero mi nombre es Rosalinda.

— Entonces tú eres* mi hermana — dijo* don Bueso.

35   Y la besó en las mejillas. Los dos hermanos[14] lloraban de alegría.

Cuando llegaron a su casa, don Bueso decía :

        — ¡Abra, la mi madre,
        puertas de alegría;
40   por traerle nuera,
        le traigo su hija![15]

---

7. vente conmigo, *come with me.*
8. la puso, *put her.*
9. ¡Ay!, *Alas!*
10. está, *it looks.*
11. Hace muchos años, *many years ago.*
12. corría en su caballo, *was racing his horse.*
13. ¿Cómo te llamas? *What is your name?*
14. Los dos hermanos, *The brother and sister.*
15. Abra...hija, *Open, mother mine, doors of joy; not a daughter-in-law I bring you, but a daughter.*

La madre no podía creerlo. Y le dijo* a don Bueso :

> Para ser tu hermana,
> ¡qué descolorida!¹⁶

Y Rosalinda :   45

> — ¡Madre, la mi madre,
> mi madre querida;
> hace siete años,
> que yo no comía,
> sino amargas yerbas   50
> de una fuente fría...!¹⁷

La madre, con mucha alegría, llevó a Rosalinda a su antiguo cuarto, donde todavía estaban guardados sus viejos vestidos. Rosalinda se los puso,¹⁸* pero le estaban tan chicos que no podía vestirse.   55

— Espera, hija, espera — le dijo* su madre. Yo te traeré otros mucho más hermosos.

Era* Domingo de Pascua Florida. Don Bueso, en su ligero caballo, caminaba en busca de una bella novia.

---

16. Para...descolorida, *If she is your sister, how pale she looks.*
17. ¡Madre...fría! *Mother, mother mine, my darling mother, for seven years I have eaten only bitter herbs growing by a cold stream!*
18. se los puso, *put them on.*

CUESTIONARIO

1. ¿Qué día era?
2. ¿Era por la mañana o por la noche?
3. ¿Adónde caminaba don Bueso?
4. ¿Era la niña rubia o morena?
5. ¿Era mora?
6. ¿Cuántos años hace que está cautiva?
7. ¿Cómo está su olivo?
8. ¿Quién plantó este árbol?
9. ¿Qué hacía su madre?
10. ¿Qué hacía su hermano?
11. ¿Qué hacía la niña?
12. ¿Cómo se llama la niña?
13. ¿Dónde llevó su madre a Rosalinda?
14. ¿Qué estaba guardado allí?
15. ¿Se puso la niña los vestidos?
16. ¿Le estaban chicos o grandes?
17. ¿Qué va a traer la madre?
18. ¿Adónde caminaba don Bueso?

Romance de Moriana

ANÓNIMO

Era* el día antes de su boda, y don Alonso visitó a sus amigos y parientes, para invitarles a la fiesta.

Al anochecer[1] llegó a casa de Moriana.

Don Alonso dijo :*

— Buenas noches, Moriana.   5

Moriana contestó :

— Don Alonso, bien venido.[2]

Cuando Moriana oyó* que don Alonso iba* a casarse, le dijo* con mucha tristeza :

— Don Alonso, tú debes casarte conmigo, y no con otra.   10

Moriana invitó a don Alonso a entrar en la casa, y le ofreció una copa de vino.

Mientras don Alonso esperaba en la sala, llena de la luz de la luna, Moriana preparó un fuerte veneno y lo puso* en la copa.   15

Moriana dijo :

— ¿Recuerdas cómo nos gustaba beber una copa de vino fresco en mi jardín las noches de verano?

Y dijo con voz triste :

    — Bebe, bebe, don Alonso,   20
    bebe de este fresco vino.

1. Al anochecer, *at nightfall.*
2. bien venido, *welcome.*

Don Alonso contestó :
— Bebe primero, Moriana.
Moriana llevó la copa a sus labios, pero no dejó pasar
25 una sola gota. Don Alonso bebió su copa.
Pasaron unos segundos, y don Alonso preguntó :

      — ¿Qué me has dado, Moriana,
      qué me has dado en este vino?

Moriana entonces dijo :*
30   — Vuelve a casa, don Alonso. Ya es muy tarde y tu esposa
te espera.
Don Alonso preguntó :
— ¿Qué me has dado, Moriana? Siento que me estoy
muriendo.*
35 Moriana entonces dijo :
— Tu esposa tendrá* celos si sabe que estás aquí conmigo.
Don Alonso dijo :

      — Cúrame de este veneno,
      y me casaré contigo!

40   Y Moriana entonces contestó :
— No puede ser, don Alonso.
Don Alonso dijo :

— ¡Qué dolor tendrá* mi madre, si muero hoy!
Y Moriana :
— ¡Qué dolor tuvo* mi madre cuando te conocí!³   45

CUESTIONARIO

1. ¿Qué día era?
2. ¿Adónde llegó don Alonso al anochecer?
3. ¿Qué dijo don Alonso?
4. ¿Qué contestó Moriana?
5. ¿Por qué tenía mucha tristeza Moriana?
6. ¿Qué ofreció Moriana a don Alonso?
7. ¿Dónde esperaba don Alonso?
8. ¿Qué preparó Moriana?
9. ¿Dónde lo puso?
10. ¿Quién bcbc primero?
11. ¿Qué preguntó don Alonso?
12. ¿Quién espera a don Alonso?
13. ¿Qué tendrá lá esposa si don Alonso no vuelve?
14. ¿Qué quiere don Alonso si Moriana le cura?
15. ¿Qué contesta Moriana?
16. Muere don Alonso, ¿sí o no?

3. cuando te conocí, *when I (first) met you.*

Romance de la doncella guerrera[1]

ANÓNIMO

Todos los caballeros se habían ido[2] a la guerra. Todos, menos uno. El Conde de Aragón, que era* ya muy viejo, y estaba enfermo, tuvo* que quedarse[3] en su castillo.

El viejo conde y toda su familia estaban reunidos junto
5 al fuego de la chimenea. Afuera sonaba entre los árboles el viento de una noche de otoño. El conde estaba muy triste, y dijo* amargamente :

— Esposa, me has dado siete hijas, y ni un solo hijo. Ahora soy* viejo. No puedo* ir a la guerra con los otros caballeros.
10 El rey no oirá mi nombre entre los otros nombres.

Todos quedaron en silencio. Entonces, habló la hija menor. Era* la menor, pero también la más lista, y la más bella. Y dijo :*

— Padre, yo iré a la guerra en tu lugar. Dame[4] tu caballo
15 y tus armas.

Y el conde dijo :*

— No, hija. Te conocerán por tus lindas manos blancas.

— El sol y el aire las quemarán.

— Te conocerán por tu hermoso pelo largo.

---

1. doncella guerrera, *warrior maiden.*
2. se habían ido, *had gone.*
3. tuvo que quedarse, *had to remain behind.*
4. Dame, *Give me.*

38

— Lo llevaré corto.[5]   20
— Te conocerán por tus bellos ojos de mujer.
— Miraré siempre con una mirada fiera.
La doncella se despidió* de todos[6] y se fué* a la guerra.[7]
Y·dice el romance :

> Dos años anduvo* en guerra   25
> y nadie la conoció,
> si no fué* el hijo del rey
> que de ella se enamoró.[8]

El hijo del rey fué* a su madre y le dijo :*
— ¡ Ay, madre ! Estoy enamorado de[9] los ojos de don Martín   30
de Aragón ! Son* ojos de mujer, y no de hombre. ¿ Qué debo
hacer ?
Su madre le dijo :*
— Invita a don Martín a entrar en las tiendas del mercado.
Si es mujer, admirará los vestidos y las joyas.   35
Don Martín entró en una tienda de armas.[10] Y dijo :

---

5. Lo llevaré corto, *I will wear it cut short.*
6. se despidió de todos, *said good-by to all.*
7. se fué a la guerra, *went to war.*
8. Dos...enamoró, *For two years she was in the war, and no one found her out except the king's son, who fell in love with her.*
9. Estoy enamorado de, *I am in love with.*
10. tienda de armas, *sword-maker's shop.*

— ¡Qué espadas tan buenas para pelear con los moros![11]

El hijo del rey fué* a su madre, diciendo :*

— ¡Ay, madre! Los ojos de don Martín me están matando

40 de amor!

Su madre le dijo :

— Invita a don Martín a pasear por los jardines. Si es mujer, cortará rosas de los rosales.

Don Martín cortó una vara de un árbol, y dijo :

45 — ¡Qué varita tan buena para mi caballo!

El hijo del rey fué* a su madre :

— ¡Ay, madre! ¡Los ojos de don Martín no los puedo* olvidar!

Su madre le dijo :

50 — Invítale a bañarse en la alberca de la huerta.

Ya se estaban desnudando los caballeros,[12] cuando don Martín dijo :

— Señores, lo siento* mucho,[13] pero tengo* que volver a mi casa. Acabo de recibir una carta de mi padre.

55 El rey le dió* licencia para marcharse, y la doncella montó en su caballo blanco.

Cuando ya había caminado alguna distancia, volviendo* la cabeza hacia el palacio, dijo en voz alta :

— ¡Adiós, adiós, el buen rey,

60　　y tu palacio real;

dos años ya te ha servido

esta doncella leal![14]

El hijo del rey, que oyó* esto, montó en su gran caballo negro y salió galopando[15] tras ella.

65 Cuando la doncella llegó a su castillo, dijo :

---

11. ¡Qué...moros! *What good swords for fighting against the Moors!*

12. Ya...caballeros, *The knights were now getting undressed.*

13. Señores...mucho, *Sir knights, I'm extremely sorry.*

14. Adiós...leal, *Farewell, farewell, good king, and your royal palace; for two years this loyal maiden has served you.*

15. salió galopando, *went galloping.*

—Ya no quiero* más guerras ni caballos.[16] Quiero* mi costurero azul, para coser como antes.[17]

En este momento, el hijo del rey llamaba a la puerta.[18]

CUESTIONARIO

1. ¿Adónde se habían ido los caballeros?
2. ¿Por qué tuvo que quedarse el conde?
3. ¿Dónde estaban reunidos?
4. ¿Cuántas hijas tenía el conde?
5. ¿Tenía hijos?
6. ¿Quién era la hija más lista?
7. ¿Qué dice a su padre la hija menor?
8. ¿Se fué a la guerra la hija menor?
9. ¿Cuántos años estuvo en la guerra?
10. ¿De qué está enamorado el hijo del rey?
11. ¿Cómo se llama ahora la doncella?
12. ¿En qué tienda entran?
13. ¿Dónde pasean?
14. ¿Dónde van a bañarse?
15. ¿Qué dice entonces la doncella?
16. ¿Qué no quiere la doncella?
17. ¿Qué quiere la doncella?
18. ¿Quién llamaba a la puerta?

16. Ya...caballos, *I no longer want any more wars or horses.*
17. como antes, *as before.*
18. llamaba...puerta, *was knocking on the door.*

Zegries y Abencerrajes

[4]

GINÉS PÉREZ DE HITA

Ginés Pérez de Hita, a lawyer and a native of Murcia, occupies an unique position in Spanish literature as the author of Los bandos de los Zegríes y Abencerrajes, *or* Las guerras civiles de Granada, *a novelized history of the fall of the last Moorish capital.*

The Primera parte *(1595) describes Moorish life in Granada during the years immediately preceding 1492. It is in this volume that the slaughter of the Abencerrajes is narrated. Several romances fronterizos of great beauty are dramatically introduced.*

The Segunda parte *(1604) narrates the revolt of the Moorish mountaineers near Granada, led by Abén Humeya, and their final defeat at the hands of Don Juan of Austria.*

The Moorish novel, like its predecessors the romance fronterizo *and the* romance morisco, *presents an idealized picture of the relations between Christians and Moors: valor, gallantry, and compassion form the background against which are seen the dazzling ladies and knights of the two civilizations.*

Zegríes y Abencerrajes

GINÉS PÉREZ DE HITA

Las torres de la Alhambra, muy rojas, están sobre la colina.
Granada, muy blanca, está abajo, a su pie. En medio está
el bosque, muy espeso, donde suena* el agua del río Darro,[1]
bajando por las acequias.[2] Sierras cubiertas de cactos, y de
nieve en los altos picos, rodean a Granada por tres lados.   5
Al oeste el río Genil cruza la rica Vega.

Era una noche de verano clara con la luz de la luna. En
una sala de la Alhambra, el rey moro Boabdil, solo y pensativo,
escuchaba el canto de un ruiseñor. En otra sala, varios caballeros de la familia de los Zegríes hablaban en secreto.   10

Un caballero Zegrí empezó a decir :

— El rey nos estima, la ciudad nos ama, y tenemos grandes
riquezas. Pero nuestras vidas estarán siempre en peligro, a
causa de los caballeros Abencerrajes. Ya han matado a varios
caballeros nuestros, entre ellos a mi hermano. Tenemos que   15
vengarnos, y vengarnos pronto.

Los otros caballeros contestaron :

— Estamos dispuestos.

El primer caballero continuó :

— He pensado calumniar[3] al jefe de los Abencerrajes ante 20
el rey. ¿Me daréis vuestra ayuda en todo?

1. donde...Darro, *where the waters of the River Darro murmur.*
2. bajando...acequias, *flowing down in the irrigation ditches.*
3. He pensado calumniar, *I have planned to slander.*

45

— Sí — contestaron todos en voz baja.

Los Zegríes eran* descendientes de los antiguos reyes de Córdoba; los Abencerrajes, de los reyes de Marruecos. La
25 rivalidad entre las dos familias era muy violenta.

El rey se paseaba por el Patio de los Leones, cuando el jefe de los Zegríes fué a hablar con él.

— Señor — dijo — los Abencerrajes están tratando de quitarte el reino y la vida.
30 El rey se puso muy pálido.[4]

— El jefe de ellos tiene amores con[5] la reina.

El rey se puso todavía mas pálido, y preguntó :

— ¿Cómo sabes eso?

— Les he visto* — contestó el caballero Zegrí.
35 — ¿Dónde? — preguntó el rey.

— En los jardines del Generalife. Fué aquella noche que tuvimos* la fiesta después de la corrida de toros. La reina y el Abencerraje estaban besándose[6] detrás de un rosal. Yo vi a la reina cogiendo rosas, blancas y rojas. Hizo[7]* una corona
40 con ellas y la puso[8]* sobre la cabeza del Abencerraje. Otros caballeros también les han visto.*

El rey no quiso[9]* oir más.

Llamó a sus capitanes, y les dijo :

— Quiero ver esta noche a los caballeros Abencerrajes.
45 Quiero verlos aquí, en este patio, uno a uno.

Los capitanes bajaron a la ciudad para buscar a los Abencerrajes en sus casas.

Sí; era la muerte en la Alhambra. A las nueve de la noche habían llegado cinco caballeros. El rey mandó cortar sus
50 cabezas.[10] No hubo[11] una sola palabra, ni un solo gesto. A

---

4. se puso muy pálido, *turned very pale.*
5. tiene amores con, *is in love with.*
6. besándose, *kissing each other.*
7. hizo, *she made.*
8. puso, *she put.*
9. no quiso, *did not wish.*
10. mandó...cabezas, *had them beheaded; literally, ordered their heads cut off.*
11. no hubo, *there was not.*

las diez y media,[12] catorce Abencerrajes habían muerto* ya.
A las doce,[13] treinta Abencerrajes habían perdido la vida.
  A la una,[14] los Abencerrajes muertos eran* treinta y seis.
  A la luz de la luna, la sangre manchaba el mármol blanco.[15]
Cantaban los ruiseñores en el bosque.

12. A las diez y media, *at half-past ten.*
13. A las doce, *At twelve o'clock.*
14. A la una, *At one o'clock.*
15. la sangre...blanco, *the blood stained the white marble.* — *According to legend, the slaughter took place in the Sala de los Abencerrajes, to the south of the Court of the Lions. The court is roofed by an imposing stalactite dome that enhances the fanciful effect of the hall. The middle of the room is occupied by a fountain, the reddish-brown stains on the marble of which are popularly supposed to be the blood of the Abencerrajes.*

A la mañana siguiente la gente de Granada sabía ya la muerte de los Abencerrajes. Con odio en los corazones, miles de hombres subían hacia la Alhambra para matar al injusto rey.

El rey Boabdil escapó de la muerte aquella vez, pero cayó*
60 para siempre en una gran tristeza. Sabía que había cometido una injusticia, pero no quería confesarlo.

Las damas y los caballeros del palacio inventaban fiestas y bailes muy ricos y lujosos para olvidar aquellas muertes.

La gente de Granada cantaba un romance :

65 En las torres de la Alhambra
sonaba gran vocería
y en la ciudad de Granada
grande llanto se hacía;
porque sin razón el rey
70 hizo* degollar un día
treinta y seis Abencerrajes,
nobles de grande valía.[16]

El poder de los moros iba desapareciendo poco a poco.

Un día, de pronto, llegó al palacio la noticia de que[17] los
75 castellanos habían conquistado la ciudad mora de Alhama. El rey Boabdil lloró desconsoladamente. Y mandó llamar a sus caballeros.

Decían los romances :

— ¿Para qué nos llamas, rey?
80 ¿para qué es esta llamada?
— Habéis de saber, amigos,
una nueva desdichada :
que cristianos de braveza
ya nos han ganado Alhama.
85 Allí dijo un moro viejo,
de barba crecida y blanca :
— Bien se te emplea, buen rey;

---

16. En las torres...valía, *In the tower of the Alhambra a great clamor was heard; and in the city of Granada men and women were weeping because, without reason, the king had ordered to be beheaded thirty-six Abencerrajes, noblemen of great worth.*
17. la noticia de que, *word that.*

buen rey, bien se te empleaba.
Mataste los Bencerrajes
que eran la flor de Granada.   90
¡Ay de mi Alhama![18]

La pérdida de esta ciudad era ya una anticipación de la pérdida de Granada misma, la última capital de los árabes en España.

Los Reyes Católicos, don Fernando y doña Isabel, entraron   95
en la Alhambra el 6 de enero de 1492.

Boabdil, el último rey árabe de España, murió* en Marruecos adonde había sido desterrado.[19]

18. ¿Para...Alhama! " *Why are you calling us, King? Oh king, why this summons?* "
     " *You must know, my friends, this unhappy news, that Christians of great valor have conquered Alhama.* "
     There spoke an old Moor with long white beard: " *You well deserve it, my King. My King, I say, you well deserve it. You killed the Abencerrajes that were the flower of Granada. Woe, woe! my Alhama!* "
19. adonde...desterrado, *to which he had been exiled.*

CUESTIONARIO

1. ¿Quiénes son los Zegríes y Abencerrajes?
2. ¿Dónde está la Alhambra?
3. ¿Dónde está Granada?
4. ¿Dónde está la Vega?
5. ¿Por qué quieren vengarse los Abencerrajes?
6. ¿Dónde se paseaba el rey moro?
7. ¿Cuándo tuvieron la fiesta?
8. ¿Qué dijo el rey a sus capitanes?
9. ¿Adónde bajaron los capitanes?
10. ¿Cuántos Abencerrajes habían muerto?
11. ¿Qué inventaban las damas y los caballeros?
12. ¿Qué noticia llegó al palacio?
13. ¿Qué hizo el rey?
14. ¿Quiénes eran la flor de Granada?
15. ¿Quiénes eran los Reyes Católicos?
16. ¿Cuándo entraron en la Alhambra?
17. ¿Dónde murió el rey moro?

Lazarillo de Tormes

[5]

ANÓNIMO

La vida de Lazarillo de Tormes *appeared anonymously in 1554. It is the best example of the* novela picaresca, *or romance of roguery, a typical Spanish literary creation.*

Lazarillo, a poor boy, tells of his pilgrimage through life. He goes from master to master in search of a security that always eludes him. In the background, places and persons, customs and institutions of sixteenth-century Spain stand out, vividly portrayed. A playful ironical strain runs throughout the narration of Lazarillo's comical misfortunes.

Lazarillo de Tormes

ANÓNIMO

El pobre Lazarillo nació en mil quinientos y no sabemos cuándo murió.*

A los diez años era huérfano de padre.[1] A los once se marchó de su casa.

Lazarillo fué* durante unos meses el criado de un mendigo ciego. De él aprendió una cosa : que la vida es dura, y que los hombres tienen* que ser muy listos para poder vivir.

Lazarillo llegó a Toledo, la magnífica capital de España, llena de palacios, tiendas, iglesias y conventos.

Lazarillo tenía hambre.[2]

Fué de puerta en puerta, pidiendo* limosna. En algunas calles sonaban todos los ruidos de la gente que estaba trabajando; en otras, había[3] un gran silencio, de día y de noche.[4]

Una mañana, muy temprano, se encontró con[5] un señor de unos cuarenta y cinco años,[6] alto y bien vestido.

— Muchacho, ¿ buscas amo?

— Sí — contestó Lazarillo.

---

1. A los diez...padre, *When he was ten years old he became an orphan through the death of his father.*
2. tenía hambre, *was hungry.*
3. había, *there was.*
4. de día y de noche, *by day and night.*
5. se encontró con, *he met up with.*
6. un señor...años, *a gentleman about forty-five years old.*

— Pues, ven* conmigo.[7] Serás mi criado.

El señor empezó a andar despacio, calle arriba, calle abajo,[8]
20 con un aire muy tranquilo y elegante. Lazarillo le seguía
y pensaba :

— ¿Por qué no entramos en las tiendas para comprar cosas
de comer?

Pero el amo y el criado continuaron andando, sin parar
25 en ningún sitio.[9]

Por fin llegaron a una casa pequeña y muy oscura donde
vivía el señor.

— Lazarillo, come si quieres.[10] Yo desayuné esta mañana
y no tengo* hambre.

30 El pobre muchacho miró por todas partes,[11] pero no encontró nada de comer. Entonces, muy triste, sacó del bolsillo
unos pedazos de pan duro[12] que todavía tenía de las limosnas,
y empezó a comer.

— ¿Qué comes, muchacho?

35 — Pan duro.

— Parece muy buen pan. Déjame probarlo.[13]

El señor tomó un pedazo, y lo devoró en un momento.

Entonces, se fué[14] a la puerta de la calle, para ver pasar
a la gente. Sacó un palillo de dientes y se lo puso* en la boca.[15]
40 Todo el mundo creería[16] que acababa de almorzar espléndi-
damente. Lazarillo pensó :

— Esto es peor que ser criado del ciego. El ciego me daba
poco de comer,[17] pero me daba algo. Éste no tiene nada.
¡Pobre señor!

---

7. ven conmigo, *come with me.*
8. calle...abajo, *up the street and down the street.*
9. en ningún sitio, *anywhere.*
10. come si quieres, *eat if you like.*
11. por todas partes, *everywhere.*
12. pan duro, *stale bread.*
13. Déjame probarlo, *Let me taste it.*
14. se fué, *he went.*
15. se lo puso...boca, *put it in his mouth.*
16. Todo el mundo creería, *everyone would think.*
17. poco de comer, *little to eat.*

Llegó la hora de dormir.[18] El señor se acostó en la única 45
cama que había, y Lazarillo a sus pies.

A la mañana siguiente el señor despertó muy temprano,
limpió su traje cuidadosamente, se vistió,* y le dijo a Lazarillo :

— Yo tengo que salir.[19] Tú, haz* la cama[20] y barre la casa.
Y se marchó muy despacio.   50

Lazarillo no encontró escoba por ninguna parte y no pudo*
barrer.[21] Hizo* la cama, y se marchó por la ciudad a pedir
limosna.

Antes de mediodía ya se había comido dos hogazas de pan,[22]
y tenía otra bajo su capa.   55

Muy contento de la vida, Lazarillo se fué calle abajo, a
dar un paseo[23] a orillas del río.

Y allí, tan tranquilo, tan sonriente, con la mano izquierda
sobre su espada, y su gran sombrero amarillo en la mano
derecha, haciendo una reverencia a dos mujeres embozadas,[24] 60
allí estaba su amo.

Lazarillo les observaba desde corta distancia.

---

18. Llegó ...dormir, *It was time to go to bed; literally, the hour of sleeping arrived.*
19. Yo tengo que salir, *I have to go out.*
20. haz la cama, *make the bed.*
21. no pudo barrer, *could not sweep.*
22. ya se había...pan, *he had already gobbled up two loaves of bread.*
23. a dar un paseo, *to take a walk.*
24. haciendo...embozadas, *making a reverential bow to two muffled-up women.*

Su amo, de pronto, se puso colorado,[25] hizo* otra reverencia, y se marchó muy de prisa.

65 — Entiendo* — pensó Lazarillo. Sin duda esas mujeres querían almorzar con él. Y mi amo ha visto[26] el peligro, y ha desaparecido.

Lazarillo y su amo estaban hablando.

— ¿Por qué no trabaja usted, señor? — preguntó Lazarillo.

70 — ¿Cómo voy a trabajar? — contestó su amo. — ¿Crees tú que es tan fácil encontrar trabajo de señor como de criado?[27]

— Pero, ¿ha buscado usted?

— Mira, Lazarillo. Yo he venido desde Valladolid, de donde es mi noble y pobre familia,[28] a esta gran ciudad de Toledo, 75 para buscar trabajo. Pero no he tenido buena suerte. No hablemos más de esto.

Y no hablaron más.

Una tarde estaba Lazarillo paseando por el Zocodover cuando vió pasar un entierro. La viuda iba* gritando :[29]

80 — ¡Ay, mi marido de mi vida![30] ¡Te llevan a la casa oscura donde no se come ni bebe![31] ¡Ay, mi marido!

Lazarillo echó a correr[32] calle abajo y llegó a la casa, donde estaba su amo sentado en la cama.

— ¡Señor, señor! ¡Nos traen un muerto![33] ¡Cerremos la 85 puerta![34]

Pasó el entierro. El amo se rió* mucho del miedo de su criado.

25. se puso colorado, *blushed; literally, turned red.*
26. ha visto, *has seen.*
27. tan...criado, *as easy to find work (a job) suitable to a gentleman as one suitable to a servant ?*
28. de donde es ...familia, *whence my noble and poor family comes.*
29. iba gritando, *was shouting.*
30. mi marido de mi vida, *my dear, darling husband.*
31. donde...bebe, *where one neither eats nor drinks.*
32. echó a correr, *started to run.*
33. ¡Nos traen un muerto! *They are bringing us a dead man!*
34. ¡Cerremos la puerta! *Let's shut the door!*

Una noche, a la hora de acostarse, entraron en la casa una mujer y un hombre, los dos viejos y pobres. Venían a cobrar el alquiler de la casa y de la cama. El señor les debía dos meses.[35] 90

— Hagan ustedes el favor[36] de esperar aquí. Voy a cambiar una moneda de plata.

Los dos esperaron un gran rato, y viendo que el señor no volvía, llamaron a la justicia. 95

Todos agarraron a Lazarillo, y querían llevarle a la cárcel.

Unas muchachas que trabajaban en la casa de al lado,[37] en una tienda de sombreros, salieron a defender a Lazarillo, diciendo* que era un buen muchacho y que no tenía culpa[38] de las acciones de su amo. 100

Por fin dejaron a Lazarillo.

El viejo y la vieja empezaron a disputar. Ésta se llevó el colchón, y aquél se llevó la cama.

Lazarillo esperó a su amo muchos días. El señor no volvió.

Lazarillo pensó : 105

— Esto es el mundo al revés.[39] Yo sabía que los criados dejaban a los amos, pero en este caso, mi amo me deja a mí. ¡Paciencia! ¡Dios dirá! [40]

---

35. les debía dos meses, *owed them two months (rent)*.
36. Hagan...favor, *do me the favor*.
37. la casa de al lado, *the house next door*.
38. no tenía culpa, *he was not to blame*.
39. al revés, *upside down*.
40. ¡Dios dirá! *God will provide!*

CUESTIONARIO

1. ¿Cuántos años tenía Lazarillo cuando se marchó de su casa?
2. ¿Qué aprendió del mendigo?
3. ¿A qué ciudad llegó Lazarillo?
4. ¿Con quién se encontró?
5. ¿Adónde llegaron el amo y el criado?
6. ¿Por qué no tenía hambre el amo?
7. ¿Qué come Lazarillo?
8. ¿Adónde se fué el amo después de comer?
9. ¿Dónde se acostó el señor?
10. ¿Encontró Lazarillo una escoba?
11. ¿Adónde se fué Lazarillo?
12. ¿Quién está a orillas del río?
13. ¿Quiénes estaban con él?
14. ¿Qué querían esas mujeres?
15. ¿De dónde es el señor?
16. ¿Para qué ha venido a Toledo?
17. ¿Quiénes entraron una noche?
18. ¿Qué venían a cobrar?
19. ¿Cuánto les debía el señor?
20. ¿Quiénes defendieron a Lazarillo?
21. ¿Cuánto tiempo esperó Lazarillo?
22. ¿Qué dice Lazarillo al fin de la historia?

Cipión y Berganza

PERROS GUARDIANES DEL HOSPITAL DE VALLADOLID

[6]

MIGUEL DE
CERVANTES

Miguel de Cervantes Saavedra (1547-1616) was born in the university town of Alcalá de Henares, near Madrid. He was primarily a self-taught man, as his family lacked the means to provide him with a formal education. He left Spain at the age of twenty-two to seek his fortune elsewhere. There followed several years of military life in Italy. He took part in the naval battle of Lepanto (1571) in which Turkish power, threatening Western Europe, was finally beaten. There young Cervantes was wounded, never recovering the use of his maimed left hand. Captured by pirates, he suffered five long years of captivity in Algiers.

He returned to Spain in 1580. His marriage to a provincial girl many years his junior turned out to be a failure. He tried his hand at writing, but not succeeding in making even the barest livelihood with his writings, he had to accept various menial government jobs that kept him constantly moving from one part of Spain to another. Incapable of rendering clear accounts to the proper authorities, he was jailed several times. Finally, Cervantes gave up the idea of holding a job and settled down to write in poverty. Thereafter his main source of revenue was the generosity of a few noblemen, patrons of the arts, who subsidized him until the end. He died in Madrid on the 23rd of April, 1616, the same day as Shakespeare.

El ingenioso hidalgo don Quijote de la Mancha, Primera parte, appeared in 1605 and was an immediate success, becoming a best-seller. It had run through ten editions before the Segunda parte was published in 1615. The Novelas ejemplares, a collection of twelve novelettes, appeared in 1613.

In Don Quijote we hear Man's eternal dialogue with Man. Sancho lives in a world he never made; Don Quijote wills to create a world in which he cannot live.

And the story is a profound and mad and melancholy and merry one.

Cipión y Berganza

PERROS GUARDIANES[1] DEL HOSPITAL DE VALLADOLID

MIGUEL DE CERVANTES

BERGANZA. — ¿Está usted despierto, Cipión?

CIPIÓN. — Sí, amigo Berganza. Despierto y asombrado. ¿Somos* perros y hablamos? No lo comprendo.

BERGANZA. — Ni yo tampoco.[2] Sin duda es un milagro.

CIPIÓN. — ¿Tiene usted sueño?[3]   5

BERGANZA. — No, en absoluto.[4]

CIPIÓN. — Pues entonces, vamos a sentarnos[5] aquí, en la oscuridad, y a pasar la noche charlando. Nadie nos oirá.

BERGANZA. — Me parece muy bien.[6] ¿De qué vamos a hablar?   10

CIPIÓN. — Yo propongo* una cosa.[7] Usted me cuenta* su vida esta noche, y yo le cuento* la mía mañana. Es decir, si todavía dura el milagro.

BERGANZA. — Pues empiezo.* Yo nací[8] en Sevilla. ¡Qué gran ciudad, amigo Cipión! Como usted sabe, todos los barcos   15

---

1. Perros guardianes, *Watchdogs.*
2. Ni yo tampoco, *Nor I either.*
3. ¿Tiene usted sueño? *Are you sleepy?*
4. No, en absoluto, *not at all.*
5. vamos a sentarnos, *let us sit down.*
6. Me parece muy bien, *It seems a very good idea to me; literally,* it seems very well to me.
7. Yo propongo una cosa, *I propose something.*
8. Yo nací, *I was born.*

61

de los países de América suben y bajan por el río Guadalquivir, llenos de plata de Méjico y del Perú.

CIPIÓN. — Lo he oído contar.[9] ¡Algo admirable!

BERGANZA. — Mi primer amo fué un mozo del mercado
20 de la carne.[10] Después de unos meses tuve* que dejarle.

CIPIÓN. — ¿Por qué? ¿Qué pasó?

BERGANZA. — Lo que pasó fué esto : Mi amo me había enseñado a llevar una cesta llena de pedazos de carne a casa de su novia. Una mañana iba* yo por una calle con mi cesta.
25 Oí que me llamaban de una ventana. Me paré. Salió una muchacha muy guapa, me quitó la carne, y me puso en la cesta[11] un zapato viejo. Cuando volví a casa, mi amo estaba furioso, y quiso[12] matarme con un cuchillo. Miraba el zapato y decía : « ¡Ya sé,* ya sé quién ha hecho* esto![13] ¡Ya me las
30 pagará! »[14] Yo me marché de casa, y aquella noche dormí en el campo. Al día siguiente, llegué* a un grupo de pastores, y me quedé con ellos para guardar el ganado.

CIPIÓN. — Yo también he sido perro de pastor. Es una buena colocación.

35 BERGANZA. — Sí, y no. Al principio yo estaba muy contento. Descansaba todo el día, y de noche, me paseaba alrededor del ganado, con mi gran collar de puntas de acero.

CIPIÓN. — ¡Buena vida!

BERGANZA. — Sí. Hasta que llegaron los lobos. Todas las
40 noches los pastores gritaban : « ¡El lobo!, ¡el lobo! » Yo corría por todas partes para pelear con él, pero nunca encontraba a ninguno.[15] Luego, volvía al ganado, y encontraba una o dos ovejas muertas. Los pastores me castigaban, y yo no sabía qué hacer. Una noche, decidí quedarme con el ganado y

---

9. Lo he oído contar, *I have heard it said.* — *The use of the infinitive is idiomatic after verbs involving the senses.*
10. un mozo...carne, *a meat-market errand boy.*
11. me puso en la cesta, *she put in my basket.*
12. quiso, *wanted.*
13. ¡ya...esto!, *I know very well who has done this!*
14. ¡Ya...pagará!, *She will pay for this!*
15. nunca encontraba a ninguno, *I never found any.* — *Note the use of* a *before a personalized object.*

esperar al lobo allí mismo.[16] Aunque la noche era muy oscura, 45
los vi perfectamente. Eran* dos.

CIPIÓN. — ¡Claro! Y con dos patas cada uno. ¡Los pastores!

BERGANZA. — Es verdad. Pero, ¿cómo sabe usted eso?

CIPIÓN. — Amigo Berganza, eso lo saben todos los perros
que han vivido en el campo. 50

BERGANZA. — Dejé a los pastores, y volví a Sevilla. Estuve*
algunos días de vacaciones,[17] andando por las calles, y co-
miendo lo que podía encontrar. Pero me cansé de esa vida.

CIPIÓN. — Sí, los perros necesitan amo. Es nuestra naturaleza. 55

BERGANZA. — Encontré una buena colocación en casa de
un mercader rico.

CIPIÓN. — ¡Dígame usted,[18] querido Berganza! ¿Qué méto-
dos empleaba usted para obtener una colocación?

BERGANZA. — Pues me sentaba a la puerta de una casa 60
rica y ladraba a todos los que pasaban. Cuando venía el
dueño de la casa, me levantaba y me iba* tras él, y le besaba
los zapatos.[19]

CIPIÓN. — ¿Movía usted la cola?[20]

16. allí mismo, *right there.*
17. de vacaciones, *on vacation.*
18. Dígame usted, *Tell me.*
19. le besaba los zapatos, *I kissed his shoes.*
20. ¿Movía usted la cola? *Did you wag your tail?*

65   BERGANZA. — Sí, mucho.[21]

CIPIÓN. — Ése era también mi procedimiento. Da muy buenos resultados.

BERGANZA. — El mercader tenía dos hijos, uno de doce años y el otro de catorce. Todas las mañanas les acompañaba
70 a la escuela, y llevaba sus libros atados con unas correas. ¡Ésa fué la mejor época de mi vida! Me quedaba todo el día en la escuela, y cuando llegaba la hora del recreo, todos los chicos jugaban conmigo, y me daban cosas muy buenas de comer.

75   CIPIÓN. — ¿Y tuvo usted[22] la oportunidad de aprender algo?

BERGANZA. — ¿Aprender algo? No tiene usted idea. Geografía, que es muy útil para los perros — y latín. Esa lengua la aprendí bastante bien.

80   CIPIÓN. — ¿Y para qué quería usted saber latín?

BERGANZA. — El latín es muy útil para viajar.

CIPIÓN. — ¡Nunca se me habría ocurrido![23]

BERGANZA. — Pues, como le estaba diciendo,[24] todo marchaba[25] perfectamente. Mi amo estaba muy contento conmigo,
85 los chicos me querían mucho, yo me divertía la mar,[26] y de pronto — la catástrofe. Una criada trató de envenenarme.

CIPIÓN. — ¿Por qué razón?

BERGANZA. — Es un cuento muy largo, pero lo contaré en pocas palabras. La criada tenía un novio que venía a
90 hablar con ella todas las noches en el jardín. Y yo, como perro guardián, ataqué* al hombre y le hice* unas heridas en las piernas.[27] La criada juró matarme, y casi lo hizo.[28]

---

21. Sí, mucho, *Yes, a lot.*
22. Y tuvo usted, *And did you have.*
23. ¡Nunca ...ocurrido! *That never would have occurred to me!*
24. le estaba diciendo, *I was telling you.* — *This may also be written as* estaba diciéndole.
25. marchaba, *was going.*
26. yo me divertía la mar, *I was enjoying myself a lot, i.e., immensely (as immense as the ocean).*
27. le hice...piernas, *I wounded him in the legs.*
28. casi lo hizo, *she almost did it.*

CIPIÓN. — Esas historias de amor son muy complicadas y peligrosas.

BERGANZA. — Eso creo yo.[29] Nosotros los perros[30] debemos 95 evitarlas siempre.

BERGANZA. — Como usted puede imaginarse, decidí marcharme de la casa sin despedirme de nadie.[31] Tuve* algunas aventuras sin importancia,[32] y finalmente caí en medio de un regimiento de infantería que iba* a embarcarse en un 100 puerto del norte. El tambor mayor me tomó como discípulo y me enseñó muchos trucos de perro sabio.[33] En todos los pueblos donde nos deteníamos, dábamos funciones, y mi amo ganaba mucho dinero. Pero, Cipión hermano, si no me equivoco,[34] está empezando a amanecer, y tenemos que volver al 105 trabajo.[35]

CIPIÓN. — Es verdad. Todo llega a su fin. Pero, dígame, amigo Berganza. ¿Cómo vino* usted a ser perro guardián de este hospital?

BERGANZA. — El regimiento se detuvo[36] aquí en Valladolid 110 una noche. Yo estaba ya cansado de trabajar tanto. Aquella noche fuí* a dar un paseo por la ciudad y le vi a usted guardando este hospital. Entonces me dije :* « ¡Qué vida tan tranquila! Voy* a ver si me dan trabajo.» Y vine* a pedir una colocación, y me la dieron,* y aquí estoy,* tan 115 contento.

CIPIÓN. — No sabe usted, querido Berganza, cómo me ha gustado su cuento.[37] Ahora tenemos que separarnos. Esta noche nos veremos[38] aquí, y yo le contaré la historia de mi

29. Eso creo yo, *I think so too.*
30. Nosotros los perros, *We dogs.*
31. sin despedirme de nadie, *without saying good-by to anyone.*
32. Tuve...importancia, *I had some adventures of no importance.*
33. trucos de perro sabio, *trained-dog tricks.*
34. si no me equivoco, *if I'm not mistaken.*
35. tenemos...trabajo, *we have to go back to work.*
36. se detuvo, *stopped.*
37. como ...cuento, *how much I have enjoyed your story; literally, how your story has pleased me.*
38. nos veremos, *we will see each other.*

120 vida que es un poco distinta de la de usted,[39] y sin embargo,[40] bastante parecida.

BERGANZA. — ¡Claro! Un perro siempre se parece a otro perro.

CIPIÓN. — Hasta la noche,[41] hermano Berganza!

125 BERGANZA. — Adiós, amigo Cipión!

CUESTIONARIO

1. ¿Quiénes hablan aquí?
2. ¿Tienen sueño?
3. ¿Cómo pasan la noche los dos perros?
4. ¿Quién cuenta su vida?
5. ¿Dónde nació Berganza?
6. ¿Qué le puso en la cesta la muchacha?
7. ¿Qué quiso hacer su amo?
8. ¿Dónde durmió el perro aquella noche?
9. ¿Con quiénes se quedó el perro?
10. ¿Quiénes eran los lobos?
11. ¿Adónde volvió el perro?
12. ¿Dónde encontró colocación?
13. ¿Cuántos hijos tenía el mercader?
14. ¿Cuántos años tenía uno?
15. ¿Cuántos años tenía el otro?
16. ¿Quiénes jugaban con el perro?
17. ¿Se divertía mucho el perro?
18. ¿Quién quiso matar al perro?
19. ¿Quién le enseñó muchos trucos?
20. ¿De qué estaba cansado el perro?
21. ¿Le ha gustado al perro el cuento del otro perro?
22. ¿Es la historia del otro perro distinta o parecida?

39. de la de usted, *from yours.*
40. sin embargo, *nevertheless.*
41. Hasta la noche, *Until tonight.*

El celoso extremeño

MIGUEL DE CERVANTES

Las naves que volvían de las Indias anclaron una hermosa mañana de primavera en la bahía de Cádiz.

Entre los pasajeros, desembarcó un viejo hidalgo extremeño, llamado Felipe Carrizales. Venía solo, sin familia y sin criados, pero con un pesado equipaje de ciento cincuenta mil pesos 5 de plata. Había pasado veinte años en el Perú, y allí había hecho[2] su fortuna.

Dos días más tarde, Carrizales llegó a Sevilla, ciudad donde había vivido de joven[3] y de la que tenía recuerdos muy agradables. 10

Se paseaba por[4] las calles triste y solo. La maravillosa fragancia de azahar que venía de los jardines le ponía más triste aún.[5]

Andaba y se decía a sí mismo : « Soy viejo, soy rico. No tengo a nadie[6] en el mundo. Moriré pronto, y mi dinero 15 no me servirá para nada. »

Se detuvo[7] ante una ventana adornada con macetas de

---

1. El celoso extremeño, *The jealous man from Estremadura.*
2. había hecho, *had made.*
3. de joven, *as a young man.*
4. Se paseaba por, *He was walking through.*
5. le ponía ...aún, *made him still more sad.*
6. No tengo a nadie, *I have no one.*
7. Se detuvo, *He stopped.*

albahaca y de claveles. Una linda sevillanita de quince años
le miró al pasar.[8] Carrizales continuó paseando, y pensaba :
20 « Debiera[9] casarme. Pero, ¡no, no! Toda mi vida he evitado
el matrimonio. Soy tan celoso que no tendría[10] un solo momento de tranquilidad. »

Al día siguiente, y al otro, y al otro, Carrizales pasó por
delante de la ventana de la albahaca y los claveles. La linda
25 muchacha de ojos negros e inocentes, a veces estaba allí, y
a veces no.[11]

Carrizales la pidió* en matrimonio. Los padres de Leonora,
— así se llamaba la muchacha —, eran pobres, y aceptaron
la oferta del viejo extremeño.

30 La boda se celebró en familia una mañana de a fines[12]
de abril.

¿Cuál era la mejor casa de Sevilla? ¿Ésa? Carrizales la
compró. Doce mil pesos le costó.

Aquella casa era todo un mundo : treinta amplias habita-
35 ciones, y tres patios, — el más grande con naranjos —, para
ver el hermoso cielo azul de Sevilla.

Trajeron muebles, alfombras, tapices. Carrizales compró
todo lo mejor,[13] queriendo agradar a su joven esposa. También
regaló[14] a Leonora, que nunca había tenido más que dos
40 vestidos de algodón, — uno verde y otro negro —, quince
ricos vestidos de seda, todos muy alegres y muy finos.

¿Qué más podía hacer Carrizales para contentar a Leonora?
Mandó traer muchos canarios, en sus jaulas, y los pusieron[15]
en los patios, donde cantaban todas las horas del día, acom-
45 pañados por el sonido del agua en las fuentes.

Finalmente, Carrizales tomó diez criadas y un ama de casa
para servir a su esposa. El único hombre que el celoso viejo

8. Una...pasar, *A lovely fifteen-year-old Sevillian girl looked at him as he passed by.*
9. Debiera, *I ought to.*
10. no tendría, *I would not have.*
11. a veces...no, *sometimes she was there, sometimes not.*
12. de a fines, *at the end.*
13. todo lo mejor, *the very best.*
14. regaló, *he gave.*
15. los pusieron, *they put them.*

permitió en la casa era un gigante africano que servía de
portero.[16]

Entonces, Carrizales llamó a su esposa, al ama, y a todas
las criadas, y les dijo : 50

—¡Leonora, mi querida esposa, y todas ustedes, que viven
aquí con nosotros! Nadie saldrá[17] nunca de esta casa. Ningún
hombre entrará nunca aquí. Mi esposa irá los domingos a
misa muy temprano. En la iglesia podrá[18] ver a sus padres. 55
Éstas son mis órdenes.

16. de portero, *as janitor*.
17. saldrá, *will go out*.
18. podrá, *she will be able to*.

Y mandó tapiar todas las ventanas, y todos los balcones.[19]
Leonora no sabía si estaba triste o alegre. Suponía que
su vida era como la de todas las mujeres casadas, y se divertía
60 bordando con sus criadas, haciendo dulces en la cocina, regando las flores, o jugando con sus muñecas.

Carrizales salía a sus negocios, y volvía a casa lo antes
posible.[20] Amaba tiernamente a su linda esposa, y le gustaba
pasar el tiempo[21] con ella. Muchas veces, para entretenerla,
65 le contaba largos cuentos de sus aventuras por Italia, Francia,
Holanda, y por los lejanos países de Ultramar.[22] Leonora le
escuchaba con gran admiración.

Así pasó un año.

Un día, un joven llamado Loaísa, que tenía gran fama
70 de don Juan,[23] oyó* contar la historia del celoso Carrizales.
En ese momento, decidió, por capricho, conquistar a la linda
Leonora.

Aquella misma noche se disfrazó de mendigo.[24] En frente
de la casa de Carrizales, se puso a[25] cantar canciones y
75 romances, acompañándose de su guitarra.

Luis, el gigantesco portero, era muy aficionado a[26] la música,
y salió a ver al maravilloso cantor.

— ¡Ay! ¡Qué bien toca usted![27] Yo daría cualquier cosa
por tocar así — dijo Luis.

80 — Nada más sencillo — contestó Loaísa —. Precisamente,
soy maestro de guitarra. Le enseñaré a usted en un par de
noches.

---

19. mandó tapiar...balcones, *he had all the windows and balconies walled up.*
20. lo antes posible, *as soon as possible.*
21. le gustaba...tiempo, *he liked to spend the time.*
22. de Ultramar, *overseas.*
23. de don Juan, *as a Don Juan.*
24. se disfrazó de mendigo, *he disguised himself as a beggar.*
25. se puso a, *he began to.*
26. muy aficionado a, *very fond of.*
27. ¡Qué...usted!, *How well you play!* — Tocar, *literally, means " to touch ";*
    in connection with music, it means " to play."

— ¿Cuándo vamos a empezar? — preguntó Luis, con impaciencia.

— Ahora mismo.[28] 85

Entraron en la portería y empezó la primera lección. Luis tocaba firmemente una música bárbara golpeando la guitarra contra su pecho.

— ¿Cómo va esto,[29] amigo? — preguntaba Luis.

— ¡Gran estilo! ¡Gran estilo! — le contestaba Loaísa. 90

Las criadas — algunas estaban despiertas — oyeron* el ruido, y llenas de curiosidad, vinieron[30] a la portería.

— ¿Qué haces, Luis? — le preguntaron.

— Estoy aprendiendo la guitarra con un amigo, muy gran músico. 95

Loaísa tomó la guitarra de manos del portero, y empezó a cantar, acompañándose suavemente :

> — Madre, la mi madre,
> guardas me ponéis;
> que si yo no me guardo, 100
> no me guardaréis.[31]

— ¡Qué bonito! ¡Qué precioso! — exclamaban todas.

— Señoras mías, si ustedes quieren, puedo entrar en la casa, y cantaremos hasta el alba.

— ¡Imposible! ¡Nuestro amo se despertaría y nos castigaría 105 a todas!

— Eso se puede arreglar.[32] Conozco* una medicina maravillosa. Es un ungüento que se pone[33] en la frente de una persona y la hace dormir más de veinte horas.

— ¿Tiene* usted ahí ese ungüento? — preguntó el ama 110 de casa.

---

28. Ahora mismo, *Right now.*
29. ¿Cómo va esto?, *How goes it?*
30. vinieron, *they came.*
31. Madre...guardáreis, *Mother, mother mine, you place guards over me; but if I don't guard myself, you won't guard me either.*
32. Eso se puede arreglar, *That can be arranged.* — *Note the use of* se *as a substitute for the passive voice.*
33. que se pone, *which is put.* — *Note again the use of* se *for the passive.*

— No. Mañana noche lo traeré.

A la mañana siguiente, las criadas contaron a Leonora todo lo que había ocurrido.

115 Leonora quería y no quería desobedecer a su viejo marido. Quería y no quería ver y oír al joven músico.

Todo el día estuvo[34] triste y pensativa.

Por la noche, volvió a aparecer Loaísa, esta vez no disfrazado de mendigo, sino vestido de galán,[35] todo de seda,[36] 120 y perfumado de agua de rosas.[37]

— ¡Qué ojos tan hermosos[38] tiene el músico! — decía una criada.

— ¡Qué boca tan bonita! — decía otra.

— ¡Qué piernas tan bien formadas! — decía el ama.

125 Leonora no se atrevía a hablar, y miraba a Loaísa, muy emocionada.[39]

— Señoras, estoy a su servicio. Aquí traigo[40] el ungüento. Un poquito de medicina,[41] y tenemos toda la noche para divertirnos,[42] sin ofender[43] a nadie.

130 Leonora luchaba consigo misma.[44]

— ¡Suba usted,[45] señora! ¡Ponga usted[46] el ungüento a su marido! ¿Qué peligro hay en eso? — decían las criadas.

Leonora subió a la alcoba donde Carrizales estaba dormido, y le puso el ungüento en la frente. Esperó un buen rato.

135 Carrizales no se movía.

---

34. estuvo, *she was.*
35. vestido de galán, *dressed as a young lover.*
36. todo de seda, *all in silk.*
37. perfumado de agua de rosas, *perfumed with rose water.*
38. ¡Qué ojos tan hermosos...! *What beautiful eyes...!*
39. muy emocionada, *very deeply moved.*
40. traigo, *I bring.*
41. poquito de medicina, *a little bit of medicine.*
42. para divertirnos, *to enjoy ourselves.*
43. sin ofender, *without offending.* — *The Spanish infinitive follows the preposition and is equivalent to the English gerund.*
44. luchaba consigo misma, *struggled with herself.*
45. Suba usted, *Go upstairs.*
46. Ponga usted, *Put.*

Abajo, en el patio, sonaba la guitarra, muy bajito.[47] Y también, risas y cuchicheos.

Leonora bajó, y se fueron todos[48] al patio grande de los naranjos, que estaba más lejos de la alcoba de Carrizales, y de la calle.   140

La fragancia del azahar llenaba la noche de luna.[49]

En la portería, Luis se desesperaba porque no podía continuar sus lecciones de música.

En el patio, Loaísa volvió a cantar :

> — Madre, la mi madre,   145
> guardas me ponéis;
> que si no me guardo,
> no me guardaréis.

Loaísa cantaba romances antiguos, romances nuevos, canciones de la calle.   150

Las criadas bailaban y tocaban las palmas.[50]

Así pasaron unas horas.

Cuando Carrizales despertó y no vió a Leonora en la alcoba, se asustó mucho. La buscó por todas las salas del piso alto. Miró por una ventana que daba al patio de los naranjos.[51]   155

Todo estaba en silencio. Solamente sonaba el agua de la fuente.[52]

De pronto, Carrizales sintió* un profundo dolor en el corazón. En un rincón del patio, iluminado por la luz de la luna, estaban Leonora y un joven galán, abrazados.[53]   160

Carrizales se sintió* muy enfermo, y volvió a su alcoba, para echarse en la cama.

---

47. sonaba ...bajito, *the guitar could be heard very softly; literally, the guitar sounded very low.*
48. se fueron todos, *they all went.*
49. la noche de luna, *the moonlit night.*
50. tocaban las palmas, *clapped their hands.*
51. daba al patio de los naranjos, *faced the court of the oranges.*
52. Solamente...fuente, *Only the murmur of the water in the fountain could be heard.*
53. abrazados, *embracing.*

Después de unos minutos, Leonora entró en la alcoba, y se sorprendió de ver despierto a su marido.

165 — ¡Esposa, me estoy muriendo!* Llama a tus padres. Quiero hablar con ellos ahora mismo.

Cuando llegaron los padres, Carrizales les contó lo que acababa de ver.[54]

Leonora estaba llorando.

170 — Yo tengo la culpa de todo[55] — dijo Carrizales. — Yo, y no Leonora. Dejo toda mi fortuna a Leonora. Ella debe casarse con ese joven a quien no conozco.* Y ahora déjenme solo.[56] Quiero descansar.

Salieron todos.

175 Cuando Leonora y sus padres volvieron a la alcoba, Carrizales había muerto.*

Leonora entró en un convento. Su fortuna fué destinada a obras de caridad.

Loaísa se embarcó para las Indias, y nadie supo* más de 180 él en Sevilla.[57]

---

54. lo que acababa de ver, *what he had just seen.*
55. Yo tengo la culpa de todo, *I am to blame for everything.*
56. déjenme solo, *leave me alone.*
57. nadie supo...Sevilla, *nobody in Seville ever heard anything more about him.*

CUESTIONARIO

1. ¿Quién es Carrizales?
2. ¿De dónde venía?
3. ¿Dónde desembarcó?
4. ¿A qué ciudad llegó después?
5. ¿Por qué no quería casarse?
6. ¿Cómo se llama la muchacha?
7. ¿Cuándo se celebró la boda?
8. ¿Cuánto le costó la casa?
9. ¿Cuántas habitaciones tiene la casa?
10. ¿Cuántas criadas había en la casa?
11. ¿Estaba Leonora triste o alegre?
12. ¿Qué contaba el viejo a su esposa?
13. ¿Cuánto tiempo pasó?
14. ¿Quién es Loaísa?
15. ¿De qué se disfrazó el joven?
16. ¿Qué quiere aprender el portero?
17. ¿Qué trae el joven la noche siguiente?
18. ¿Cómo está vestido el joven?
19. ¿Adónde subió Leonora?
20. ¿Qué canciones cantaba el joven?
21. ¿Qué hacían las criadas?
22. ¿Qué vió el marido?
23. ¿A quién dejó el marido su fortuna?
24. ¿Qué hizo Leonora después de la muerte de su marido?
25. ¿Qué hizo el joven?

La ilustre fregona[1]

MIGUEL DE CERVANTES

Terminaba el verano.

Salamanca, la gran ciudad universitaria, volvía a recibir a sus diez mil estudiantes, ricos y pobres, que venían de todas partes de España.

5   Por el camino de Burgos a Valladolid, montados en sus buenas mulas de viaje, venían dos estudiantes de familia rica, acompañados de su viejo tutor, y dos criados. El mayor de los jóvenes era de veinte años de edad y se llamaba don Diego de Carriazo; el menor, de unos dieciocho años, era don Tomás
10 de Avendaño.

El tutor tenía mucha prisa[2] por llegar a Salamanca. Don Diego y don Tomás no tenían ninguna.

El tutor hacía sus planes : Al llegar[3] a la ciudad, alquilaría[4] una buena casa donde se instalarían los dos jóvenes, según
15 la costumbre de los estudiantes ricos, servidos por sus dos criados, y dirigidos por él mismo,[5] el viejo tutor. Éstas eran las órdenes de los dos padres.

Don Diego y don Tomás también hacían sus planes :

---

1. ilustre fregona, *noble kitchenmaid.*
2. tenía mucha prisa, *was in a great hurry.*
3. al llegar, *on arriving.*
4. alquilaría, *he would rent.*
5. dirigidos por él mismo, *guided by himself.*

Quitarle al tutor[6] todo el dinero posible; escaparse con las dos mulas; venderlas en cualquier parte; vender sus trajes, 20 cambiándolos por otros de campesino; y continuar el viaje a pie hasta llegar a las pesquerías de atún de Cádiz, donde podrían[7] vivir una vida de absoluta libertad, llena de toda clase de aventuras.

Don Diego, que años antes se había escapado de su casa, 25 y había vivido libremente en aquellas famosas pesquerías, convenció a su amigo con sus magníficos relatos, y don Tomás decidió acompañarle para ver cómo era aquel otro mundo que no conocía.

En Valladolid dejaron una carta para el tutor, diciéndole 30 que habían decidido marcharse a los Países Bajos, para tomar parte en la guerra, y que más tarde escribirían a sus padres.

Llegaron a Madrid. Allí vendieron las mulas y los trajes, y vestidos de campesinos, empezaron a caminar hacia Toledo.

Al anochecer, ya estaban en la posada de Illescas, siempre 35 llena de alegres viajeros.

Don Diego y don Tomás habían terminado de cenar, y estaban tomando el fresco[8] en el patio de la posada.

Dos criados estaban hablando a corta distancia de ellos.

6. Quitarle al tutor, *To take away from the tutor.*
7. podrían, *they would be able to.*
8. tomando el fresco, *enjoying the cool air.*

40 Uno venía de Sevilla, el otro iba a esa ciudad.

— ¿Tan guapa es? — preguntó uno de los criados.

— Tan guapa, que hay señores que pasan un mes o más en la Posada del Sevillano, sólo por verla todos los días.

— ¿Y como dice usted que la llaman?

45 — La llaman « la ilustre fregona ». Pero de fregona no tiene nada.[9] Ella solamente cuida de la plata.

— ¿Y en qué parte de Toledo está esa posada?

— Pues al llegar, suba usted por el puente de Alcántara hasta el Zocodover, y luego, baje por el Arco de la Sangre.

50 Allí la tiene usted a mano derecha : *Posada del Sevillano*. No puede usted equivocarse.[10]

Los dos criados se alejaron,[11] hablando.

Don Diego dijo :

— Yo he estado varias veces en esa posada, pero no re-

55 cuerdo* a ninguna belleza, fregona o no fregona.

— La verdad es — dijo don Tomás —, que esa ilustre criada debe de ser[12] una mujer extraordinaria. Mañana por la noche sabremos[13] si es tan guapa como dicen.* Y ahora vamos a acostarnos, porque mañana tenemos que madrugar.[14]

60 A la mañana siguiente, se levantaron muy temprano. Caminaron todo el día, y ya era de noche cuando cruzaron el Puente de Alcántara y subieron a la alta, magnífica, y antigua ciudad de Toledo.

Llegaron a la *Posada del Sevillano*. Su gran patio, rodeado

65 de columnas y arcos, estaba lleno de luces y de gente. Por la ancha puerta, con sus caballos, mulas y burros vistosamente[15] adornados, los viajeros y sus criados entraban y salían.

Don Diego y don Tomás entraron en el patio. Una muchacha

---

9. de fregona...nada, there's nothing of the kitchenmaid about her.
10. No puede...equivocarse, *You can't make a mistake.*
11. se alejaron, *walked away.*
12. debe de ser, *must be; probably is.*
13. sabremos, *we shall know.*
14. tenemos que madrugar, *we have to get up early.*
15. vistosamente, *gaudily.*

de unos dieciséis años, vestida de campesina rica, vino* hacia
ellos, y les preguntó con una voz que era verdaderamente   70
de plata :

— ¿Qué desean ustedes?

— ¡Señora mía, servir a usted, no más! — contestó don
Tomás —. Con eso me contento.

La muchacha se echó a reír,[16] y dijo :   75

— ¿Desde cuándo necesitan criados las criadas?[17] Si quieren
ustedes ver al dueño, aquí viene. Ustedes perdonen.[18]

Y desapareció entre[19] la gente.

Don Tomás no sabía qué decir. Era el amor a primera vista.

La muchacha, alta, esbelta, rubia como las candelas,[20] tenía   80
un aire gracioso y elegante, a pesar de[21] su traje rústico de
lana verde, sus gruesas medias coloradas, y sus pesados zapatos
bajos.

— Don Diego, yo me quedo[22] — dijo don Tomás —. Tendrás* que irte solo a tus queridas pesquerías.[23]   85

En este momento, se acercó el dueño de la posada, que
había estado dando órdenes a unas criadas.

— ¿Quién quería hablar conmigo? — preguntó.

— Señor posadero — dijo don Tomás —. Yo estoy buscando
trabajo. Y he oído que necesitaba usted un mozo de establo.   90

— Pues le han informado a usted a medias,[24] señor mozo.
Lo que necesito es un criado para llevar las cuentas[25] de la
paja y cebada. ¿Sabe usted leer y escribir?

` — Sí sé.[26]

16. se echó a reir, *burst out laughing.*
17. ¿Desde...criadas?, *Since when do servants need servants?*
18. Ustedes perdonen, *Please excuse me.*
19. entre, *among.*
20. rubia...candelas, *blonde as the flame (with flaming red-blonde hair).*
21. a pesar de, *in spite of.*
22. yo me quedo, *I'm staying.*
23. Tendrás que irte...pesquerías, *You'll have to go away alone to your beloved
    fisheries.*
24. le...a medias, *the information they gave you is not quite correct; literally, they
    have half informed you.*
25. llevar las cuentas, *to keep the accounts.*
26. Sí sé, *I do indeed know.*

95   — Pues quédese usted, si quiere. Veremos si sirve.[27] Allá en el establo encontrará el libro. ¡Vamos, menéese![28]

El posadero se puso a hablar con[29] algunos viajeros.

Don Diego no podía creer sus oídos y le preguntó a don Tomás :

100   — Pero, ¿te quedas, de veras?[30]

— ¡Ya lo ves![31]

— Entonces, me quedo yo también. No voy a dejarte solo. Tú no estás acostumbrado a esta clase de vida.

Los dos se fueron* a acostar,[32] y no habían dormido más 105 de una hora, cuando despertaron al son de una música de guitarras y panderetas[33] en la calle.

Se vistieron* y bajaron al patio. En una gran sala, junto a la puerta, había varias personas.

— Don Periquito[34] está perdiendo el tiempo[35] — dijo uno 110 de los viajeros. — Costanza, nuestra ilustre fregona, no hace caso a nadie.[36] Ella es encantadora, pero muy seria, y muy distinguida.

— Y ese don Periquito, ¿quién es? — preguntó otro viajero.

— Es el hijo menor del alcalde. Muy aficionado a las faldas.[37]

115   De pronto, sonó una voz terrible que salía de un cuarto del piso alto.

— ¡Márchese todo el mundo![38] ¡He pagado el cuarto para dormir, no para oir música! ¡Márchense todos, o bajo y les rompo la cabeza![39]

---

27. Veremos si sirve, *We'll see if you'll do.*
28. ¡Vamos, menéese!, *Come. Shake a leg!; literally, bestir yourself.*
29. se puso a hablar con, *began to talk to.*
30. de veras, *really.*
31. ¡Ya lo ves!, *As you see!*
32. se fueron a acostar, *left to go to bed.*
33. panderetas, *tambourines.*
34. Don Periquito, *Master Pete.*
35. está perdiendo...tiempo, *is wasting his time.*
36. no hace caso a nadie, *pays no attention to anyone.*
37. aficionado a las faldas, *fond of skirts.*
38. ¡Márchese todo el mundo!, *Everybody get out!*
39. o...cabeza, *or I'll come down and break your heads.*

Todo volvió a quedar en silencio. En el patio, lleno de   120
estrellas, sonaban los grillos.[40]

Don Diego, que estaba de muy mal humor por no tener
nada que hacer en Toledo, decidió comprar un burro y hacerse
aguador.[41] En el mercado, después de mirar mucho, compró
un burro de muy buen aspecto, y con fama de gran tra-   125
bajador.[42]

El viejo que se lo vendió estaba jugando a las cartas con
un amigo, y como éste se había levantado del suelo y se iba
a marchar, el viejo le dijo a don Diego :

— Muchacho, ¿quieres jugar un rato conmigo?   130

El viejo tenía una buena suerte extraordinaria, y don Diego
perdió todo el dinero que llevaba. Entonces, decidió jugar
el burro, dividiéndolo en cuatro cuartos. El viejo continuaba
teniendo mucha suerte. Don Diego perdió el primer cuarto,
y el segundo, y el tercero, y el último.   135

El viejo se levantó, y se iba a marchar con el dinero. Don
Diego le dijo :

— No hemos jugado la cola.[43]

— ¿Qué cola? La cola va con el último cuarto.

— No, señor — dijo don Diego. La cola es independiente.   140
¡Déme usted la cola!

El viejo vió que don Diego estaba furioso, y no se atrevió
a discutir. Se pusieron a jugar otra vez.[44] Ahora la buena
suerte era de don Diego, y pronto volvió a tener su burro,
y todo el dinero que había perdido. El viejo lloraba.   145

— Tome usted — dijo don Diego. Quédese usted con el
dinero. Yo me quedo con el burro.[45]

Cuando don Diego llegó al Zocodover, ya todo el mundo
sabía el cuento de la cola. Los chicos de la calle gritaban :

---

40. sonaban...grillos, *the crickets were chirping.*
41. hacerse aguador, *become a water carrier.*
42. con fama de gran trabajador, *with the reputation of being a hard worker.*
43. No hemos...cola, *We haven't played for the tail (of the donkey).*
44. Se pusieron a jugar otra vez, *They began to play again.*
45. Quédese usted con...burro, *You keep the money. I'll keep the donkey.*

150 « ¡Aguador! ¡ Déme usted la cola! ¡Déme usted la cola! »
Don Diego se desesperaba, pero no podía hacer nada contra
tantos chicos. Volvió a la posada, y dejando el burro en el
establo, se fué a su cuarto, y no quiso salir.[46]

Entretanto, don Tomás escribía en su libro de la paja y
155 la cebada. Por la tarde, vió salir a Costanza, que llevaba
un pañuelo negro atado a la cabeza. En un rincón del patio,
estaban hablando dos criadas.

Don Tomás oyó decir a una de ellas[47] que Costanza se acababa de levantar, y que tenía un gran dolor de cabeza. Don
160 Tomás fué hacia Costanza, y le dijo :

— Señora, yo sé una oración maravillosa que cura los
dolores de cabeza en menos que canta un gallo.[48] Permítame
usted. Se la daré por escrito.[49]

Costanza le dió las gracias[50] y se puso a trabajar, limpiando
165 la plata, que relucía, menos blanca que sus manos.

Un poco después Don Tomás entró, le dió* la carta que
acababa de escribir, y volvió a salir.

Don Tomás contaba en la carta quién era, por qué estaba
de mozo[51] en la posada, y cómo quería a Constanza con toda
170 su alma.

La ilustre fregona sonrió para sí,[52] y rompiendo la carta
en pequeños trozos, se dijo : [53]

— ¿Otro enamorado?[54] ¿Cuántos son ya?

Aquella noche, cuando la posada estaba llena de gente,
175 el alcalde y sus guardias entraron de pronto en el patio,
buscando al dueño.

— Posadero, ¿qué criados tiene usted aquí?

El posadero contestó la pregunta. El alcalde continuó :

---

46. no quiso salir, *refused to come out.*
47. oyó decir a una de ellas, *heard one of them say.*
48. en menos ...gallo, *in a jiffy; literally, in less time than it takes a cock to crow.*
49. Se la daré por escrito, *I will give it to you in writing.*
50. le dió las gracias, *thanked him.*
51. estaba de mozo, *was working as a servant.*
52. para sí, *to herself.*
53. se dijo, *she said to herself.*
54. ¿Otro enamorado?, *Another man in love (with me)?*

— No ha mencionado usted a una muchacha a quien llaman
« la ilustre fregona ».   180

— Señor, esa muchacha no es fregona, ni criada tampoco.

— ¿Es parienta de usted, o de su mujer?

— ¡Señor alcalde! Es una historia muy larga de la que
no puedo hablar más que en secreto.

— Conozco el secreto — dijo el alcalde —. Esta muchacha   185
vendrá[55] a vivir a mi casa desde este momento. Haga usted
el favor de llamarla.[56]

Apareció Costanza, tranquila, sonriente como siempre, con
su traje verde, sus medias coloradas, su pañuelo negro, y su
dolor de cabeza que ya poco a poco iba desapareciendo.   190

¡Misterios de la vida!

Costanza resultó ser[57] hija de una señora duquesa y de don
Diego de Carriazo, padre de nuestro frustrado aguador.

La boda de Costanza y don Tomás se celebró en Burgos
en medio de general alegría.   195

Don Diego se casó, algunos meses después, con una bella
y rica dama burgalesa.[58]

Pasaron los años.

Don Diego llevaba una vida feliz[59] con su mujer y sus tres
hijos. Éstos estudiaban en la Universidad de Salamanca, y   200
jamás habían pensado en pesquerías de atún, ni siquiera en
ser aguadores.

A veces,[60] cuando don Diego veía pasar un aguador,[61] con
su burro cargado de cántaros, sentía un momento de nostalgia,
y creía oír :[62]   205

— ¡Aguador! ¡Déme usted la cola!

55. vendrá, *will come.*
56. Haga usted el favor de llamarla, *Please call her.*
57. resultó ser, *turned out to be.*
58. burgalesa, *from Burgos.*
59. llevaba...feliz, *led a happy life.*
60. A veces, *Sometimes.*
61. veía pasar un aguador, *saw a water carrier go by.*
62. creía oír, *thought he heard. — Note the use of the infinitive when there is no change of subject.*

CUESTIONARIO

1. ¿Cuántos estudiantes había en la Universidad de Salamanca?
2. ¿De dónde venían?
3. ¿Cómo se llama el mayor de los jóvenes?
4. ¿Cuántos años tenía?
5. ¿Cómo se llamaba el menor?
6. ¿Cuántos años tenía?
7. ¿Tenía prisa el tutor?
8. ¿Tenían prisa don Diego y don Tomás?
9. ¿A qué ciudad llegaron los dos jóvenes?
10. ¿Qué vendieron allí?
11. ¿En qué posada estaban al anochecer?
12. ¿De quién hablaban los dos criados?
13. ¿Cuántos años tiene la muchacha?
14. ¿Qué pregunta la muchacha?
15. ¿Es alta o baja la muchacha?
16. ¿Es rubia o morena?
17. ¿Sabe leer y escribir don Tomás?
18. ¿Quién es don Periquito?
19. ¿Cómo se llama « la ilustre fregona »?
20. ¿Qué decidió comprar don Diego?
21. ¿Para qué?
22. ¿Quién tenía buena suerte?
23. ¿Quién perdió todo el dinero?
24. ¿Qué decidió jugar don Diego?
25. ¿Cómo dividió el burro?
26. ¿Cuántos cuartos del burro perdió don Diego?
27. ¿Qué pidió don Diego al viejo?
28. ¿Qué contaba don Tomás en su carta?
29. ¿Quiénes entraron en la posada aquella noche?
30. ¿Quién es el padre de Costanza?
31. ¿Con quién se casó Constanza?

32. ¿Con quién se casó don Diego?
33. ¿Cuántos hijos tenía don Diego?
34. ¿Dónde estudiaban?
35. ¿Qué creía oír don Diego?

Don Quijote
y los molinos de viento[1]

MIGUEL DE CERVANTES

En la calurosa mañana de julio, caminan dos hombres por las llanuras amarillas y polvorientas de La Mancha. Son ellos : Los dos héroes famosos en el mundo entero.

Delante viene don Quijote, montado en su pobre caballo
5 Rocinante; un poco detrás, viene Sancho Panza, montado en su pequeño burro.

Don Quijote, hombre de unos cincuenta años, es alto y delgado, de figura varonil. Tiene una expresión grave y melancólica. Va cubierto de su armadura de acero, y lleva lanza
10 y espada para luchar contra el mal. Su fe en el ideal es tan profunda y pura como la inmensidad azul del cielo de Castilla. Unos dicen que está loco; otros, que no. ¿Quién sabe?

Sancho Panza tiene unos cuarenta años, y es bajo y fuerte, de cara redonda. Sancho cree en muchas cosas. Cree en el
15 dinero, cree en comer y beber bien, cree en el éxito y las comodidades.[2] Pero también cree en las ideas de su señor don Quijote, aunque a veces quede desilusionado[3] por los fracasos del valiente caballero.

Don Quijote y Sancho caminan y caminan. El sol cae con
20 toda su fuerza sobre los monótonos campos amarillos.

---

1. molinos de viento, *windmills.*
2. cree en...comodidades, *he believes in success and comfort.*
3. aunque...desilusionado, *although at times he may be disillusioned.* — *Note the use of the subjunctive* quede, *because of the element of uncertainty.*

En esto, aparecen treinta o cuarenta molinos de viento,
allá lejos [4] en el horizonte.

— ¡Sancho! ¡Sancho! ¡Mira! — dice don Quijote — ¡Mira
qué gran aventura viene* hacia nosotros! ¡Mira aquellos gigantes!

25

— ¿Qué gigantes? — dijo Sancho Panza.

— ¡Míralos allí! ¡Mira sus enormes brazos y cabezas! Voy
a luchar con ellos y a vencerlos. Tú, espérame aquí.[5]

— Señor don Quijote, yo no veo* más que[6] unos molinos

4. allá lejos, *far away.*
5. Tú, espérame aquí, *You wait for me here.*
6. yo no veo más que, *I see only; literally, I see no more than.*

30 de viento. Gigantes, no veo por ninguna parte.[7] Ni creo
tampoco que existan.[8]

— ¿Cómo puedes decir que no existen, Sancho? Son espí-
ritus malignos que hacen mucho daño a los hombres honrados.
Voy a destruírlos en un momento. Si tienes miedo,[9] quédate
35 aquí esperando.

Don Quijote da espuelas a su caballo.[10] Ya empieza Rocinante a trotar un poco; ya va trotando; ya galopa y galopa.

Sancho está gritando :

— ¡Don Quijote! ¡Señor! ¡Digo que no son gigantes! ¡Mire
40 usted lo que hace!

De pronto, se levanta un poco de viento. Los molinos, uno
a uno, y luego todos juntos, mueven sus brazos.

Don Quijote se va acercando[11] a ellos.

— ¡No, no me asustáis, cobardes! — grita —. Ahora mismo
45 entro en batalla ¡Un solo caballero contra todos vosotros!

Y rezando a su señora ideal, Dulcinea, ataca con su lanza
al primer molino que encuentra.*

Suena* un fuerte crujido de madera.[12] Se ha* roto* la
lanza.[13] Don Quijote y Rocinante ruedan por el suelo, y
50 quedan inmóviles.

Los molinos continúan moviendo sus brazos, ahora con
menos fuerza.

Sancho, que viene acercándose al corto trote de su burro,
grita :

55 — ¡Don Quijote! ¿Está usted herido?

Y se baja para ayudar a su amo.

— Ya le dije,* señor, que eran molinos de viento. ¿Qué
locura es ésta?

---

7. por ninguna parte, *nowhere.*
8. Ni creo...existan, *Nor do I think they exist.* — *Note the subjunctive form,*
   required after a negative use of creer, *to indicate doubt.*
9. Si tienes miedo, *if you are afraid.*
10. da espuelas a su caballo, *spurs his horse.*
11. se va acercando, *gradually approaches.*
12. Suena...madera, *a loud cracking of wood is heard.*
13. Se ha roto la lanza, *the lance has broken.*

— Amigo Sancho, tú no sabes nada de estas cosas de
aventuras. ¡Gigantes son! Solamente que algún encantador   60
enemigo mío los ha convertido en molinos para quitarme la
victoria y la fama. ¡Pero nada podrán[14] los malos encantadores
contra un fuerte corazón y una buena espada! ¡Paciencia!
Otra vez venceré.[15]

— Como usted quiera[16] — contesta Sancho, muy poco   65
convencido.

Y, levantando a su amo, le pone sobre Rocinante, que
tampoco sabe mucho[17] de aventuras.

Caminan un rato en silencio.

Sancho, viendo que su amo va caído hacia un lado[18] sobre   70
su caballo, le pregunta :

— Dígame usted, señor don Quijote, ¿está usted herido?
No le oigo* a usted quejarse,[19] pero me parece que no puede
usted estar muy sano.

— No sé si estoy herido[20] — contesta don Quijote —. Pero   75
has de saber, amigo Sancho, que los verdaderos caballeros
no se quejan nunca. Ésta es una de las reglas principales
de la caballería andante.

— Bueno, espero que esa regla no se aplique[21]* a los criados
de los caballeros. Porque yo, si tengo el menor dolor en   80
cualquier parte del cuerpo, pienso* quejarme en seguida.[22]

Don Quijote, de buen humor, se echa a reír, y dice :

— Puedes quejarte todo lo que quieras. No he leído nada
contra eso en mis libros de caballerías.

---

14. nada podrán, *will be powerless.* — *Note that the subject follows.*
15. Otra vez venceré, *Another time I will win.*
16. Como usted quiera, *As you like; literally, as you may wish.* — *Note subjunctive.*
17. que tampoco sabe mucho, *who doesn't know much either.*
18. va caído...lado, *is falling to one side.*
19. No le oigo a usted quejarse, *I dont't hear you complain.*
20. No sé si estoy herido, *I don't know whether I am wounded (or not).*
21. espero que esa regla no se aplique, *I hope that rule doesn't apply.* — *The subjunctive is used in a dependent clause after verbs which express a wish or question.*
22. pienso quejarme en sequida, *I intend to complain right away.*

85 Después de otro rato de silencio, Sancho dice :

— ¡Señor! Ya es hora de almorzar.[23] ¿No quiere usted comer algo?

— Come tú, amigo Sancho. Yo estoy entretenido con mis pensamientos, y no tengo ganas.[24]

90 Sancho, sin más ni más,[25] se pone cómodamente sobre su burro y empieza* a comer sus provisiones de pan, uvas, y queso.

De vez en cuando saca la bota de vino y echa unos tragos.[26]

— ¡Qué vida tan rica es ésta! — piensa Sancho —. Ya pueden
95 venir todas las aventuras que quieran, por peligrosas que sean.[27]

Los dos héroes caminan en silencio por las solitarias llanuras de la Mancha.

---

23. Ya es hora de almorzar, *It is already time for lunch.*
24. no tengo ganas, *I have no appetite.*
25. sin más ni más, *without more ado.*
26. echa unos tragos, *takes a few swallows.*
27. Ya pueden...sean, *Now all the adventures that want to come, can do so, however dangerous they may be.* — *The idea of uncertainty causes the subjunctive to operate in the cases of* quieran *and* sean. *We don't know how many adventures may wish to come, nor how dangerous these may be.*

CUESTIONARIO

1. ¿Por dónde caminan los dos hombres?
2. ¿Cuántos años tiene don Quijote?
3. ¿Está loco don Quijote?
4. ¿Cuántos años tiene Sancho Panza?
5. ¿En qué cree don Quijote?
6. ¿En qué cree Sancho?
7. ¿Qué aparece a lo lejos?
8. ¿Qué ve don Quijote en los molinos de viento?
9. ¿Qué ve Sancho en los molinos de viento?
10. ¿Cómo se llama la señora ideal de don Quijote?
11. ¿Sabe Sancho algo de aventuras?
12. ¿Está herido don Quijote?
13. ¿Se queja don Quijote?
14. ¿Piensa quejarse Sancho?
15. ¿Quiere comer don Quijote?
16. ¿Qué come Sancho?
17. ¿Qué bebe?
18. ¿Qué piensa Sancho de esta vida?

Don Quijote y los galeotes

MIGUEL DE CERVANTES

A lo lejos aparece una gran polvareda. Don Quijote detiene*
su caballo, y mira. Sancho se detiene* también. ¿Qué será?¹
¿Qué nueva aventura aparece en el horizonte?

Por el camino, vienen hacia ellos doce hombres, atados por
5 los cuellos con una larga cadena de hierro. Vienen también
dos hombres montados a caballo, con escopetas, y dos hombres
a pie, con flechas y espadas.

En cuanto les ve,² Sancho dice :

— Ésa es gente forzada que va a las galeras por orden
10 del rey.³

— ¿Cómo gente forzada?⁴ — pregunta don Quijote —.
¿Es posible que el rey haga* fuerza a nadie?⁵ El rey defiende*
la libertad de los hombres, y no la destruye.*

— Señor, quiero decir,⁶ para que usted me comprenda,⁷

---

1. ¿Qué será?, *What can it be?* — *The future is often used to indicate probability.*
2. En cuanto les ve, *As soon as he sees them.*
3. Esa es...rey, *Those are convicts on their way to the galleys as forced labor, by order (force) of the King.*
4. ¿Cómo gente forzada?, *What do you mean, forced labor?*
5. haga fuerza a nadie, *uses force on anyone.* — *Note again the subjunctive form of* hacer *in the dependent clause following an expression of uncertainty.*
6. quiero decir, *I mean.*
7. para que usted me comprenda, *in order that you may understand me.* — *The subjunctive is used after a conjunction which expresses purpose.*

que esos hombres son criminales que han sido condenados   15
a perder su libertad.

— No entiendo* eso — dice don Quijote —. No hay razón
para hacer esclavos a los que Dios y la naturaleza hizo libres.

— Me parece a mí que alguien tiene que castigar a los
malos[8] — contesta Sancho.   20

— Dios premia y castiga — dice gravemente don Quijote —.
No está bien que los hombres honrados sean verdugos[9] de
los otros hombres. ¡Vamos, Sancho![10] ¡Vamos a hablar con[11]

8. a los malos, *the wicked.*
9. verdugos, *executioners.*
10. ¡Vamos, Sancho!, *Come, Sancho!*
11. Vamos a hablar con, *Let's talk to.*

esa gente! Como tú sabes, es mi profesión ayudar a los
25 miserables.

— ¡Señor don Quijote! Le ruego* a usted que no haga*
ningún disparate. Mire usted que éstas son cosas del gobierno
y de la policía, y no debemos meternos en ellas.[12]

— ¡Vamos, Sancho, vamos! ¡No hablemos más![13]

30 Los galeotes vienen andando despacio. Don Quijote y Sancho
caminan al paso.[14] Los dos grupos se encuentran* en mitad
del camino. Todos se detienen*. Don Quijote habla, diciendo
con voz grave y sonora, y muy cortésmente :

— ¡Señores guardas! Quisiera saber[15] la causa por la que esta
35 gente camina de esta manera, con esa gran cadena al cuello.

— No hay nada que saber[16] — contesta uno de los guardas
de a caballo —. Éstos son galeotes que van a cumplir su
condena. Y nada más.

— Así y todo[17] — contesta don Quijote con mucha cor-
40 tesía —, quisiera saber de cada uno de ellos la causa de su
desgracia.[18]

— Pregúnteles — contesta el guarda —. A esta gente no
hay nada que le guste más que hablar de sus hazañas.[19]

Don Quijote entonces se dirige al primero, un joven de
45 unos veinticuatro años. Éste le contesta, de muy buen humor :

— ¿Quiere usted saber por qué voy a las galeras? Pues
por estar muy enamorado.

— ¿Cómo es eso? — dice don Quijote, muy sorprendido —.
Si condenan a las galeras por esa razón, yo también debiera[20]
50 estar en ellas.

---

12. no debemos meternos en ellas, *we ought not to get mixed up in them.*
13. ¡Vamos...más!, *Come, Sancho, come. Let's not talk any more!*
14. caminan al paso, *are riding at a slow gait.*
15. Quisiera saber, *I should like to know.*
16. No hay nada que saber, *There is nothing to be known.*
17. Así y todo, *Even so.*
18. desgracia, *misfortune.*
19. A esta...hazañas, *There is nothing these people like better than to speak of their exploits.* — Guste *is subjunctive because it follows an antecedent clause which is negative.*
20. yo también debiera, *I also ought to.*

— Es que yo me enamoré de una canasta. Y la canasta estaba llena de ropa. Yo no quería dejarla por nada en el mundo. Me la quitaron.[21] Me condenaron a dos años. Y aquí estoy.

Don Quijote hace[22] las mismas preguntas al segundo, pero éste no quiere contestar.   55

— Éste, señor, va por músico y cantor[23] —, dice el primero.

— Pues, ¿cómo? — dice don Quijote —. ¿Por músicos y cantores van también a las galeras?

— Sí, señor — contesta el galeote —, que no hay peor cosa que[24] cantar.   60

— No lo entiendo* — dice don Quijote, muy confuso.

Uno de los guardas explica :

— Esta gente llama cantar a confesar su delito.[25] Y este hombre, que es ladrón de caballos, confesó, y ha sido condenado a seis años. Los otros ladrones se burlan de él, porque 65 dicen que tantas letras tiene un *no* como un *sí*, y que los valientes no deben confesar nunca.

El tercero, que va vestido de estudiante, dice :

— Yo voy aquí porque jugué* demasiado con dos muchachas primas mías, y con otras dos que no eran primas.[26] Hubo 70 muchas quejas.[27] Me sentenciaron a galeras por seis años. Bueno, soy joven. Mientras dure la vida,[28] hay esperanza.

El cuarto es un hombre de treinta años, de muy buen aspecto, aunque un poco bizco. Lleva una pesada cadena al pie, y las manos atadas.   75

— Éste es el peor de todos — dice uno de los guardas —. Va por diez años. Quizás haya* usted oído hablar de él,[29]

---

21. Me la quitaron, *They took it from me.*
22. hace, *asks.* — *Note* hacer una pregunta, *to ask a question.*
23. Este...cantor, *He is going (to the galleys) for being a musician and a singer.*
24. que no hay peor cosa que, *because there is no worse thing than.*
25. Esta...delito, *These people call confessing their crimes, singing.*
26. porque...primas, *because I played too much with two girl cousins of mine, and with two other girls who weren't cousins.*
27. Hubo muchas quejas, *There were many complaints.*
28. Mientras dure la vida, *While life lasts.* — *Uncertainty is implied after the conjunction* mientras; *therefore the subjunctive of* durar *is called for.*
29. Quizás...él, *Perhaps you have heard him spoken of.*

señor caballero. Se llama Ginés de Pasamonte. Es un gran pillo.

80 — Si soy, o no soy un gran pillo, señor guarda, no es cosa que le corresponda a usted juzgar.[30] Y mírese cada uno a sí mismo[31] antes de hablar mal de nadie. Y usted, señor caballero, acabe ya de hacer tantas preguntas sobre[32] nuestras vidas. Si quiere conocer la mía, compre usted el libro que he* escrito* con mi verdadera autobiografía.

85 — ¿Y cómo se llama ese libro? — pregunta don Quijote.

— *La vida de Ginés de Pasamonte.*

— ¿Y está acabado?

— ¿Cómo puede estar acabado si aun no está acabada mi vida? Pero, sigamos* andando, que ya hemos* perdido dema- 90 siado tiempo con tanta conversación. Y cuanto antes llegue- mos* al puerto, mejor.[33]

— Oye,* Ginesillo — dice un guarda —. Mucho cuidado con tus palabras, si no quieres que te haga callar[34] con esta vara.

Don Quijote pide* al guarda que no maltrate a estos hom- 95 bres. Luego, volviéndose hacia ellos, dice estas palabras :

— ¡Hermanos míos! Veo que vais a las galeras contra vuestra voluntad. Quizás vais por vuestras culpas, quizás por culpas de otros. Yo, que he nacido para ayudar a los opri- midos, aquí determino poneros en libertad.[35] Primero, quiero 100 rogar a los señores guardas que os dejen ir en paz. Si así lo hacen, les estaré muy agradecido. Si no, esta lanza y esta espada sabrán obligarles.[36]

— ¡Qué estupidez! — dice uno de los guardas —. Póngase* derecha esa cosa que lleva en la cabeza[37] y siga* su camino, 105 sin molestar a nadie.

Don Quijote, que no tolera insultos, ataca al guarda. Éste cae al suelo, herido de una lanzada.

---

30. no es cosa...juzgar, *is not a matter for you to judge.*
31. mírese cada...mismo, *let each one look at himself.*
32. acabe...sobre, *stop (get finished with) asking so many questions about.*
33. Y cuanto...mejor, *And the sooner we reach the harbor, the better.*
34. te haga callar, *I make you shut up.*
35. aquí determino...libertad, *here I decide to set you free.*
36. obligarles, *to force them.*
37. Póngase...cabeza, *Straighten that thing that you're wearing on your head.*

En un momento, ¡qué gran confusión! Sancho ayuda a Ginés. Ginés coge la escopeta del guarda, y apunta. Los guardas huyen*. Los galeotes se ayudan unos a otros.   110

Don Quijote, valientemente, dirige la batalla.

Ya está todo acabado. Los galeotes están libres.

Don Quijote les llama, y les dice así :

— ¡Señores! Quiero pedirles a ustedes un gran favor. Quiero que así como están,[38] con la cadena y todo, se presenten ante   115 mi dama Dulcinea, y le cuenten,* con toda clase de detalles, lo que aquí ha ocurrido en esta famosa aventura.

— Lo que usted pide* — contesta Ginés —, es completamente imposible. No podemos ir juntos por los caminos. Los guardas nos encontrarían. Pídanos usted cualquier otra cosa[39]   120 y tendremos* mucho gusto[40] en hacerlo.

— Pues vas a ir tú solo, gran pillo, en castigo de tu ingratitud[41] — dice don Quijote furioso.

Ginés, que no es un hombre muy paciente, coge una piedra. Los otros galeotes hacen lo mismo.   125

— Este hombre está loco — dice Ginés.

Empiezan a llover piedras sobre don Quijote. Nuestro caballero cae al suelo.

Los galeotes tiran más y más piedras, según se alejan por los campos.[42]   130

Don Quijote queda muy triste y silencioso; Sancho, con mucho miedo de los guardas; Rocinante, tendido junto a su amo, sin poder moverse.

El burro, creyendo* que oye* todavía pasar las piedras, mueve* una oreja, de cuando en cuando.[43]   135

---

38. así como están, *just as you are.*
39. Pídanos...cosa, *Ask us anything else.*
40. tendremos mucho gusto en, *we'll be very glad to; literally, we shall have much pleasure in.*
41. en castigo de tu ingratitud, *as a punishment for your ingratitude.*
42. según...campos, *as they move away over the fields.*
43. de cuando en cuando, *from time to time.*

CUESTIONARIO

1. ¿Quiénes vienen por el camino?
2. ¿Quiénes son estos hombres?
3. ¿Adónde van estos hombres?
4. ¿Dónde se encuentran los dos grupos?
5. ¿Qué quisiera saber don Quijote?
6. ¿Por qué va a las galeras el primer hombre?
7. ¿Por qué va el segundo?
8. ¿Por qué va el tercero?
9. ¿Por qué va el cuarto?
10. ¿Qué ha escrito este último hombre?
11. ¿Está acabado su libro?
12. ¿A quién ataca don Quijote?
13. ¿Quién ayuda a Ginés?
14. ¿Qué hace Ginés?
15. ¿Qué hacen los guardas?
16. ¿Qué hacen los galeotes?
17. ¿Qué coge Ginés?
18. ¿Qué hacen los otros galeotes?
19. ¿Qué dice Ginés?
20. ¿Cómo queda don Quijote?
21. ¿Cómo queda Sancho?
22. ¿Cómo queda Rocinante?
23. ¿Qué hace el burro?

Don Quijote y los leones

MIGUEL DE CERVANTES

Don Quijote viene conversando con un caballero montado en una buena yegua torda,[1] y vestido con un gabán verde. Los dos se han conocido hace un rato[2] en el camino y se han hecho[3] buenos amigos. Don Diego de Miranda vuelve ahora a su casa, donde vive feliz y pacíficamente con su esposa, y con su hijo don Lorenzo, estudiante en la Universidad de Salamanca. ⁵

Don Quijote y don Diego están conversando sobre sus gustos,[4] sus aficiones,[5] sus ideas. Don Diego está asombrado, y no sabe si don Quijote es un loco cuerdo o un cuerdo loco.[6] ₁₀

En esto, aparece en el camino un carro con banderitas, tirado por cuatro mulas pequeñas.

Don Quijote se prepara. Y dice :

— O yo sé poco de aventuras,[7] o aquí tenemos una extraordinaria. ₁₅

Cuando llega el carro, en el que vienen dos hombres, pregunta don Quijote :

1. yegua torda, *gray mare.*
2. hace un rato, *a while ago.*
3. se han hecho, *have become; literally,* have made themselves.
4. sus gustos, *their tastes.*
5. sus aficiones, *their hobbies.*
6. un loco cuerdo o un cuerdo loco, *a wise crazy man or a crazy wise man.*
7. O yo sé poco de aventuras, *either I know little about adventures.*

99

— ¿Qué carro es éste, qué llevan ustedes en él, y qué banderas son éstas?

20 El carretero contesta :

— El carro es mío. En él van dos leones[8] que el gobernador de Orán envía al rey. Las banderas son del rey y significan que lo que va aquí es propiedad suya.

— Y ¿son grandes los leones? — pregunta don Quijote.

25 — Los mayores que he visto* — contesta el otro hombre —. Son hembra y macho : el macho va en esta jaula, y la hembra en la de atrás.[9]

Don Quijote se sonríe* y dice con mucha tranquilidad :

— ¿Leoncitos a mí?[10] ¡Abra usted esa jaula! Esos malos 30 encantadores que los envían verán quién es don Quijote de la Mancha.

Sancho, que está muy asustado, habla con don Diego y le dice :

— Pídale usted a mi señor que no ataque* a estos leones, 35 porque si salen nos van a matar a todos.

— Don Quijote no será tan loco que quiera hacer tal disparate — dice don Diego.

— Mi señor no es loco — contesta Sancho —, sino atrevido.[11]

Don Diego trata de persuadir a don Quijote para que no 40 luche con los leones.

Don Quijote se enfada y dice :

— Señor don Diego, haga usted el favor de dejarme en paz. Cada hombre tiene su profesión. Ésta es la mía : luchar contra los malos encantadores que hay en el mundo.

45 Todos tratan de impedir que don Quijote haga un gran disparate.

Don Quijote no escucha a nadie, y volviéndose hacia el leonero, dice con energía :

— ¡Abra usted! ¡Pronto!

50 Don Diego, Sancho, y el mulero, con sus mulas, se alejan.

---

8. En él van dos leones, *in it are two lions.*
9. la hembra en la de atrás, *the female in the one behind.*
10. ¿Leoncitos a mí?, *Little lions against me?*
11. atrevido, *daring.*

— ¡Abra usted! — repite* don Quijote.

— Dios es mi testigo de que abro estas jaulas contra mi voluntad. — dice el leonero. — Usted será responsable de cualquier daño que hagan* estas fieras.

Don Quijote decide dar la batalla a pie. Baja de su caballo, 55 y saca su espada.

Entonces, paso a paso, con corazón valiente, y maravilloso atrevimiento, don Quijote avanza hacia el primer león.

¡Oh, don Quijote de la Mancha, héroe entre los héroes, inolvidable caballero! ¿Quién podrá* contar sus increíbles 60 hazañas como usted se merece?

El leonero abre la primera jaula de par en par.[12] Allí está el león : enorme, amarillo, y alarmante.

Don Quijote le mira atentamente, y espera.

El león se levanta. Se despereza.[13] Se lleva una mano a 65 la lengua y empieza a lavarse la cara.[14] Mira hacia el horizonte durante unos segundos muy largos. Bosteza.[15] Parece pensar un momento. Se echa[16] en la jaula, y vuelve la espalda.[17]

---

12. abre la primera jaula de par en par, *he opens the first cage wide.*
13. Se despereza, *He stretches.*
14. Lleva...cara, *He raises one paw to his tongue and begins to wash his face.*
15. Bosteza, *He yawns.*
16. Se echa, *He lies down.*
17. vuelve la espalda, *he turns his back.*

Don Quijote grita al leonero que irrite al animal para que
70 salga.[18]

— Eso no lo haré* yo — contesta el leonero. — El león
tiene abierta la puerta. Si no ha querido salir hasta ahora,
no saldrá* en todo el día. La valentía del caballero don
Quijote está bien probada. Usted es el vencedor. Su enemigo
75 ha huído de la batalla.

— Está bien[19] — dice don Quijote. — Llame usted a los
otros, y cuando lleguen,[20]* cuénteles* con todos sus detalles lo
que acaba de pasar aquí.

Sancho, don Diego, y el mulero se acercan[21] poco a poco.
80 — ¿Dónde están los leones? — pregunta Sancho. — ¿Están
muertos o vivos?

Entonces, el leonero cuenta* la gran hazaña del caballero.

— ¿Qué te parece de esto,[22] Sancho? — dice don Quijote. —
¿Hay encantos que valgan contra la verdadera valentía?[23]
85 Bien podrán* los encantadores quitarme la ventura; pero el
esfuerzo y el ánimo será imposible.[24]

En este punto, el leonero se despide* de todos, y el carro
se pone en marcha.[25]

Don Diego de Miranda no ha hablado palabra, y solamente
90 mira y oye los hechos y las palabras de don Quijote. Y dice
para sí : « Este hombre, ¿está loco o no? »

Don Quijote adivina los pensamientos de don Diego, y dice :

— ¿Quién duda, señor don Diego de Miranda, que no me
tenga usted por[26] un hombre absurdo y loco? Pero quiero

---

18. Don Quijote...salga, *Don Quijote shouts to the lion keeper to annoy the animal so that he will come out.*
19. Está bien, *Very well.*
20. cuando lleguen, *when they arrive.* — *The subjunctive is used after conjunctive expressions of time when uncertainty is implied.*
21. se acercan, *approach.*
22. ¿Qué te parece de esto?, *What do you think of this?*
23. ¿Hay ...valentía?, *Are there enchantments that can prevail against real courage?*
24. Bien...imposible, *Enchanters may deprive me of my good fortune, but of my courage and spirit, never.*
25. el carro se pone en marcha, *the cart starts again.*
26. ¿Quién duda que...por...?, *Who doubts that you consider me as...?*

afirmar esto : Cada hombre tiene su profesión y su trabajo. 95
Yo soy caballero andante. Mi trabajo es luchar contra todo
aquello que traiga* el mal a los hombres.[27] He atacado a
los leones porque aquí hay sin duda malos encantadores que
los envían contra mí. Quizás haya sido yo temerario[28] en
atacar a un león con sólo mi espada. Pero, mi querido don 100
Diego, en asuntos de aventuras conviene pecar por exceso
y no por defecto. Es mejor que diga* la gente.[29] : « Fulano
es un caballero atrevido y temerario » que no « Mengano
es un caballero tímido y cobarde. »[30]

Don Diego está cada vez más asombrado de[31] las palabras 105
de don Quijote, y más curioso por saber toda la verdad sobre
este hombre extraordinario.

Don Diego dice :

— Señor don Quijote, deseo invitarle a pasar algún tiempo
conmigo y con mi familia. Yo vivo en un pueblo muy cerca 110
de aquí. Podrá* usted descansar del pasado trabajo, que si
no ha sido del cuerpo, ha sido del espíritu.

— Acepto con mucho gusto[32] su invitación —, contesta
don Quijote.

Don Diego, don Quijote, y Sancho caminan al paso lento 115
de sus cabalgaduras.[33]

Don Quijote vuelve la cabeza. A lo lejos se ve todavía[34] —
muy pequeñito — el carro de los leones con sus banderitas
de colores.

El carrito va desapareciendo entre el polvo[35] del camino. 120

---

27. que traiga...hombres, *that may bring evil to man.*
28. Quizás haya sido yo temerario, *Perhaps I may have been foolhardy.*
29. Es mejor que diga la gente, *It is better that people may say.*
30. Fulano...cobarde, *So-and-so is a daring and foolhardy knight rather than that he is a timid and cowardly one.*
31. cada vez más asombrado de, *more and more astonished at.*
32. con mucho gusto, *with much pleasure.*
33. de sus cabalgaduras, *on their mounts.*
34. se ve todavía, *can still be seen.*
35. El carrito va desapareciendo entre el polvo, *the little cart gradually disappears in the midst of the dust.*

CUESTIONARIO

1. ¿Con quién conversa don Quijote?
2. ¿Adónde vuelve don Diego?
3. ¿Qué familia tiene?
4. ¿Qué hace el hijo?
5. ¿Es don Quijote un loco cuerdo o un cuerdo loco?
6. ¿Qué aparece en el camino?
7. ¿Qué llevan en el carro?
8. ¿Cuántos leones hay?
9. ¿Ataca don Quijote a pie o a caballo?
10. ¿Qué hace el leonero?
11. ¿Qué hace primero el león?
12. ¿Qué hace después?
13. ¿Qué hace después?
14. ¿Qué hace después?
15. ¿Qué hace después?
16. ¿Qué pregunta Sancho?
17. ¿Qué cuenta el leonero?
18. ¿Dónde vive don Diego?
19. ¿Acepta don Quijote la invitación?
20. ¿Qué ven los tres hombres a lo lejos?

Don Quijote y el retablo de Maese Pedro

MIGUEL DE CERVANTES

Empieza a anochecer en los campos de la Mancha. Don Quijote y Sancho, que han caminado mucho este día, llegan por fin a una venta situada junto al camino real.

El patio está lleno de gente. En un extremo, Maese Pedro,
5 el famoso titiritero, está preparando su teatro de polichinelas para la función de esta noche.

El retablo está ya preparado. Muchas candelillas de cera encendidas le hacen vistoso y resplandeciente.[1]

Don Quijote y Sancho se sientan* en la primera fila.[2] Maese
10 Pedro, que es quien ha de manejar las figuras, se mete dentro.[3] Un muchacho, criado suyo, se pone delante del pequeño escenario, con una varita en la mano. Es el explicador de la acción, que irá comentando los incidentes de la historia.

El muchacho da una señal con su varita. De pronto, suena*
15 un gran ruido de tambores y trompetas. Empieza* la función.

Dice el muchacho :

— Esta verdadera historia que aquí se representa esta noche está sacada de[4] los viejos romances españoles que canta la gente. ¡Escuchen ustedes, señores, con la mayor atención!

---

1. vistoso y resplandeciente, *bright and gleaming.*
2. fila, *row of seats.*
3. se mete dentro, *goes inside.*
4. está sacada de, *is taken from.*

20 Nuestro romance trata de la libertad[5] de Melisendra, bella dama francesa que está cautiva en España, en poder de los moros, en la ciudad de Zaragoza.

¡Miren ustedes, señores![6] Aquí está don Gaiferos, el esposo de Melisendra, jugando al ajedrez.[7] El lugar de la acción
25 es París, y este personaje que aparece ahora con gran manto y corona en la cabeza, es el emperador Carlo Magno, padre adoptivo de la tal Melisendra.

¡Vean* ustedes, señores,[8] cómo el emperador está muy enfadado, porque don Gaiferos no se ocupa de dar libertad[9]
30 a su pobre esposa!

Preguntarán ustedes, ¿qué va a hacer don Gaiferos? ¡Vean* ahora!

Lleno de cólera, don Gaiferos se pone las armas, monta en su caballo, y parte al galope para la ciudad de Zaragoza.
35 ¡Vuelvan* ustedes la vista ahora hacia este lado!—Aquí ven ustedes una de las torres del alcázar de Zaragoza. La dama, asomada al balcón,[10] y vestida a lo moro,[11] es Melisendra misma, que mira con tristeza hacia el camino de Francia.[12]

Pero, ¿quién es este moro tan feo, que se acerca paso a
40 paso, con intención de abrazar a Melisendra?

¡Miren cómo el moro da un beso en los labios a Melisendra, y cómo ella se limpia la boca con la manga de su vestido, y cómo llora y se lamenta, y se arranca su largo y hermoso pelo de oro!
45 ¡Vean* también al rey moro Marsilio, que ha visto la insolencia de su súbdito, y está dando órdenes para que le castiguen* con doscientos azotes en la plaza pública!

---

5. libertad, *rescue.*
6. ¡Miren ustedes, señores!, *Look (this way), gentlemen! — The subjunctive is used in the formation of polite commands.*
7. jugando al ajedrez, *playing chess.*
8. ¡Vean ustedes, señores...!, *See, gentlemen! — Note again the use of the subjunctive in the formation of polite commands.*
9. no se ocupa...libertad a, *does not busy himself with the rescue of.*
10. asomada al balcón, *looking out of her balcony.*
11. vestida a lo moro, *dressed in Moorish fashion.*
12. camino de Francia, *road to France.*

Y ahora, por este lado, miren ustedes a don Gaiferos, que viene muy tranquilamente a caballo, y que se detiene al pie de la torre.

Don Gaiferos saluda a Melisendra, y ella le ha reconocido.

Melisendra baja alegremente del balcón para montar en el caballo de su buen marido.

¡Ay, pobre Melisendra! ¡Su falda se ha enganchado en uno de los hierros del balcón![13] ¡Melisendra está suspendida en el aire, sin poder llegar al suelo! ¿Qué hará don Gaiferos en estas tristes circunstancias?

50

55

13. se ha...hierros del balcón, *got caught on one of the bars of the railings of the balcony.*

Don Gaiferos, sin pensar si se rasgará o no el rico vestido de seda,[14] tira de su esposa[15] con todas sus fuerzas, y ella
60 cae al suelo, con la falda toda desgarrada.[16]

¡Ya sube Melisendra a caballo! ¡Ya salen los dos muy contentos de la ciudad! ¡Ya toman el camino de París!

¡Ojalá, oh, verdaderos amantes, lleguéis* con toda seguridad a vuestra deseada patria,[17] sin que la fortuna ponga* obstáculos
65 a vuestro feliz viaje!

Dentro del retablo suena[18] una música militar con un gran ruido que va aumentando según habla el muchacho.

Éste continúa, diciendo :

— ¡Ay, pobres amantes fugitivos! Melisendra y don Gaiferos
70 han sido descubiertos por los centinelas del palacio. ¡Vean* ustedes cómo la caballería mora les persigue* a todo galope,[19] y cómo les van alcanzando por momentos, hasta tal punto que mucho me temo[20] que no podrán escapar, y habrán* de volver a Zaragoza atados a la cola de su mismo[21] caballo,
75 que sería un horrible espectáculo!

En este momento, don Quijote, poniéndose en pie, dice en voz alta :

— ¡No lo consentiré yo! ¡Deteneos, mal nacida canalla;[22] no les sigáis, ni persigáis;[23] si no, tendréis que entrar en batalla
80 conmigo!

Y, de un salto, sacando la espada, se pone junto al retablo, y empieza a dar golpes a las figurillas del romance, cortando, rompiendo, y destrozando, hasta que no queda ninguna figura sana ni completa.

14. si...seda, *whether the rich silk dress will tear or not.*
15. tira de su esposa, *pulls his wife.*
16. con la falda toda desgarrada, *with her skirt all rent.*
17. ¡Ojalá...patria!, *May you, oh true lovers, arrive safely in the country you longed for!*
18. suena, *is heard; literally, sounds.*
19. a todo galope, *at full gallop.*
20. mucho me temo, *I very much fear.*
21. mismo, *own.*
22. Deteneos, mal nacida canalla, *Stop, you low-born rabble.*
23. no les sigáis, ni persigáis, *don't follow them or pursue them.*

Maese Pedro está dando gritos, diciendo : 85

— ¡Señor don Quijote! Mire usted que estos moros no son moros de verdad, sino figuras de madera pintada. ¡Ay, ay! ¡No me destruya* usted toda mi hacienda![24]

La batalla ha terminado.

El rey Marsilio está muy mal herido. El emperador Carlo 90 Magno tiene partida la cabeza en dos pedazos, con corona y todo. Los oficiales y soldados del ejército moro yacen rotos por todas partes.[25]

El público del patio,[26] hombres y mujeres, se dispersa con mucho temor. Sancho, que no ha visto nunca tan furioso 95 a su amo, también trata de huir, muy asustado. Maese Pedro se queja en voz alta, diciendo :

— ¡Pobre de mí![27] Hace un momento era yo señor de reyes[28] y de emperadores, y de caballos, y de castillos, y ahora me veo en la mayor pobreza por culpa de[29] este caballero 100 que dice que hace obras caritativas y defiende a los humildes.

Y luego, cambiando de tono, dice :

— Si, al menos, el señor don Quijote me paga[30] las figuras rotas, quedaré yo contento, y el caballero no tendrá* en su conciencia el pecado de haber destruído la hacienda de un 105 hombre honrado.

Don Quijote contesta con gravedad y melancolía :

— Verdaderamente les digo, señores que me oyen,[31] que a mí me pareció que todo lo que aquí ha pasado pasaba al pie de la letra[32] : que Melisendra era Melisendra; don 110 Gaiferos, don Gaiferos; el rey Marsilio, Marsilio; y Carlo Magno, Carlo Magno. Quise* dar ayuda[33] a los que huían,

---

24. No me...hacienda, *Don't destroy all my possessions.*
25. yacen...partes, *lie broken everywhere.*
26. El público del patio, *The audience in the court of the inn.*
27. ¡Pobre de mí! *Poor me!*
28. era yo señor de reyes..., *I was a lord over kings...*
29. por culpa de, *through the fault of.*
30. me paga, *pays me for.*
31. les digo...oyen, *I say to you, gentlemen who are listening to me.*
32. al pie de la letra, *literally.*
33. Quise dar ayuda, *I wished to give aid.*

y con este buen propósito hice* lo que habéis visto.³⁴ No
he obrado con malicia. Diga* Maese Pedro³⁵ lo que quiere
115 por las figuras rotas y yo pagaré lo que sea.³⁶

Maese Pedro levanta del suelo al rey Marsilio, sin cabeza,
y dice :

— Pido que me den³⁷ por la muerte de este rey cuatro
reales y medio, que no es mucho.

120 — Está bien — dice don Quijote.

— Este otro — continúa Maese Pedro, tomando en la mano
al destrozado Carlo Magno —, vale³⁸ cinco reales y medio.

— Es mucho³⁹ — dice Sancho.

— También me parece a mí muy caro — dice el ventero —.
125 Digamos cinco reales.

— No, doy los cinco reales y medio que pide Maese Pedro —
dice don Quijote —. Y acabemos⁴⁰ pronto, que ya es hora
de cenar, y tengo hambre.

Maese Pedro continúa :

130 — La hermosa Melisendra, que está sin nariz y sin un ojo,
vale dos reales y diez céntimos.

— No, Maese Pedro — dice don Quijote —. Melisendra
debe de estar ahora mismo en Francia, y muy feliz con su
esposo, porque el caballo en que iban* me pareció a mí que
135 volaba, y sin duda ya han debido de llegar.⁴¹

Maese Pedro ve que don Quijote va a enfadarse otra vez,
y dice :

— Ésta no debe de ser Melisendra, sino alguna de las
doncellas que la servían. Vale solamente quince céntimos.

140 Y de esta manera va poniendo precio a⁴² todas las figuras.

34. con este buen propósito hice...visto, *with this good intention I did all that
you have seen.*
35. Diga Maese Pedro, *Let Master Peter say.*
36. lo que sea, *whatever it may be.*
37. Pido que me den, *I ask that they give me.*
38. vale, *is worth.*
39. es mucho, *it is too much.*
40. acabemos, *let's get it over with.* — *Note use of subjunctive, which supplies
the want of an imperative of the first person.*
41. ya han debido de llegar, *they must have arrived already.*
42. va poniendo precio a, *goes on setting the price for.*

La cuenta asciende a cuarenta reales. Don Quijote paga.

Después de la cena, la venta queda oscura y en silencio.

Maese Pedro, con su retablo, su muchacho, y su burro, se marcha sin que nadie le vea.[43]

Ni don Quijote ni Sancho le han reconocido en su disfraz de titiritero.

Este Maese Pedro es nada menos que[44] aquel Ginés de Pasamonte que iba en la cadena de los galeotes, y que tantas piedras tiró a don Quijote, cuando se escaparon todos, huyendo* por los campos.

Don Quijote no se ha levantado aún.

¡Descanse usted un poco su valiente corazón, señor don Quijote! Todavía tiene usted mucho que hacer en el mundo. Nuevas aventuras le esperan a usted en todos los caminos.

---

43. sin que nadie le vea, *without anyone's seeing him.*
44. es nada menos que, *is none other than.*

CUESTIONARIO

1. ¿Adónde llegan don Quijote y Sancho?
2. ¿Qué prepara Maese Pedro?
3. ¿Dónde se sientan don Quijote y Sancho?
4. ¿Quién comenta los incidentes de la historia?
5. ¿Quién es Melisendra?
6. ¿Dónde está su marido?
7. ¿Qué hace el marido?
8. ¿Por qué está enfadado el emperador?
9. ¿Hacia dónde mira Melisendra?
10. ¿Quién quiere abrazar a Melisendra?
11. ¿Quién viene ahora a caballo?
12. ¿A quién saluda don Gaiferos?
13. ¿Qué hace Melisendra?
14. ¿Qué camino toman?
15. ¿Quién les persigue?
16. ¿Quién ayuda a don Gaiferos y Melisendra?
17. ¿Qué hace don Quijote?
18. ¿Quiénes están heridos?
19. ¿Cuánto dinero pide Maese Pedro?
20. ¿Qué hace Maese Pedro después de la cena?
21. ¿Ha reconocido alguien a Maese Pedro?
22. ¿Quién es Maese Pedro?
23. ¿Se ha levantado ya don Quijote?
24. ¿Qué espera a don Quijote?

Una antigualla de Sevilla

[7]

EL DUQUE
DE RIVAS

Ángel de Saavedra, Duke of Rivas (1791-1865), was one of a group of young liberal writers who lived in exile during the last part of the reign of Ferdinand VII.   He spent time in Paris, London, Italy, and on the island of Malta.   During those years he became acquainted with the new kind of literature that was spreading through Europe: Romanticism.

On his return to Spain after the death of the king in 1833, Rivas began to write in the new style.

In 1835 his great drama Don Álvaro *won a resounding triumph, and Romanticism had come to Spain.*

His Romances históricos *(1841) is a collection of eighteen romantic ballads on a variety of Spanish legendary themes.*

"Una Antigualla de Sevilla," from that volume, dramatizes one of the most baffling figures in Spanish history: Peter I, known as the Cruel (or the Just), King of Castile from 1350 to 1369.   He was murdered by his half brother Henry II, who succeeded him on the throne.

𝔘na antigualla[1] de Sevilla

EL DUQUE DE RIVAS

Hace ya muchos siglos que[2] ocurrió la dramática historia que vamos a contar.

La ciudad de Sevilla yacía en profundo silencio. Era la medianoche. En una de sus muchas viejas calles, estrechas y retorcidas, sonó,[3] de pronto, un choque de espadas, y un angustioso grito. 5

¡Me han matado! gimió[4]* una voz.

Y todo volvió a quedar en silencio.

En una casucha pobre, se abrió una ventanilla,[5] y se asomó una vieja, con un candil en la mano. Se vió un cadáver 10 tendido[6] en el suelo. De pie estaba un hombre, alto y pálido, vestido de negro. En la mano tenía su espada, toda manchada de sangre.

— ¡Mejor hubiera sido[7] ser ciega que haber visto este crimen! — exclamó la vieja horrorizada, y el candil se le 15 cayó* de la mano.

El hombre misterioso, sorprendido de encontrarse de pronto bajo la luz, ocultó su cara y partió lentamente.

1. antigualla, *old legend.*
2. Hace ya muchos siglos que, *many centuries ago.*
3. sonó, *was heard.*
4. gimió, *groaned.*
5. se abrió...ventanilla, *a small window was opened.*
6. Se vió...tendido, *a corpse was seen stretched.*
7. ¡Mejor hubiera sido..., *It would have been better...!*

En el sol de la mañana, brillaba la Giralda, dorada y
20 graciosa, contra el azul del cielo.

En una magnífica sala del Alcázar, el joven rey don Pedro,
sentado en su trono, oía a los jueces y magistrados del reino.

El rey exclamó :

— Un hombre ha sido encontrado muerto en mitad de una
25 calle. ¿No se sabe quién es el matador?

Un juez contestó :

— Señor, hemos hecho* toda clase de investigaciones, pero
inútilmente.

— ¿No me habéis dicho* — preguntó el rey —, que se
30 ha hallado un candil en el suelo, cerca del cadáver?

— Señor, un candil no tiene lengua.

— Pero la tiene su dueño.

El rey don Pedro se levantó de su trono con gran ira, y
salió de la sala a pasos largos y lentos.

35 Aquel día, como siempre, don Pedro tenía muchas ocupa-
ciones. Fué a visitar a los arquitectos que estaban reconstruyen-
do* el antiguo palacio moro; entró en la iglesia mayor[8] para
rezar un momento; cruzó a Triana, inspeccionando las naves
de guerra; cenó en la Torre del Oro.

40 Y cuando descendía el sol, incendiando el cielo con nubes rosas
y moradas, volvió a sus habitaciones del Alcázar. Cambió de ropa
vistiéndose* todo de negro, y salió por una puertecilla secreta.

Luego, se perdió en el laberinto de las calles de Sevilla.

45 Aquella noche tenía lugar una terrible escena en la cárcel
de Sevilla. El juez exclamó :

— ¡Traigan* al testigo que ha de sufrir la tortura!

Y los guardas trajeron a la pobre vieja que se había asomado
a la ventana con su candil en la mano.

50 — Mujer, si quieres vivir, declárame todo lo que has visto,
y Dios te ayudará.

— Nada vi, nada. No vi ni oí cosa alguna.

— ¡Mira el candil que te acusa!

---

8. iglesia mayor, *main church.*

— Lo repito : ni vi ni oí cosa alguna.

En este momento, una figura vestida de negro entró en 55
la sala a pasos largos y lentos.

El juez gritó :

— ¡ Declara!

Y ordenó que diesen tormento al testigo.[9]

— Piedad, voy a decirlo! — murmuró la vieja —. ¡ Fué 60
el Rey!...

La figura vestida de negro avanzó hacia la vieja. Sus ojos
brillaban como brasas.

Todos reconocieron al rey don Pedro, y se arrodillaron,
temblando.
65

Don Pedro sacó una bolsa llena de oro y se la dió a la vieja,
diciendo :

— Has dicho la verdad. Ve* en paz. Yo soy, sí, quien
mató al hombre, pero a mí sólo me juzga Dios.

Don Pedro ordenó que se colocara su real efigie en un 70
nicho de la calle del crimen, para que así se declarara[10] ante
todo el mundo que el rey mismo era el culpable.

---

9. ordenó...testigo, *he ordered them to torture the witness.*
10. para que así se declarara, *in order that it be made known in this way.* —
  Note the use of the subjunctive following a conjunction which indicates
  purpose. Note also that the subjunctive is imperfect, since the verb in
  the main clause (ordenó) *is preterite.*

Desde entonces aquella calle se llama la Calle del Candilejo,[11] y todavía hoy se ve allí la efigie del Rey don Pedro, denunciada 75 noche y día por la luz de un pequeño candil.

CUESTIONARIO

1. ¿Cuándo ocurrió esta historia?
2. ¿Qué hora era?
3. ¿Qué sonó?
4. ¿Quién se asomó?
5. ¿Quién estaba de pie?
6. ¿Qué tenía en la mano?
7. ¿Dónde estaba el rey don Pedro?
8. ¿Se sabe quién es el matador?
9. ¿Adónde fué el rey aquel día?
10. ¿Dónde cenó?
11. ¿Qué tenía lugar aquella noche?
12. ¿A quién trajeron los guardas?
13. ¿Qué dijo la vieja?
14. ¿Quién entró en la sala?
15. ¿Qué gritó el juez?
16. ¿Qué dijo la vieja?
17. ¿Quién era el hombre vestido de negro?
18. ¿Qué dijo el rey a la vieja?
19. ¿Quién mató al hombre?
20. ¿Cómo se llama la calle del crimen?
21. ¿Qué se ve en una esquina?

11. Candilejo, *little lamp.*

El estudiante de Salamanca

[8]

JOSÉ DE
ESPRONCEDA

José de Espronceda (1808-1842) is the greatest lyric poet of the Romantic group. A precocious youth, he played at revolutionary politics, winning for himself the romantic distinction of imprisonment in a medieval castle.

Espronceda spent several years in exile in Lisbon, London, Holland, and Paris. His arrival in Lisbon was characteristic of the young poet. Taking out of his pocket the few coins left him after traveling, he threw them into the Tagus river " so as not to enter such a great city with so little money."

His magnificent lyric poems were collected and published in 1840. He also wrote two narrative poems, El diablo mundo (The Devil World), *left unfinished, and his masterpiece,* El estudiante de Salamanca, *an intensely lyrical and dramatic* cuento *based on the Don Juan legend.*

𝔈l estudiante de Salamanca

JOSÉ DE ESPRONCEDA

He aquí al[1] Estudiante de Salamanca, don Félix de
Montemar, el famoso héroe romántico, que pasa ante nosotros,
pálido, ardiente, satánico.

> Siempre el insulto en los ojos,
> en los labios la ironía,   5
> nada teme y todo fía
> de su espada y su valor.[2]

La bella y dulce Elvira acaba de morir, engañada y aban-
donada por él, pero amándole siempre, hasta la misma sepultura.

Montemar no recuerda,* ni quiere recordar nunca, el pa-   10
sado. Los fantasmas de las mujeres que ha deshonrado y de
los hombres a quienes ha quitado la vida, no le turban el sueño.

Ahora le vemos en una taberna, jugando a las cartas. Es
de noche.

> Pálida lámpara alumbra   15
> con trémula claridad,
> negras de humo las paredes
> de aquella estancia infernal.[3]

---

1. He aquí al, *Behold the.*
2. Siempre...valor, *Always an insult in his eyes, on his lips an ironical smile,
   he fears nothing, and trusts all to his sword and his valor.*
3. Pálida...infernal, *A pale lamp, with its tremulous brightness, illuminates the
   smoke-stained black walls of that hellish room.*

Un jugador dice a don Félix :

20   — Perdéis.

Y Montemar contesta, desdeñosamente :

              — ¡Perdida tengo yo el alma,
              y no me importa un ardite!⁴

Sigue* un profundo silencio.
25 En este momento, entra don Diego de Pastrana, hermano
de doña Elvira.
Don Diego avanza lentamente hacia Montemar, y le pregunta :

              — ¿Don Félix, no conocéis
30   a don Diego de Pastrana?

Montemar :

              — A vos no, mas sí a una hermana
              que imagino que tenéis.⁵

Don Diego :
35   — ¿Y no sabéis que murió?*

Montemar :

              — Téngala Dios en la gloria.⁶

Al oír tal sarcasmo, don Diego saca la espada, y ataca
a don Felix. Éste se defiende.* Los dos salen a la calle. Riñen.*
40 Don Diego cae muerto.
Montemar camina por las calles oscuras y silenciosas. Camina y camina durante un larguísimo tiempo. Vuelve a la
taberna. Sale de nuevo.⁷ Se pierde* por las calles.
Montemar no sabe dónde está. Se apoya en un muro,⁸
45 y espera.

---

4. Perdida...ardite, *I have already lost my soul, and it doesn't matter a whit to me.*
5. A vos...tenéis, *I do not know you, but I do know a sister I imagine you have.*
6. Téngala...gloria, *May God keep her in heaven.*
7. de nuevo, *again.*
8. Se apoya en un muro, *He leans against a wall.*

De pronto, ve pasar a su lado la figura de una dama velada.
Montemar la sigue,* y le dirige la palabra,[9] diciendo :

      — Señora,
    He de saber dónde vais,
    y si sois hermosa o fea.   50

La dama contesta con voz grave y lejana :

    — Dejad ya, don Félix, delirios mundanos.[10]

Montemar :

    — ¿ Sermón ? ¡ La vida es la vida !

 9. le dirige la palabra, *addresses her.*
10. Dejad ya...mundanos, *Forget now all worldly passions.*

55   ¡Goce yo el presente, disfrute yo ahora,
    y el diablo me lleve, si quiere, al morir![11]

La dama velada y Montemar siguen caminando. Más calles, más plazas, más iglesias, más palacios. Las torres giran y giran, lentamente. Suenan* campanas funerales.[12]

60 Montemar piensa :

    — El Málaga que bebí
    en mi cabeza aún humea.[13]

Un entierro viene acercándose lentamente. Traen dos féretros descubiertos.[14]

65 La dama velada dice :

    — Don Félix, ¡mirad!

En un féretro está el cadáver de don Diego de Pastrana; en el otro, el cadáver de Montemar.

Montemar se echa a reír, y exclama :

70   — ¡El fanfarrón de don Diego,
    que cuando muerto cayó
    al infierno se fué luego,
    contando que me mató.[15]

Y, volviéndose a la dama velada, dice :

75   — Seguid, señora, y adelante vamos :
    ¡tanto mejor si sois el diablo mismo,
    y Dios y el diablo y yo nos conozcamos![16]

Montemar oye llantos, quejas, y gemidos. Miles y miles de grupos de hombres y mujeres le miran llegar;[17] la atmós-

---

11. Goce...morir, *May I enjoy the present, may I delight in the now, and may the devil carry me off, if he likes, when I die!*
12. Suenan...funerales, *Funeral bells are tolling.*
13. El Málaga...humea, *The Malaga wine I drank is still flaming in my head.*
14. Traen...descubiertos, *They are bringing two open caskets.*
15. El fanfarrón...mató, *That boaster of a Don Diego, who, after he fell dead, went straight to hell and told them all that he had killed me.*
16. Seguid...conozcamos, *Continue, my lady, and let us advance; so much the better if you are the devil himself, and God and the devil and I become acquainted.*
17. le miran llegar, *watch him appearing (arriving) there.*

fera suena[18] con mayor y mayor delirio; negros remolinos[19] 80
giran más y más rápidamente; luego, la velocidad va dismi-
nuyendo* poco a poco; apenas se mueve* ya nada;[20] apenas
se oye ya nada; Montemar ve una llama intensamente roja,
que se extingue, y oye el eco de un sonido leve que expira.
Montemar, una rodilla en tierra, muere. 85
    Ante él, está la Dama Velada, la Muerte.

A la mañana siguiente, se descubrieron en la calle, a unos
pasos de la taberna, los cuerpos ensangrentados de Montemar
y de don Diego. Los dos tenían aún la espada en la mano.

18. suena, *vibrates.*
19. remolinos, *whirlwinds.*
20. Apenas...nada, *scarcely anything moves now.*

CUESTIONARIO

1. ¿Quién es el estudiante de Salamanca?
2. ¿Quién acaba de morir?
3. ¿Dónde vemos ahora a don Félix?
4. ¿Qué hace?
5. ¿Qué hora es?
6. ¿Quién entra?
7. ¿Qué hace don Diego?
8. ¿Quién cae muerto?
9. ¿Por dónde camina Montemar?
10. ¿Adónde vuelve?
11. ¿Qué figura pasa a su lado?
12. ¿Quiénes están en los dos féretros?
13. ¿Qué oye Montemar?
14. ¿Quiénes le miran llegar?
15. ¿Qué ve Montemar?
16. ¿Qué oye Montemar?
17. ¿Quién es la dama velada?
18. ¿Dónde estaban los cuerpos de Montemar y de don Diego?
19. ¿Qué tenían en la mano?

Margarita
la tornera

[9]

JOSÉ ZORRILLA

José Zorrilla (1817-1893) was born in Valladolid, the only son of the Inspector General of Police under Ferdinand VII. He fled from home and school, never to return. Escaping to Madrid, he soon made himself famous with the group of Romantic writers and artists. " I saved myself for the world, but became lost to my family," he wrote in his memoirs.

In Madrid he began the Bohemian life of an improvident free-lance poet which was to continue to the end of his days. He spent the years 1855-1866 in Mexico. In 1889 he was honored as Spain's national poet and crowned with a crown of gold in a delirious festival that took place in Granada.

Zorrilla's greatest achievements are in the fields of drama and narrative poetry. His moral-fantastic-religious drama Don Juan Tenorio *(1844), written in twenty days, remains the most famous and popular play in the entire repertory of the Spanish theater. It is performed annually on November 2, All Souls' Day, in many cities of Spain and Latin America.*

As a narrative poet, Zorrilla is the creator of the leyendas, *vivid, dramatic tales romantically evocative of the Spanish national past.* Margarita la tornera, *expressing the deep-rooted Catholic feeling of the Spanish people, is one of Zorrilla's most typical* leyendas.

Margarita la tornera[1]

JOSÉ ZORRILLA

En Palencia, noble y pobre ciudad castellana, y en una de sus más solitarias calles, había hace años un antiguo convento. Allí las monjas pasaban las horas entregadas silenciosamente a la[2] meditación y la oración, en absoluta renunciación del mundo.   5

Había un gran patio, con arcos alrededor, y en medio crecían las buenas yerbas que traían frescos olores del campo.

Al fondo,[3] en la pequeña y oscura capilla, fragante de incienso, brillaba sobre el altar mayor[4] una imagen de la Virgen de la Esperanza, rodeada de velas encendidas que ardían   10 trémulamente, noche y día.

A la entrada, la monja Margarita, tornera del convento, pasaba su vida en su pequeña celda blanca que daba por una estrecha reja[5] a la calle.

Margarita a veces sonreía; a veces suspiraba. Margarita   15 tenía sólo diecisiete años, y había pasado seis en el convento.

Nuestra historia comienza* una noche triste de otoño, de aire tibio y brisa suave.

Margarita, sentada a oscuras en su celda, miraba por la

---

1. Margarita la tornera, *Margarita, the convent doorkeeper.*
2. entregadas a la, *devoted to.*
3. Al fondo, *in the back.*
4. el altar mayor, *the high altar.*
5. reja, *grilled window.*

20 ventana el cielo lleno de estrellas. Se oyeron* unos pasos en la
calle. Y luego, una voz, una voz juvenil de hombre, que decía :
— ¡Hermana tornera! ¡Una palabra!
— ¿Qué desea, señor?
— ¿Cómo te llamas?
25 ¿Yo? Margarita.
— Quiero hablarte, Margarita, de un secreto...
— ¿Un secreto?
— Sí. ¿Te has mirado alguna vez en el espejo?
— ¡Claro!
30 — ¿Y qué viste en él?
— ¡Pues, otra yo! Otra monja.
— ¿Y no te pareció que era una monja bella, aunque estaba
un poco triste?
— Sí. Es verdad que estaba triste.
35 — ¡Dime,⁶ Margarita! Si conocieras⁷ a un hombre como
lo has imaginado muchas veces, joven, cariñoso, irresistible,
y ese joven te dijera,⁸ « Ven, sígueme;* yo sólo puedo hacerte
feliz. Te amo. », te atreverías a huir con él?
— ¡Dios mío,⁹ Dios mío! ¡Qué palabras!
40 Las apasionadas palabras del joven sonaron tres noches
seguidas en los oídos de Margarita, conjurando visiones de
maravillosos deleites. Margarita, en su inocencia, consintió*
en abandonar el convento, y seguir al joven caballero.
Una noche, cruzando temerosa el ancho claustro, Margarita
45 entró en la capilla, para decir adiós a la Virgen. Sollozando,
exclamaba :
— ¡No me abandones, María, y no te olvides de mí! Toma
estas llaves. Guárdalas. Elige* otra tornera. ¡Y el cielo quiera,
Señora, que nos volvamos a ver!¹⁰

---

6. ¡Dime...!, *Tell me...!*
7. Si conocieras, *If you should meet.* — *The imperfect subjunctive is used
   in the " if " clause of a sentence which expresses a condition contrary
   to fact.*
8. te dijera, *should say to you.*
9. ¡Dios mío!, *Heavens!*
10. ¡el cielo...ver!, *and may God grant that we meet again!*

Margarita, con los ojos llenos de lágrimas, besó fervorosa- 50
mente los pies de la imagen.

Luego, deslizándose[11] sin ruido, huyó* por el claustro y
por el jardín, y salió a la calle solitaria y oscura donde la
esperaba su apasionado amante.

Ha pasado un año. Es una noche de otoño, de aire tibio 55
y brisa suave.

A la entrada del convento se ve a una mujer envuelta en
espeso velo. ¿Qué quiere? ¿Qué espera? ¡Ay, pobre amante
olvidada! ¡Ay, infeliz Margarita!

11. deslizándose, *slipping away.*

60   La mujer entró en el claustro, sin ser vista, y pensaba :
       — ¡Ay! ¡Si pudiera volver[12] a mi vida pura de antes!
       Margarita vió venir a una monja que se acercaba con paso tranquilo por el claustro.
       Margarita se cubrió la cara con su manto para no ser recono-
65 cida. La monja pasó a su lado en silencio, y entró en la capilla.
       Margarita la siguió,* fascinada.
       Una luz, de un puro fulgor, radiaba de la figura de la monja, en el aire diáfano.
       Margarita se acercó a la religiosa y le preguntó cómo se
70 llamaba y cuánto tiempo había pasado en el convento. Al contestarle la monja,[13] Margarita quedo atónita, escuchando. La monja también se llamaba Margarita. Tenía su misma edad, y era tornera como ella. La monja... — ¡era ella misma![14]
       Margarita oyó estas divinas palabras :
75   — Tú pediste mi protección y yo no te abandoné. He ocupado tu puesto. Piensa siempre en mí...
       La divina visión se elevó en el sereno azul. Quedó en el aire una suavísima fragancia.

---

12. ¡Si pudiera volver...!, *If I could return...!*
13. Al contestarle la monja, *When the nun answered her.*
14. ¡era ella misma!, *it was she herself!*

CUESTIONARIO

1. ¿En qué ciudad ocurre esta historia?
2. ¿Quién es Margarita?
3. ¿Cuántos años tenía?
4. ¿Cuántos años había pasado en el convento?
5. ¿Cuándo comienza la historia?
6. ¿Dónde estaba Margarita?
7. ¿Quién habla con Margarita?
8. ¿Cuántas noches habló el joven con Margarita?
9. ¿Por qué entró Margarita en la capilla?
10. ¿Cuánto tiempo ha pasado?
11. ¿Quién está a la entrada del convento?
12. ¿Quién es esa mujer?
13. ¿A quién vió Margarita?
14. ¿Qué hizo Margarita?
15. ¿Qué hizo después?
16. ¿Qué preguntó Margarita a la monja?
17. ¿Cómo se llamaba la monja?
18. ¿Qué edad tenía la monja?
19. ¿Quién era la monja?

La corza blanca

[10]

GUSTAVO ADOLFO
BÉCQUER

Gustavo Adolfo Bécquer (1836-1870) was born in Seville. He lost his parents at an early age and lived a short life, always tormented by poverty and illness.   His lyric poems and prose legends, scattered in various publications, were posthumously collected and published in book form in 1872.

. Bécquer opens a new period in the history of Spanish literature. With him, poetry becomes an expression of intimate feelings, a lyric record of fugitive dreams tenuously hovering over the romantic soul.

In La corza blanca *Bécquer takes up once more one of his principal themes: the eternal feminine.*

La corza blanca

GUSTAVO ADOLFO BÉCQUER

En un pequeño lugar de Aragón, y allá por los años de mil trescientos y pico,[1] vivía retirado en su castillo un famoso caballero llamado don Dionís. Su ocupación favorita era la caza.

Encontramos a don Dionís en un estrecho y sombrío valle una tarde de verano, acompañado de su bella hija Azucena, y rodeado de sus servidores. El sitio era delicioso para un rato de descanso.

El río Duero, todavía un joven arroyo, cerca de su nacimiento, saltaba de roca en roca con un sonido rápido y alegre.

Se oyó la esquila de un ganado,[2] y un momento después, bajaban numerosas ovejas por la ladera del monte. Tras ellas venía el pastor.

— ¡Oye, Esteban! — le gritó uno de los cazadores —. ¿Es verdad que entiendes* el lenguaje de los animales?

El joven pastor no contestó, y siguió* mirando a sus ovejas que bebían en el arroyo.

Don Dionís le mandó llamar, y el pastor se acercó respetuosamente, con la gorra en la mano.

— Cuéntanos,* Esteban — dijo don Dionís.

1. allá...pico, *way back in the thirteen hundreds.* — Y pico *here means " and some. "*
2. se oyó...ganado, *the bell of the lead sheep in a flock was heard.*

El pastor no se atrevía a comenzar, y parecía muy temeroso.

— Señor — dijo —, tengo miedo. Le he prometido al padre confesor no hablar más de estas cosas.

— ¿Por qué? — preguntó el señor.

25 — Porque son cosas del diablo para perder a los hombres.[3]

— ¡Anda, anda![4] Yo te lo mando. El cura te perdonará.

El pastor, entonces, dijo :

— Una noche, estando yo en este mismo sitio en que estamos ahora, creí oír el ruido de unos ciervos al pasar por el bosque.

30 Miré en la oscuridad, pero no vi nada. A la mañana siguiente, en cuanto hubo luz,[5] miré por todas partes. ¡Santos benditos! A la orilla del agua,[6] allá donde el río tiene ya mucha profundidad, se veían huellas pequeñitas de pies de mujer.

Don Dionís y sus compañeros se echaron a reír.

35 — ¡Bueno, bueno! ¡Qué vista tan fina tiene nuestro pastor! — exclamó don Dionís.

— ¿Huellas de pies de mujer? — dijo un cazador —. Eso es lo que tú quisieras.[7]

— ¡Pecador de ti![8] — dijo otro de los cazadores —. Ésas

40 son malas ideas que tienes* en la cabeza.

El pastor estaba todo confuso y a punto de llorar.

Azucena, que se había acercado al grupo, llena de curiosidad, le rogó que continuara su historia.

— Pues otra vez[9] — dijo Esteban —, estaba yo en este

45 sitio a la medianoche, y me quedé dormido.[10] Cuando desperté empecé* a oír unas voces extrañas, tres o cuatro voces distintas, como las de las muchachas cuando hablan todas juntas en la fuente de la plaza. Señores, ¿qué creen ustedes que oí entonces? Una voz decía « Por aquí, por aquí, compañeras. »

50 ¡Lo juro por la salvación de mi alma!

---

3. para perder...hombres, *to cause the ruin of men.*
4. ¡Anda, anda!, *Go on, go on!*
5. en cuanto hubo luz, *as soon as there was light.*
6. A la orilla del agua, *At the edge of the water.*
7. Eso...quisieras, *That's what you would like.*
8. ¡Pecador de ti!, *You sinner!*
9. Pues otra vez, *Well, another time.*
10. me quedé dormido, *I fell asleep.*

Todos lanzaron la carcajada.[11] Azucena miraba al pastor, risueña.

— Entonces... entonces — dijo, por fin, Esteban —, vi pasar una corza blanca, blanca como la nieve, y otras, de color natural, que la seguían, saltando por las rocas y entre las ramas.

¡Bien, bien, Esteban! — exclamó don Dionís —. Sigue el consejo de tu confesor. No inventes más historias. ¡Basta![12]

Y, yendo[13] hacia su caballo, dió* órdenes de volver al castillo.

Aquella noche, junto a una de las altas ventanas del salón principal, conversaban Azucena y Garcés, el paje favorito de don Dionís. La luna iluminaba intensamente la sala con su luz azul. En las paredes, los viejos tapices narraban confusas historias de amor.

Azucena, sentada en alta silla gótica, parecía retraída y melancólica. Garcés, de pie ante su señora, permanecía en silencio. Conocía el carácter de Azucena y los cambios repentinos de sus estados de ánimo, la fascinadora intensidad de sus sentimientos, sus extraños caprichos.

Todo en ella provocaba un intenso amor, y él la amaba en secreto.

---

11. lanzaron la carcajada, *burst out laughing.*
12. ¡Basta!, *That's enough!*
13. yendo, *going.*

Garcés adoraba sus cabellos dorados, siempre en gracioso desorden.

Garcés comenzó a hablar, diciendo :

75 — Todos se han reído de la historia del pastor Esteban. ¡Yo, no! ¿Por qué no creer en la existencia de la corza blanca? La leyenda cuenta* que San Huberto, patrón de los cazadores, tenía una. Yo lo creo. Cosas más extremas se ven en el mundo.

— ¿Tú crees en corzas blancas? — preguntó Azucena.

80 — Creo en la belleza, señora. ¿Qué más bello que esa corza blanca del bosque? Si no es...[14]

— ¡Silencio! — suplicó Azucena —. ¡Déjame!

Garcés salió de la sala. Una idea se había posesionado de él. Pensaba :

85 — ¡Si pudiera[15] cazar esa corza maravillosa y traérsela a mi señora como prueba de mi devoción!

Esto diciendo, cogió su ballesta,[16] no sin haber hecho* antes la señal de la cruz, y colocándosela a la espalda, se dirigió a la puerta del castillo para tomar la vereda del bosque.[17]

90 Cuando Garcés llegó al valle y al sitio en que debía esperar la aparición de las corzas, la luna ascendía con lentitud por detrás de los cercanos montes.

Todo permanecía en una profunda calma.

Confundido con los leves rumores de la noche, Garcés creyó*

95 percibir un extraño rumor de voces dulces y misteriosas que hablaban entre sí, reían o cantaban.

Después, todo volvió a quedar en silencio.

Garcés iba a reclinar la cabeza[18] sobre la hierba, cuando volvió a oír el eco distante de aquellas misteriosas voces, que

100 cantaban acompañándose del rumor del aire, del agua y de las hojas.

Mientras flotaban en el aire las suaves notas de aquella deliciosa música, Garcés quedó inmóvil.

---

14. si nos es..., *unless it is...*
15. ¡Si pudiera...!, *If I could...!*
16. ballesta, *crossbow.*
17. la vereda del bosque, *the path to the woods.*
18. iba...la cabeza, *was going to rest his head.*

Vió aparecer las corzas que bajaban del monte, con dirección al río. Delante de sus compañeras iba* la corza blanca, cuyo   105
extraño color destacaba como una fantástica luz sobre el oscuro fondo de los árboles.

La dulce claridad de la luna revelaba los objetos como a través de[19] una gasa azul.

Espantadas de la presencia del cazador, las corzas huían.   110

La corza blanca, deseando escapar por la ladera del monte, se había enredado entre las espesas madreselvas, y luchaba por libertarse.

Garcés apuntó con su ballesta; pero en el mismo momento en que iba a herirla, la corza se volvió hacia el cazador, y   115
detuvo* su acción con un grito, diciéndole :

— ¡Garcés!

El joven vaciló, y después de un instante de duda, dejó caer al suelo el arma.

Una sonora carcajada le sacó[20] de su estupor.   120

La corza blanca había aprovechado aquellos cortos instantes para acabarse de desenredarse y huir, ligera como un relámpago, riéndose de la burla hecha al cazador.[21]

— ¡Ah, hija de Satanás! — exclamó Garcés.

Dejó volar la flecha, que partió silbando y fué a perderse   125
en la oscuridad del bosque, en el fondo del cual sonó al mismo tiempo un grito, al que siguieron* después unos gemidos.

— ¡Dios mío! — exclamó Garcés al percibir aquellos lamentos —. ¡Dios mío, si será verdad![22]

Y corrió en la dirección en que había disparado la flecha.   130
Al llegar, tuvo que agarrarse al[23] tronco de un árbol para no caer a tierra.

Azucena, herida por su flecha, moría sobre la hierba.

---

19. como a través de, *as though through.*
20. una sonora...sacó, *a peal of laughter roused him.*
21. la burla...cazador, *the jest played on the hunter.*
22. ¡Dios mío, si será verdad!, *God, can it be true?*
23. tuvo que agarrarse al, *he had to hold on to.*

CUESTIONARIO

1. ¿Dónde ocurrió esta historia?
2. ¿Cómo se llama el famoso caballero?
3. ¿Cómo se llama su hija?
4. ¿Cómo se llama el pastor?
5. ¿Qué vió el pastor a la orilla del agua?
6. ¿Qué hicieron don Dionís y sus compañeros?
7. ¿Qué hizo Azucena?
8. ¿Qué oyó el pastor otra vez?
9. ¿Qué hicieron todos?
10. ¿Qué vió pasar el pastor?
11. ¿Quiénes conversaban aquella noche?
12. ¿Quién es Garcés?
13. ¿Qué adoraba Garcés?
14. ¿Cree Garcés en corzas blancas?
15. ¿Qué vereda tomó Garcés?
16. ¿Qué creyó percibir Garcés?
17. ¿Qué vió aparecer Garcés?
18. ¿Qué corza iba delante?
19. ¿Qué hacían las corzas?
20. ¿Por qué luchaba la corza blanca?
21. ¿Qué hizo la corza blanca?
22. ¿Cómo termina la historia?

Simón Verde

[11]

FERNÁN CABALLERO

Fernán Caballero is the pen name of Cecilia Böhl von Faber (1796-1877). She was the daughter of a German scholar, consul in Cádiz, and of a distinguished Andalusian lady. Cecilia was born in Switzerland and educated in Germany, returning as a young girl to Spain, where she spent the rest of her life. She was married three times and led the life of a well-to-do, cultured housewife until she was past fifty. Her novelistic career began at that point. La gaviota (The Sea Gull) *appeared in 1849;* Clemencia *in 1852;* La familia de Alvareda *in 1856.*

Fernán Caballero, with her delightful " pictures of customs," is the founder of the modern Spanish novel. Her secret as an artist lies in her warm sympathy for every living thing: human beings, animals, earth, water, flowers, sky. She is primarily the painter of the Andalusian landscape and the Andalusian common folk.

𝔖imón 𝔙erde

FERNÁN CABALLERO

El río Guadalquivir, cansado de llevar sus aguas por solitarias y monótonas marismas, donde sólo encuentra* toros
bravos bebiendo en sus orillas, llega a Sanlúcar de Barrameda,
fin de su curso.

Es aquel un grandioso lugar para la reunión de los dos   5
soberanos : el de las aguas mansas y dulces y el de las aguas
amargas y agitadas.

Cuatro pueblos, muy distintos de carácter y de aspecto,
adornan la orilla derecha del río entre Sevilla y el mar.

Gelves, el segundo de ellos, es de temperamento alegre y   10
amigo de fiestas. En cuanto a¹ su curioso aspecto, sólo los
niños, al construír sus Nacimientos, pueden* colocar las casas
tan sin simetría y tan pintorescamente como se ven en aquel
pueblecito, el más lindo de los cuatro.

Cuando empieza* este sencillo cuento, el sol había descen-   15
dido por detrás del monte, y se había ocultado entre los olivos.

El río exhalaba su húmeda frescura, acariciando con sus
olitas mansas las ramas de los sauces.

La luna iba ascendiendo poco a poco, y un barco, con sus
blancas velas, se deslizaba silencioso sobre la tranquila super-   20
ficie del agua.

El azahar daba su deliciosa fragancia, la que, unida al

---

1. En cuanto a, *As for.*

canto del ruiseñor, a la dulzura de la atmósfera, y a la delicada luz de la luna, hacían de aquel rústico lugar el más poético 25 paraíso.

La alta torre de la iglesia esparcía dulce y solemnemente las campanadas del Angelus,[2] y el campesino, que conserva su fe, pura como la atmósfera que respira, se descubría la cabeza y rezaba.

30 Por el camino de Sevilla venía un hombre montado en su burro. Era Simón Verde, un campesino de unos cincuenta años, viudo, muy conocido y querido de todos por su carácter alegre y bondadoso. Se ganaba la vida vendiendo fruta de su huerta por las calles de Sevilla.

35 Simón Verde se paró en una venta del camino. Delante de la puerta, estaban sentados varios hombres, entre ellos el alcalde. Al ver llegar a Simón, el alcalde exclamó :

— ¡Hola, Simón Verde! ¿Has vendido mucho hoy?

— Sí, señor —, contestó Simón —. Hoy he vendido naranjas 40 de Cádiz.

— En Cádiz no hay naranjas. Allí no hay más que casas y mar — contestó el alcalde.

— Ya lo sé —, dijo Simón —. Pero me puse a pregonar[3] « Naranjas de Gelves », y no vendí una. Entonces se me 45 ocurrió la idea de pregonar « Naranjas de Cádiz », y las he vendido todas:

El auditorio soltó una unánime carcajada.[4] El alcalde, entonces, poniéndose serio, dijo :

— Simón, te lo pregunto por última vez. ¿Me vendes tu 50 campo de trigo, sí o no? Te doy[5] dos mil reales.

— Pero, señor alcalde, vale mucho más.

— ¿Me lo vendes, sí o no?

— Bueno, se lo vendo.[6]

---

2. esparcía...Angelus, *spread sweetly and solemnly the sound of the Angelus bells.*

3. Pero me puse a pregonar, *But I began to shout my street cry.*

4. soltó...carcajada, *let out a unanimous guffaw.*

5. Te doy, *I will give you.*

6. se lo vendo, *I'll sell it to you.* — *Note that if both pronoun objects are of the third person,* se *is used as the indirect object in place of* le *or* les.

Se arregló el trato, que era muy ruinoso para Simón Verde.

— Con tu dinero en el bolsillo — dijo el ventero —, ya 55
no tienes que temer el mal tiempo y las malas cosechas.

— Sí — contestó Simón —, pero no sé* lo que le pasa
a mi dinero que siempre viene* y se va*. Nunca tengo*
nada.

— Eso es culpa tuya[7] — exclamó el alcalde —. Tu buen 60
corazón caritativo te pierde.[8] No sabes decir que no.[9] ¡Malo
hubieras sido tú para mujer.[10]

7. Eso es culpa tuya, *That is your fault.*
8. te pierde, *is your ruin.*
9. decir que no, *to say no.*
10. Malo...mujer, *A poor example of a woman you would have been.*

— Señor — dijo Simón —, si en este mundo no nos ayudásemos los unos a los otros, ¿qué sería de los hombres?[11]

65 — Cada uno se rascaría con sus uñas, como debe ser — dijo el alcalde. ¡Y tienes una hija, hombre!

— Y la quiero más que a mi corazón. Pero no me voy a hacer avariento a causa de ella.

— ¡Bueno, gasta, derrocha, Simón Verde! — dijo con burla 70 el alcalde.

— Señores, ustedes se queden con Dios,[12] que en mi casa mi hija me estará echando de menos.[13]

Diciendo esto, Simón Verde saltó sobre su burro y continuó su camino.

75 Unos días más tarde estaba Simón Verde trabajando en su huerta, cuando, de pronto, oyó* un ruido extraño entre unas matas. Simón se puso a escuchar.[14]

— No es un toro bravo — pensó —, porque haría* más ruido. Ni zorra, ni lobo, tampoco, porque haría* menos. Será[15] 80 algún gitano que viene* a robar fruta.

Apenas había hecho* estas reflexiones, cuando salió de entre las ramas un hombre de aspecto fiero, que se dirigió a él.

— No traigo* escopeta.[16] Estoy* sin defensa — pensó Simón.

— Dios guarde a usted, buen hombre —, dijo el desconocido.

85 — Y a usted también, amigo —, contestó Simón Verde —. ¿En qué puedo servirle?[17]

— Puede usted salvarme.

— ¿Yo? ¿Qué está usted diciendo?

— Me está persiguiendo* la Guardia Civil, y si me cogen, 90 me fusilan.

---

11. si...hombres?, *if in this world we didn't help each other, what would become of men?*

12. ustedes se queden con Dios, *God be with you.*

13. me estará echando de menos, *will be missing me.*

14. se puso a escuchar, *stopped to listen.*

15. Será, *It must be.*

16. No traigo escopeta, *I don't have a shotgun with me.*

17. ¿En qué puedo servirle?, *What can I do for you?*

— ¡Caramba, compadre![18] ¡Qué buenas credenciales trae usted!

— Lo que traigo* son grandes méritos. Mi delito es pelear por el rey legítimo don Carlos.

— ¿Carlista? 95

— Así nos llama el lado contrario.

— Pues señor — dijo Simón Verde, echándole una mirada de desaprobación —. ¿Por qué no se va usted al monte, como los otros, a pelear cara a cara?

— Aquí estamos varios[19] para reclutar gente. 100

— Perdone usted, señor; pero yo soy un hombre pacífico y no me quiero meter en cosas políticas.

— Deme usted siquiera un pedazo de pan, que hace dos días que estoy* escondido entre estas matas, y no he comido.

El semblante de Simón se inmutó instantáneamente, y la 105 más viva compasión se pintó[20] en él.

— ¡Válgame Dios,[21] hombre! — exclamó —. ¿Y por qué no empezó usted por decir eso? ¡Y yo que no traigo* pan! Espere usted.

Y antes que el desconocido lo hubiese podido impedir,[22] 110 Simón había desaparecido.

El forastero se quedó un momento suspenso, y murmuró :

— ¿Si me irá a denunciar?[23] Pero, ¿dónde voy* yo, si todos los caminos están tomados por la caballería? Volveré a esconderme, y esta noche buscaré protección. 115

Tan pronto como se escondió entre las espesas matas, vió[24] a Simón Verde, que, con una hogaza de pan en la mano, corría hacia él, diciendo :

— ¡Eh, amigo! ¿Dónde demonios está usted? Aquí está el pan.

El desconocido salió precipitadamente. 120

18. ¡Caramba, compadre!, *Heck, man! My goodness, man!*
19. Aquí estamos varios, *Several of us are here.*
20. se pintó, *was painted.*
21. ¡Válgame Dios...!, *God help me!*
22. antes...impedir, *before the stranger could prevent it.*
23. ¿Si me irá a denunciar?, *Can he be going to denounce me?*
24. Tanto pronto como se escondió...vió, *He had hardly concealed himself... when he saw.*

— Dios se lo pague* a usted, que ha hecho una gran obra de caridad.

Y se echó con ansia sobre el pan. Cuando acabó de comer, dijo :

125 — Dentro de unos días podría* escapar; pero ahora están los caminos tan guardados que ni los pájaros pueden pasar. Si usted me escondiese un par de días en su casa, me podría* salvar.

— Hombre, si eso se descubre me van a llamar cómplice, y me costaría muy caro.

130 — ¡Pero se trata de²⁵ salvar a un defensor del rey legítimo!

— No creo yo en ese rey legítimo. Se trata de salvar a un hombre como yo, y nada más. Pero ¿se irá usted después de dos días?

— Lo juro.

135 — Está bien.

Simón Verde entró en su casa, y le dijo a su hija :

— Águeda, esta noche tendremos* un huésped.

— ¿Nosotros? ¿Y quién puede ser ese huésped?

— Un carlista. Si le cogen, le fusilan. Más vale ayudar

140 a un hombre en peligro de muerte que volverle la espalda,²⁶ como si no fuera²⁷ hijo de Dios.

— Es verdad, padre.

Simón salió de su casa para buscar al forastero.

Al ver a Simón, un joven se escondió detrás de un naranjo.

145 Al llegar Simón a su huerta, otro hombre se ocultó detrás de unos olivos.

Simón Verde pasó sin ver a nadie.

El primer hombre era Julián, el hijo del alcalde, que desde hacía tiempo estaba enamorado de la hija de Simón; el

150 segundo era el alcalde mismo, que había notado las escapatorias de su hijo, y le vigilaba.

Julián se acercó a la casa y llamó por la ventana.

— ¡Águeda!

---

25. se trata de, *it is a question of.*
26. volverle la espalda, *to turn one's back.*
27. como si no fuera, *as if he were not.*

Ésta salió a la puerta. Era una bonita muchacha de puro
tipo andaluz. En su pelo negro lucía un clavel rojo.   155
— Águeda, ¿me das ese clavel?
— No.
— ¿Pues para qué lo quieres?
— Para ponérmelo.
— ¿Y a quién quieres gustar?   160
— A mi padre.
— Y a mí no?
— Lo mismo me da.[28]
Águeda hizo un gracioso gesto de desdén.
— ¿Desdeñosa? ¡Tanto mejor! Como dice la copla :   165

> Morena tiene que ser
> la tierra para claveles;
> y la mujer para el hombre,
> morenita y con desdenes.[29]

Julián continuó :   170
— ¿Me das el clavel?
— ¿El clavel? No. Primero daría el corazón.
— Pues dámelo y quédate[30] con el clavel.
— Ni lo uno ni lo otro.
— ¿Y qué, quieres ser monja?   175
— No, por ahora no quiero ni convento ni conversación.
— ¿Pues qué quieres?
— Nada, el clavel — dijo Águeda —, y volvió a entrar
en la casa, cerrando la puerta tras ella.
En esto, volvía ya Simón Verde, acompañado del fugitivo.   180
Estaba anocheciendo.
Julián se marchó rápidamente, temiendo que le vieran.[31]
El alcalde, todavía en su escondite, pensaba :
— Si Julián quiere engañar a esa muchacha, que la engañe.[32]

---

28. Lo mismo me da, *It's all the same to me.*
29. Morena...desdenes, *The earth has to be dark in order to grow carnations; and
    woman, to please a man, must be dark and disdainful.*
30. quédate con, *keep.*
31. temiendo que le vieran, *fearing that they would see him.*
32. que la engañe, *let him (deceive her).*

185 Pero, si tiene la intención de casarse con ella, eso no lo consentiré jamás.

Luego, al ver al forastero, se dijo a sí mismo :

— Aquí hay algún misterio.

Y se puso a observar con gran atención.

190 Unos momentos más tarde, se oyeron* las voces de los guardias civiles que habían descubierto* al fugitivo y venían a arrestarle.

El fugitivo logró escapar en la oscuridad de la noche.

Simón Verde fué condenado a cinco años de cárcel.

195 Julián y Águeda se casaron a pesar de la oposición del alcalde, que había desheredado a su hijo.

Cuando Simón Verde salió, por fin, de la cárcel, se apresuró a volver a su antigua casa. Águeda y su marido vivían allí.

El padre, la hija y el yerno, lloraban de alegría.

200 Simón tenía el pelo todo blanco, y su cara revelaba un gran sufrimiento. Dijo :

— No hice* más que[33] cumplir mi deber de hombre cristiano. ¡Alabado sea Dios![34]

Besaba a sus dos nietecillos; miraba con curiosidad los 205 cambios que veía por todas partes en la casa; respiraba de nuevo el aire libre con toda su alma.

Simón salió a ver su querida huerta. Julián la tenía bien cultivada. Simón gozaba del maravilloso panorama que se veía desde allí.

210 El Guadalquivir pasaba tan sereno que hubiera* parecido inmóvil si no fuera por[35] un barco de vela que turbaba sus aguas. La vista llegaba hasta los lejanos montes de Ronda, que se hubieran confundido con las nubes si hubiera* nubes en aquel cielo de verano. A la izquierda, a los pies de la Gi-215 ralda, Simón veía a su Sevilla, blanca y silenciosa en la distancia.

---

33. No hice más que, *I did no more than.*
34. ¡Alabado sea Dios!, *God be praised!*
35. si no fuera por, *were it not for.*

Unos días después, Simón Verde iba por las calles de la gran ciudad pregonando :

— ¡Naranjas! ¡Naranjas de Cádiz! ¡Naranjas!

CUESTIONARIO

1. ¿Quién venía por el camino de Sevilla?
2. ¿Cuántos años tenía Simón?
3. ¿Por qué es muy querido?
4. ¿Cómo se ganaba la vida?
5. ¿Dónde se paró Simón?
6. ¿Quiénes estaban sentados allí?
7. ¿Por qué no hay naranjas en Cádiz?
8. ¿Qué quiere comprar el alcalde?
9. ¿Dónde estaba trabajando Simón un día?
10. ¿Qué oyó de pronto?
11. ¿Es un toro bravo?
12. ¿Quién salió?
13. ¿Qué era este hombre?
14. ¿Qué pide el hombre a Simón?
15. ¿Cuántos días hace que está escondido?
16. ¿Qué traía Simón?
17. ¿Cree Simón en ese rey?
18. ¿Qué dijo Simón a su hija?
19. ¿Quién se escondió detrás de un naranjo?
20. ¿Quién era el joven?
21. ¿Quién se ocultó detrás de unos olivos?
22. ¿Quién era este hombre?
23. ¿Quién salió a la puerta?
24. ¿Era rubia o morena?
25. ¿Qué quiere Julián?
26. ¿Quiere ser monja Águeda?

27. ¿Por qué se marchó Julián rápidamente?
28. ¿Qué voces se oyeron?
29. ¿Qué logró el fugitivo?
30. ¿A qué fué condenado Simón?
31. ¿Qué hicieron Julián y Águeda?
32. ¿Qué había hecho el alcalde?
33. ¿Cuántos nietecillos tenía Simón?
34. ¿Qué hizo Simón unos días después?

El sombrero de tres picos

[12]

PEDRO ANTONIO
DE ALARCÓN

Pedro Antonio de Alarcón (1833-1891) was born in Guadix, a town situated at the foot of the Granada mountains. He began to study for the priesthood, but abandoned this and devoted himself entirely to a literary career. He led a dynamic life in the various roles of soldier, journalist, politician, and diplomat, but he was always a writer as well.

His " Goyaesque " El sombrero de tres picos (1874) has been called " el rey de los cuentos españoles." The Andalusianism of the story was magnificently projected on the stage by the music of Manuel de Falla in his ballet The Three-cornered Hat, *first performed in London (1919) by Diaghileff's Ballets Russes, and recognized as one of the masterpieces of contemporary Spanish music.*

El sombrero de tres picos[1]

PEDRO ANTONIO DE ALARCÓN

El año debió de ser mil ochocientos cinco, o mil ochocientos seis, o mil ochocientos siete.

En la provincia de Granada, y cerca de la ciudad de Guadix, había un pintoresco molino, que todavía existe.

Delante de la casa se veía una pequeña plazoleta, cubierta 5 por una parra muy hermosa, debajo de la cual se podía tomar el fresco en el verano y el sol en el invierno.

Los habitantes del molino eran dos : Lucas, y su guapísima esposa Frasquita. Este simpático y alegre matrimonio era muy querido en todo el contorno. 10

Por esta razón, y porque el sitio era tan agradable en todas las épocas del año, el molino estaba siempre lleno de gente importante de la ciudad, por ejemplo el obispo, el juez, y el corregidor, que venían a pasar unas horas agradables de descanso y de charla. 15

Frasquita, además de ser muy guapa, tenía una gran elegancia natural. Usaba el traje de las señoras de aquella época, el traje de las mujeres de Goya : falda estrecha y corta, al estilo de la reina María Luisa. Su pelo, recogido en lo alto de la cabeza, dejaba libres las airosas líneas de su cuello. 20 Era muy aficionada a lucir vistosos pendientes y sortijas. Todo en ella era bello y gracioso, pero más que nada su voz. La

---

1. El sombrero de tres picos, *The three-cornered hat.*

voz de Frasquita tenía todos los tonos, y su risa era tan alegre
y argentina, que parecía un repique de Sábado de Gloria.[2]

25 Lucas era más feo que un mono, pero inteligente, simpático,
ingenioso, y divertido. Era buen molinero, buen marido, buen
jardinero, y buen músico.

Lucas y Frasquita llevaban ya muchos años adorándose.[3]

Sin embargo... ocurrieron ciertos acontecimientos que causa-
30 ron graves dificultades entre marido y mujer, y penas, y
angustias.

Y esto es lo que vamos a contar en nuestro cuento.

Eran las dos de una tarde de octubre. El ilustre señor
Corregidor salió de la ciudad, a pie, seguido de un solo alguacil.
35 La brillante capa de grana, y el enorme sombrero de tres
picos, se destacaban grotescamente sobre el verde del campo,
según avanzaba el Corregidor, cojeando, con dirección al
molino.

El Corregidor, según la frase de Lucas, parecía cojo de
40 los dos pies. Era un hombre de facciones finas, y de aire
aristocrático y libertino, que revelaba que habría* sido[4] en
su juventud muy agradable a las mujeres.

El alguacil que le seguía se llamaba Garduña,[5] y era la
exacta expresión física de su nombre.

45 Al ver pasar al Corregidor, la gente de las huertas hacía
sus comentarios :

— Temprano va esta tarde el Corregidor a ver a Frasquita.
— decía una mujer.

— No seas* mal pensada,[6] Josefa. Frasquita es incapaz de...
50 — contestó su marido.

— Yo no digo* nada. Pero el Corregidor no es incapaz
de estar enamorado de ella. Es muy aficionado a faldas.

— ¿Y cómo sabes tú si es o no aficionado a faldas? — preguntó el marido.

---

2. un repique...Gloria, *the peal of bells on the Saturday of Holy Week.*
3. llevaban...adorándose, *had adored each other for many years.*
4. habría sido, *he must have been.*
5. Garduña, *weasel.*
6. No seas mal pensada, *Don't be evil-thinking.*

— ¡No, yo no lo sé por mí! Conmigo no se hubiera* atre- 55
vido.

— ¡Bueno, allá ellos!⁷ — exclamó el hombre.

En la plazoleta del molino, Frasquita estaba barriendo y
regando el suelo, en preparación de la visita de los señores
de la ciudad. Lucas, en la alto de la parra, estaba cortando 60
los mejores racimos, y colocándolos en una cesta.

— Pues sí, Frasquita. — decía Lucas desde lo alto de la
parra —. El Corregidor está enamorado de ti de muy mala
manera...

Bueno, allá ellos!, *Well, that's their own business!*

65 — Ya te lo dije* hace tiempo — contestó ella —. ¡ Cuidado, Lucas, no te vayas* a caer!⁸

— Descuida. Y oye, me parece que también le gustas mucho a...

— Mira, yo sé muy bien a quién le gusto, y a quién no 70 le gusto. A quien quiero gustar es a ti. Y hazme* el favor de no tener tantos celos.⁹

— ¿ Celos yo? Jamás. Pero, ¿ qué es lo que veo? El Corregidor viene por allí, seguido de Garduña.

— ¡ Ése trae plan!¹⁰ ¡ Ya verás! — dijo ella.

75 — ¡ Frasquita, no le digas* que estoy aquí en la parra! Quiero divertirme oyéndole.*

Y se ocultó bien entre los pámpanos.

El Corregidor entró en la plazoleta.

— Buenas tardes, Frasquita.

80 — Buenas tardes, señor Corregidor. ¿ Por qué no ha aguardado usted a los demás señores? Es raro que venga* usted tan temprano.

El Corregidor se había turbado.

— No es tan temprano como dices. Son las tres y media.

85 — Son las dos y cuarto — dijo Frasquita, mirándole burlonamente.

El Corregidor calló.

— ¿ Y Lucas? ¿ Duerme?* — preguntó después de un momento.

90 — Seguro. Estará durmiendo* la siesta.¹¹

— ¡ Pues déjale dormir! Tengo muchas cosas que decirte.

Hubo* una pausa.

— ¡ Frasquita!... — murmuró el delegado del rey, con voz apasionada.

95 — ¿ Qué quiere usted?

— ¿ Vas a quererme? ¡ Dime!*

— Lo que yo quiero es que nombre usted secretatrio del

---

8. ¡ Cuidado...no caer!, *Take care not to fall!*

9. hazme...celos, *do me the favor of not being so jealous.*

10. ¡ Ése trae plan!, *That fellow has some plan in his head!*

11. Estará durmiendo la siesta, *He must be taking his siesta.*

Ayuntamiento de la ciudad a un sobrino mío que tengo en
Pamplona.

— ¿Me querrías a ese precio? 100

— Le quiero a usted gratis.

— ¡Qué guapa eres, Frasquita!

— Y su esposa de usted, ¿no es guapa también?

— Oh, ella es otra cosa. No es como tú.

El Corregidor trató de abrazar a la molinera. Ésta, con 105
mucha calma, le dió un pequeño empujón. El Corregidor
cayó* al suelo como un polichinela roto.

— ¿Qué pasa ahí? — exclamó Lucas en esto, asomando
su fea cara entre los pámpanos.

El Corregidor estaba en el suelo boca arriba,[12] y miraba 110
con terror aquella cara que aparecía en el aire.

— ¿Se ha hecho usted daño?[13] — preguntó Lucas.

— ¡No! — contestó el Corregidor, y añadió en voz baja :

— ¡Me la pagaréis![14]

En la sala del Ayuntamiento, el Corregidor escribía sobre 115
una gran mesa de brillante caoba, mientras Garduña esperaba
de pie ante su amo.

— ¡Aquí está el nombramiento del sobrino! — dijo el
Corregidor.

— ¡Muy bien, muy bien! — contestó el alguacil entusiasmado. 120

— Ahí tienes — dijo el Corregidor al mismo tiempo — una
carta para el alcalde del distrito. Tú le explicarás de palabra[15]
lo que tiene que hacer. Y ahora, ve* a mi casa, y dile* a mi
esposa que no me espere a cenar ni a dormir. Dile que tengo
que salir esta noche para arrestar a unos criminales. Dile* 125
cualquier cosa para engañarla bien.

Garduña salió rápidamente. El Corregidor se quedó medi-
tando.

Sobre la mesa, dos enormes candelabros de plata iluminaban
vagamente parte de la fría y espaciosa sala. 130

---

12. boca arriba, *on his back; literally, mouth upward.*
13. ¿Se ha hecho usted daño?, *Have you hurt yourself?*
14. ¡Me la pagaréis!, *You will pay for this!*
15. de palabra, *by word of mouth.*

A esa misma hora, en el molino, Lucas y Frasquita se disponían a acostarse.

De pronto, sonaron dos fuertes golpes en la puerta.

El marido y la mujer se miraron alarmados. Era la pri-
135 mera vez que oían llamar a su puerta a tal hora de la noche.

— Voy a ver... — dijo Frasquita.

— No, iré yo — exclamó Lucas con tal dignidad que Frasquita le dejó pasar.

140 Lucas gritó :

— ¿Quién es?

— ¡La Justicia!

Lucas abrió. El alguacil del alcalde del distrito entró en el molino.

145 — ¿Qué quieres tú aquí, Toñuelo, gran borracho? — preguntó Lucas.

— Tiene usted que seguirme inmediatamente. Lea usted la orden del alcalde. Y le entregó un papel.

Lucas leyó* la orden y le preguntó a Toñuelo :

150 — ¿Qué quiere decir todo esto?

— No sé. Creo que le llaman a usted como testigo para algún asunto.

— Está bien. Iré mañana.

— No señor, tiene que ir usted esta noche.

155 Hubo* un instante de silencio.

Los ojos de Frasquita echaban llamas.

— ¿Quieres que vaya* yo a la ciudad y le diga al Corregidor lo que nos pasa? — preguntó Frasquita a su marido.

— No.

160 — ¿Qué quieres que haga?* — dijo la molinera con gran ímpetu.

— Que me mires...

Los dos esposos se miraron en silencio y sintieron* tal confianza y tranquilidad, que se echaron a reír.

165 — Cierra bien — dijo Lucas a Frasquita.

— Y tú, cúbrete, que hace fresco.

Y no hubo mas adiós.

Unas horas más tarde, Lucas se escapó de casa del alcalde donde le habían encerrado. Atravesando campos y huertas, Lucas iba caminando hacia el molino. Pensaba :   170

— ¡Qué noche! ¡Ojalá llegue* pronto a mi casa y encuentre allí a mi Frasquita!

A eso de las once[16] de la noche, Lucas llegó por fin a la puerta de su casa.

¡Condenación! ¡La puerta del molino estaba abierta!   175

Temblando, Lucas entró en la ancha cocina. La chimenea, que él había dejado apagada, estaba encendida. Enfrente del fuego, puesta sobre unas sillas, estaba — ¡qué vieron sus ojos! — la ropa del Corregidor : la casaca color de tórtola, el calzón de seda negra, las medias blancas, los zapatos, el bastón, la   180 capa de grana, el sombrero de tres picos...

En un rincón de la cocina estaba la escopeta del molinero.

Lucas dió un salto de tigre, y se apoderó de ella.

Avanzó lentamente hacia la escalera que conducía a la cámara en que había dormido tantos años con Frasquita.   185 Murmuró :

— ¡Allí están!

Se detuvo* para mirar en torno de sí y ver si alguien le estaba observando...

Iba a dar otro paso, cuando vió un papel que había sobre   190 la mesa. El papel era el nombramiento del sobrino de Frasquita, firmado por el Corregidor.

— ¡Éste ha sido el precio de la deshonra! — pensó Lucas.

Y el infortunado molinero estuvo* a punto de echarse a llorar.   195

Empezó a subir la escalera, llevando la escopeta en una mano y el papel en la otra.

Llegó a la puerta de la alcoba. Dentro no se oía ningún ruido.

— ¡Si no hubiera nadie![17] — pensó lleno de esperanza.

Pero en aquel mismo instante el infeliz Lucas oyó toser   200 dentro del cuarto...

16. A eso de las once, *at about eleven o'clock.*
17. ¡Si no hubiera nadie!, *If only there were no one!*

Era la tos asmática del Corregidor.

El molinero sonrió en la oscuridad.

205 Semejante a Otelo, el desengaño mataba en él de un solo golpe todo el amor.

Miró por el ojo de la cerradura, temblando.

En un pequeño triángulo de luz se veía un extremo de la almohada, y sobre la almohada la cabeza del Corregidor.

Una risa diabólica contrajo el rostro del molinero.

210 — ¡Ya sé toda la verdad!... ¡Meditemos! — murmuró tranquilamente.

Y bajó la escalera con el mismo cuidado que tuvo* al subirla.

— Necesito reflexión. Tengo tiempo para *todo*... — iba pen-
215 sando mientras bajaba.

Al llegar a la cocina, se sentó en medio de ella, y ocultó la frente entre las manos.

Así permaneció mucho tiempo, hasta que le despertó de su meditación un leve golpe que sintió en un pie...

220 Era la escopeta que se había deslizado de sus rodillas, y que le hacía aquella seña.

— ¡No! Todo el mundo tendría lástima de ellos,[18]... y a mí me ahorcarían. Todos se reirían de mí. ¡No! Lo que yo necesito es vengarme, y después reírme de todos.

225 Su mirada se detuvo* en la ropa del Corregidor.

Poco a poco, apareció en su rostro una expresión de alegría, de triunfo...

Empezó a desnudarse; colocó toda su ropa en las mismas sillas que ocupaba la del Corregidor. Luego, se vistió* toda
230 la ropa de éste, desde los zapatos hasta el sombrero de tres picos; se envolvió en la capa de grana; cogió el bastón y los guantes, y salió del molino, con dirección a la ciudad, balan-
ceándose con el mismo estilo de su rival, y pronunciando de vez en cuando esta frase :

235 —¡También la Corregidora es guapa!

---

18. Todo el mundo...ellos, *Everyone would pity them.*

El lector, sin duda, se preguntará : « Pero, ¿qué ha pasado en el molino? »

Lo explicaremos en pocas palabras.

Inmediatamente después de salir Lucas, llegó el Corregidor al molino, con el nombramiento del sobrino en el bolsillo. 240

En la oscuridad de la noche, el Corregidor perdió pie[19] y cayó* en el río.

Empezó a gritar, « Socorro », y Frasquita abrió la puerta.

Al ver al pobre viejo temblando de frío, se compadeció de él. El Corregidor se acostó, y se cubrió bien, para entrar 245
en calor.[20]

Frasquita encendió la chimenea para secar la ropa del viejo.

Hecho esto,[21] salió del molino, y se marchó a casa del alcalde, en busca de su marido.

Éste había desaparecido. 250

Frasquita volvió al molino. Allí encontró a Garduña, que estaba ayudando a su amo a vestirse con la ropa de Lucas.

Garduña dijo a la molinera :

— Oiga usted,[22] Frasquita. Su marido se ha vestido con la ropa de mi amo. A estas horas estará ya en la ciudad. 255
Usted comprenderá cuáles son sus intenciones.

Frasquita exclamó :

— ¡Ay, Dios mío! Lucas creerá que yo he sido infiel. ¡Vamos, vamos todos a la ciudad!

Frasquita, Garduña, y el Corregidor llegaron a la casa de 260
éste. Allí estaba Lucas, todavía vestido con la capa de grana, y con el sombrero de tres picos en la mano. La señora Corregidora escuchaba atentamente su historia.

Todos nuestros personajes empezaron a hablar al mismo tiempo. No era fácil entenderse. 265

Finalmente, todos quedaron alegres y contentos con las explicaciones recibidas.

---

19. perdió pie, *lost his footing.*
20. para entrar en calor, *to get warm.*
21. Hecho esto, *This done.*
22. Oiga usted, *Listen.*

Al volver al molino, Lucas dijo a su esposa :

— Mira, Frasquita. Me vas* a hacer el favor de dar la
270 ropa de cama a los pobres. No quiero volver a usarla.

— Conformes.[23] Y yo te voy a pedir a ti otro favor. Toma
el nombramiento, y quémalo. ¡Y que se quede mi sobrino[24]
en Pamplona el resto de su vida!

— ¡Gracias, guapa!

275 — ¡De nada,[25] mono celoso!

23. Conformes, *Agreed.*
24. que se quede mi sobrino, *let my nephew stay.* — *A verb of wishing is
implied; therefore, the subjunctive.*
25. De nada, *You're welcome.*

CUESTIONARIO

1. ¿Dónde está la ciudad de Guadix?
2. ¿Qué había cerca de la ciudad?
3. ¿Qué se veía delante de la casa?
4. ¿Quiénes eran los habitantes del molino?
5. ¿Era Frasquita guapa o fea?
6. ¿Era Lucas guapo o feo?
7. ¿Qué mes era?
8. ¿Qué hora era?
9. ¿Quién salió de la ciudad?
10. ¿Quién era Garduña?
11. ¿Dónde estaba Frasquita?
12. ¿Dónde estaba Lucas?
13. ¿De quién estaba enamorado el Corregidor?
14. ¿Tiene celos Lucas?
15. ¿Qué hora es cuando llega el Corregidor?
16. ¿Qué trata de hacer el Corregidor?
17. ¿Qué hizo Frasquita?
18. ¿Se ha hecho daño el Corregidor?
19. ¿Qué hacía el Corregidor en el Ayuntamiento?
20. ¿Quién abrió la puerta?
21. ¿Quién entró en el molino?
22. ¿Qué hicieron los dos esposos?
23. ¿Qué ocurrió unas horas más tarde?
24. ¿Adónde llegó Lucas a las once?
25. ¿Estaba la chimenea apagada o encendida?
26. ¿Dónde estaba la ropa del Corregidor?
27. ¿Qué estaba en un rincón de la cocina?
28. ¿Qué vió Lucas sobre la mesa?
29. ¿Qué oyó Lucas a la puerta de la alcoba?
30. ¿Qué se veía sobre la almohada?
31. ¿Qué ropa se vistió Lucas?
32. ¿Qué frase pronunciaba?

33. ¿Qué hizo el Corregidor en la oscuridad?
34. ¿Quién abrió la puerta?
35. ¿Por qué encendió Frasquita la chimenea?
36. ¿Adónde se marchó Frasquita?
37. ¿Adónde volvió Frasquita?
38. ¿Adónde llegaron Frasquita, Garduña, y el Corregidor?
39. ¿Quién estaba allí?
40. ¿Qué hacía la señora Corregidora?

Juan Martín el Empecinado

[13]

BENITO PÉREZ
GALDÓS

Benito Pérez Galdós (1843-1920) is the greatest name in the history of the Spanish novel, Cervantes alone excepted.

Galdós' fictional output, amounting to seventy-five novels, falls into three groups according to the classification adopted by the novelist himself:

1. Episodios nacionales. *This group consists of forty-six historical romances, arranged in five series. The* Episodios nacionales *present a large, brilliant picture of Spanish political life during the 19th century. Historical personalities and fictional characters constantly intercross in fascinating designs before a background of critical and decisive national events.* La batalla de los Arapiles *is the last volume of the first series, and* Juan Martín el Empecinado *is the one immediately preceding.*

2. Novelas de la primera época. *To this group belong seven novels characterized by the presentation of controversial themes of a political, social, and religious nature.*

3. Novelas contemporáneas. *This last group, Galdós' magnificent contribution to world literature, includes twenty-two novels. Taking Spain as his novelistic world and Madrid as its center, Galdós creates here a rich and infinitely complex "human comedy" teeming with hundreds of living, breathing individuals who are never to be forgotten.*

As a creator Galdós stands with the giants among the world's great novelists.

Juan Martín el Empecinado[1]

BENITO PÉREZ GALDÓS

Cuando las tropas de Napoleón invadieron España, el campesino Juan Martín salió de su pueblo de Castilla con un ejército de dos hombres. Esto fué en mayo de 1808.

En el otoño de 1811, el general don Juan Martín mandaba miles de guerrilleros.

Juan Martín fué el genio de la guerra de guerrillas, así como[2] Napoleón lo era de la guerra grande.

En las guerrillas no hay verdaderas batallas. El guerrillero ataca por sorpresa y desaparece. Sus armas son la astucia, la valentía, y el conocimiento del terreno. Las guerrillas son la nación en armas.

Juan Martín era entonces un hombre de treinta y seis años, duro, fuerte, no muy alto, de modales bruscos y de pocas palabras. Era un tipo puro de campesino castellano.

Cuando comienza nuestra historia encontramos al general don Juan Martín en un pueblo de la provincia de Guadalajara, donde tiene por unas horas su cuartel general.

Juan Martín está dictando unos despachos en que informa al Gobierno de la victoria del día antes sobre las tropas francesas.

1. Empecinado, *hardheaded.*
2. así como, *just as.*

Se oyen unas palabras de mal humor[3] que salen de un rincón del cuarto. El hombre que habla así es uno de los oficiales del Empecinado, el coronel don Saturnino el Manco, otro de los célebres guerrilleros de la época.

25 Don Saturnino era un hombre de unos cuarenta años, alto y delgado. Si Juan Martín era de bronce, don Saturnino era de acero. Un general francés había dicho : « Si el Manco peleara en el ejército de Napoleón, ya sería mariscal. »

— ¿Qué dice usted, don Saturnino? — preguntó Juan 30 Martín.

— Digo* que aquí estamos trabajando días y meses y años, y no salimos nunca de[4] la pobreza. Miren ustedes qué ropa llevo. — Y mostró su traje, mitad uniforme, mitad ropa civil, todo lleno de rotos y remiendos.

35 — ¿Es este uniforme — continuó el Manco —, digno de un coronel?

— Mire usted, don Saturnino — contestó gravemente el Empecinado —. Aquí no peleamos por dinero. Aquí peleamos por la independencia de España. ¿Dice usted que lleva los 40 pantalones rotos? Pues miren ustedes, señores — dijo, dirigiéndose a los oficiales de su Estado Mayor.

El Empecinado desabotonó su uniforme y mostró su pecho diciendo :

— El general en jefe no tiene camisa.

45 — Usted no tiene camisa porque no quiere — contestó el Manco —. Porque se la dió* usted a un pobre viejo en el camino. Y además porque es usted un sucio y le gusta ir así.

— ¿Usted quiere dinero, don Saturnino? — dijo el Empecinado —. Pues yo no lo tengo, y no puedo pagar a mis oficiales. 50 Usted lo sabe.

— Pero, mi querido general — contestó el Manco —, mientras usted va sin camisa y yo con los pantalones rotos, hay aquí gente en nuestro ejército que se ríe de nosotros,

---

3. Se oyen...humor, *some ill-humored voices (words) are heard.* — *Note the use of the reflexive substitute for the passive.*
4. salimos...de, *get out of.*

y nos llaman tontos. Terminará la guerra, y seremos héroes, y hablarán de nosotros en los libros de Historia, y tendremos* que contentarnos con comer el papel de esos libros.   55

— Querido don Saturnino. Estoy acostumbrado a su mal humor y le perdono sus palabras.

— Bueno, no hablemos más, porque voy a perder la paciencia.   60

— Usted no va a perder la paciencia ni nada — dijo el Empecinado mirando a su general con gran severidad —. Usted me va a obedecer como siempre, y nada más. ¡Buenas noches!

— Buenas noches — contestó el Manco secamente.   65

Pocos momentos después, en otra casa del pueblo, ocurría la siguiente escena entre el coronel don Saturnino y otro oficial guerrillero, el coronel Trijueque, jefe de la caballería.

Éste era un hombre de unos cincuenta años, gigantesco, de piel muy morena, y ojos fieros. Estaba furioso.   70

Se paseaba por la habitación, sin decir palabra.

Don Saturnino, sentado, miraba a Trijueque, como si quisiera[5] decirle algo, pero tampoco hablaba palabra. Por fin, don Saturnino dijo :

— Esto no puede seguir así.   75

— ¡No, y no, y no! — contestó Trijueque —. El general

5. como si quisiera, *as if he wanted (might want).*

no puede tratarnos como a chicos de escuela. Yo estoy decidido a marcharme a otro ejército.

— Supongo — dijo don Saturnino —, que usted tendrá*
80 las mismas quejas que yo.

— ¿Qué quejas?

— ¿No necesita usted dinero?

— Yo, mi querido don Saturnino, no busco dinero. No lo tengo, ni lo he tenido nunca, ni lo quiero. Lo que pido* es
85 sangre.

Don Saturnino miraba a Trijueque sin comprender.

— Don Juan Martín y su segundo,[6] don Vicente Sardina, no quieren que fusilemos a nadie, y así vamos a perder la guerra, y usted y yo tendremos que ir a besarle los zapatos
90 al hermano de Napoleón. Don Martín no tiene fuerza de carácter y no quiero ser oficial suyo. Me voy a otro ejército.

En esto, se oyeron* algunas órdenes. Los dos guerrilleros bajaron a la calle.

A los pocos momentos[7] la segunda columna se ponía en
95 marcha. Entraban ahora en el terreno montañoso de Aragón, y se dirigían hacia Borja, pueblo donde estaban encerrados los franceses.

La primera columna, mandada por Juan Martín, salió poco después en dirección opuesta.

100 El general guerrillero don Vicente Sardina, jefe de la segunda columna, era todo lo contrario de lo que indicaba su nombre. Era muy grueso. Y también muy pacífico. Parecía un buey. Siempre estaba de buen humor.

Al anochecer, don Vicente mandó hacer alto.[8] El general
105 y sus oficiales entraron en una venta. Se sentaron a una mesa, y se pusieron a comer[9] las provisiones que les habían dado algunos campesinos aragoneses.

Don Vicente se reía de todo : de los franceses, de los guerrilleros, de la comida que era muy pobre.

6. segundo, *second in command.*
7. A los pocos momentos, *After a few moments.*
8. mandó hacer alto, *gave the order to halt.*
9. se pusieron a comer, *they began to eat.*

Trijueque, de pronto, dió* un gran golpe en la mesa, 110
haciendo saltar los platos. Y dijo :

— Veo que quieren humillarnos.

— ¿Cómo es eso? — preguntó don Vicente.

— Esta columna debía ir a la vanguardia, para atacar a
los franceses, y en cambio, nos han puesto* a retaguardia 115
donde no podemos hacer nada. Si yo fuera usted, si yo fuera
el jefe de la columna, no lo toleraría.

— Querido Trijueque — dijo don Vicente con bondad —,
no siempre podemos ir a la vanguardia. Además, esto sirve
de descanso. 120

— ¿Descanso? — rugió Trijueque. Como Juan Martín y
usted son ya generales, no quieren ustedes que nosotros los
pobres guerrilleros hagamos nada importante. Toda la fama
para ustedes. ¡Para nosotros, nada!

Don Vicente se puso serio. 125

— Trijueque, usted se cree humillado y ofendido. Bueno,
la puerta está abierta. No quiero gente descontenta.

— Sí, me marcharé, me marcharé — dijo Trijueque, temblando de furia —. Eso es lo que quieren ustedes.

— ¿Y usted, qué es lo que quiere? — dijo don Vicente 130
con calma —. No quisiera yo morirme sin verle a usted
satisfecho siquiera un momento.

— No quiero nada — contestó Trijueque dando otro golpe
en la mesa. Y salió de la habitación.

La columna se puso* en marcha. Los caballos iban al paso[10] 135
en la oscuridad de la noche. Don Vicente hablaba con el
ayudante que iba a su lado.

— Dios ha puesto* en Trijueque grandes cualidades y
grandes defectos. Es el hombre más valiente y el mejor estratégico de nuestro ejército. Pero la envidia no le deja vivir. 140
Su orgullo y su envidia son colosales, lo mismo que su cuerpo
y su alma.

— Estos ejércitos — dijo el ayudante —, formados, no por

10. iban al paso, *went at a slow gait.*

disciplina militar, sino por toda clase de pasiones e intereses,
145 no pueden durar mucho tiempo.

— Es verdad — dijo don Vicente —. Aquí estamos hombres
de todos tipos, cada uno con su propia idea y su propio temperamento. A mí no me gusta la guerra y estoy deseando que
se termine. ¿Por qué estoy yo aquí? Porque un día de mayo
150 de 1808 las tropas de Napoleón entraron en mi pueblo y
mataron a mi familia. Juan Martín y yo salimos juntos, y
los dos hemos organizado este gran ejército de guerrilleros
que tenemos ahora. Ni Juan Martín ni yo queremos riquezas
ni fama. Hemos peleado con los franceses, los hemos vencido
155 mil veces, y continuaremos peleando contra ellos hasta que haya
paz[11] en España y podamos volver a trabajar en nuestros campos.
Yo era hombre rico, propietario de tierras, hombre pacífico.

Don Vicente dejó de hablar.[12] Todos los hombres iban en
silencio. Se oían las herraduras de los caballos en el camino
160 lleno de piedras.

Unos días más tarde, don Juan Martín reorganizó el personal de su ejército. Quiso* contentar a sus oficiales, especial-
mente al coronel Trijueque, quien a causa de su genio táctico
y estratégico en realidad necesitaba un mando independiente.
165 Trijueque recibió el mando de la segunda columna que
antes mandaba don Vicente. Éste fué nombrado jefe del
Estado Mayor. Don Saturnino el Manco recibió el mando
de una división especial.

Juan Martín había ordenado a don Saturnino y a Trijueque
170 la captura de Borja, mientras él, con sus fuerzas, guardaba
los caminos para impedir que los franceses enviaran refuerzos.

Cuando menos lo esperaba, Juan Martín fué sorprendido
por la caballería polaca, y estuvo a punto de perecer. Su
serenidad y su astucia le salvaron.
175 Juan Martín, en vez de pelear a la defensiva, dió la orden
de atacar, haciendo creer al enemigo[13] que tenía fuerzas
superiores.

---

11. hasta que haya paz, *until there is peace.*
12. dejó de hablar, *ceased speaking.*
13. haciendo creer al enemigo, *making the enemy think.*

Cuando los restos de la caballería polaca se retiraron del combate, Juan Martín, furioso, llamó a don Vicente.

— ¡Vicente! Trijueque tiene la culpa de esto.   180

— Seguramente Trijueque no vió a los polacos y les dejó pasar — dijo don Vicente, tratando de disculpar a su antiguo segundo.

— Trijueque ha visto* a los polacos y les ha dejado pasar. Lo que él esperaba es que me derrotaran en esta acción.   185 ¡Maldito envidioso!

En este momento llegó un correo con importantes despachos. Trijueque y el Manco habían combatido con una columna francesa y habían logrado una gran victoria. Juan Martín se sonrió.*   190

— Bueno, que ganen batallas[14] — dijo con satisfacción —, pero que no me cambien mis planes.[15] Yo sé lo que hago.* Esos dos guerrilleros merecen al mismo tiempo el grado de general y cincuenta palos[16] por su desobediencia. Vamos a verlos. A ver[17] qué victoria es ésa. ¡En marcha!   195

Después de varias horas llegaron al pueblo. Algunas casas estaban ardiendo.

Se oyó una fuerte detonación. La gente rodeaba el caballo de Juan Martín, pidiendo* justicia.

Sonó otra detonación.   200

— Trijueque está cometiendo atrocidades — dijo Juan Martín.

Entró en el Ayuntamiento y mandó llamar a los dos jefes, El Manco y Trijueque. Éste se presentó al momento. Parecía un demonio, con la cara toda negra de pólvora.   205

— ¡He derrotado a todo un regimiento francés!

Se reía mostrando sus dientes de caballo.

— ¡He capturado cuatrocientos prisioneros! ¿Para qué queremos prisioneros? ¡Pum, pum![18] ¡Matarlos a todos!

---

14. que ganen batallas, *let them win battles.*
15. pero...planes, *but I won't have them changing my plans.*
16. merecen...palos, *deserve at the same time the rank of general and fifty lashes.*
17. a ver, *let's see.*
18. ¡Pum, pum!, *Bang, bang!*

210   — Me alegro de la victoria — dijo don Juan con calma —; pero ¿por qué no fué usted a capturar a Borja, como le mandé?

— ¡Ah, ya sabía yo que usted no aprobaría mi acción! No fuí a capturar a Borja, porque eso era un plan ridículo.

— ¿Ridículo mi plan? — rugió Juan Martín — Trijueque, 215 de mí no se ríe* nadie y menos un animal como usted, que me debe todo lo que es y lo que sabe.

— Juan Martín, mándeme usted fusilar[19] porque he ganado una gran batalla. No temo la muerte, ni cien muertes. Le he desobedecido porque mi plan estratégico era mejor. ¡Fusíleme!

220   — ¡Silencio! — exclamó don Juan, empezando a perder su calma —. Yo no fusilo sino a los cobardes.[20] A usted, si no obedece como debe, le daré un par de puñetazos en esa cara de caballo. Aquí no da órdenes nadie más que yo. ¿Comprende usted? ¡Vaya* a su puesto!

225   Trijueque salió de la habitación. Don Juan Martín se paseaba de un lado para otro.

Entró un campesino viejo y alto, y se acercó al general.

— ¡Juanillo! ¿No me conoces?

— ¡No! ¿Quién es usted?

230   — ¿No recuerdas a Garrapinos, el que llevaba a los monos y los polichinelas por las ferias de los pueblos?

— ¡Tío Garrapinos! Sí; me acuerdo. Cuando yo era niño y le veía a usted dando funciones en la feria, le tenía por[21] el hombre más importante de España, después del rey. Sién-235 tese* usted y coma algo con nosotros.

— No quiero comer — dijo el campesino con dignidad —. Lo que quiero es que me devuelvan el dinero que me han robado tus oficiales.

— ¿Quién ha sido el ladrón?

240   — El ladrón ha sido ése — dijo el viejo, señalando a don Saturnino, que estaba a la puerta —. Ese que no tiene más que una mano.

---

19. mándeme usted fusilar, *have me shot.*
20. Yo...cobardes, *I don't shoot anyone but cowards.*
21. le tenía por, *I considered you.*

— Garrapinos — dijo Juan Martín —. Ese señor es coronel, y uno de los más valientes guerrilleros de España.

— ¡Que me devuelva mis treinta y cuatro duros! Si no, le mato como a un perro. Aunque tengas que fusilarme[22] después.

— Bueno, yo le daré a usted los treinta y cuatro duros de mi dinero.

Juan Martín metió la mano en el bolsillo y sacó... una peseta.

— Yo creía que tenía más — dijo — ¡Don Vicente! ¡Don Vicente! Pague* usted a este hombre treinta y cuatro duros.

Don Vicente, jefe del Estado Mayor, y tesorero, sacó unas monedas de oro y se las dió a Garrapinos.

— Gracias, Juanillo Martín. Ya sabía yo que eras un caballero. Adiós.

Empezaba a anochecer. Un soldado trajo* luces. Juan Martín y don Vicente quedaron solos en la habitación.

— ¡Don Saturnino! — gritó Juan Martín —. Entre usted.

Don Saturnino tenía la cara roja, congestionada, a causa de la comida y la bebida. En sus ojos brillaba un punto de luz.

— Déme usted el dinero — dijo Juan Martín.

— ¿Qué dinero? — preguntó don Saturnino, haciendo un esfuerzo por mantenerse despierto.

— El dinero que han tomado ustedes de los campesinos.

Don Saturnino, sin contestar, fué hacia un banco que estaba contra la pared, y se dispuso a echarse[23] a dormir.

— Llame usted a Trijueque — dijo Juan Martín a don Vicente.

Trijueque entró.

— Ya sé lo que quiere usted — dijo el gigante — ¡Dinero! Trijueque no tiene nada. Aquí tiene usted mi reloj. Se lo doy.

— ¡Trijueque! ¿Tiene usted el dinero, sí o no?

— Usted sabe que Trijueque no tiene nunca nada. En cuanto

245

250

255

260

265

270

275

---

22. Aunque...fusilarme, *Although you may have to shoot me.*
23. se dispuso a echarse, *he got ready to lie down.*

recibo[24] mi paga se la doy* a mis soldados o a cualquiera que necesite algo.[25] Trijueque no es un ladrón. Trijueque desprecia el dinero.

280 Y salió sin decir más.

— Trijueque y yo tendremos que reñir para siempre algún día — dijo Juan Martín con tristeza —. Es un hombre honrado. Envidioso, pero honrado.

Juan Martín fué hacia el banco en que dormía don Satur-
285 nino.

— Don Saturnino, déme usted el dinero.

— ¡Ah, el dinero! Olvidaba que tenía aquí mil reales.

Se levantó y puso* unas monedas de oro y de plata sobre la mesa.

290 — Usted tiene más.

— El Gobierno me debe dieciocho pagas.[26]

— Don Saturnino, recuerde* usted aquella vez que no quiso* obedecerme. De un puñetazo le tiré a usted al suelo.[27]

— Yo siempre he respetado a usted. Hoy, mi general no
295 tiene confianza en mí. Bueno; yo le digo* a mi general que me mande fusilar al instante, porque no quiero dar el dinero que efectivamente tengo aquí.[28] Además, me marcho de este ejército. No quiero servir más con usted.

— Usted dará el dinero, y no se marchará de mi ejército.

300 — ¿Cómo puede ser eso, si no quiero yo?

Juan Martín avanzó hacia su subalterno. Don Saturnino llevó la mano al sable, pero recordó que se lo había quitado para dormir.

— ¿Necesita usted un sable? Tome el mío —.

305 Y lo arrojó a los pies del guerrillero, diciendo :

— Defiéndase usted porque le voy a atar como a un ladrón. Está usted arrestado.

---

24. En cuanto recibo, *As soon as I receive.*
25. a cualquiera...algo, *to anyone who needs anything.*
26. pagas, *payments.*
27. De un puñetazo...suelo, *With a single blow I knocked you to the ground.*
28. el dinero...aquí, *the money that in fact I have here with me.*

— Mándeme usted fusilar, y si quiere el dinero, lo encontrarán en mi cadáver.

Juan Martín, con extraordinaria rapidez, agarró la mano derecha del guerrillero y le tiró al suelo. 310

— ¡De rodillas delante del Empecinado! ¡De rodillas!

El Manco clavó sus dientes[29] en la mano que le sujetaba.

— ¡Me muerde* este perro!

El Manco se levantó rápidamente y corrió a la ventana. 315

— ¡Soldados! ¡Socorro!

Entonces, volvió al centro de la habitación, mirando a su alrededor con calma y alegría.

Juan Martín, cuya mano estaba manchada de sangre, agarró su sable. 320

Entraron don Vicente y algunos oficiales. El Manco seguía gritando :

— ¡Subid, muchachos!

Se oyó un gran ruido en la escalera. Juan Martín dijo con voz terrible : 325

— ¡Dejadlos entrar!

Algunos hombres aparecieron en la puerta, gritando :

— ¡Viva don Saturnino el Manco!

Dos hombres se lanzaron contra Juan Martín. Éste levantó el sable y les atacó con enorme energía. Los dos soldados 330 cayeron muertos, con la cabeza rota.

Juan Martín bajó la escalera, dando sablazos a derecha e izquierda. Algunos oficiales bajaron tras él.

La tropa gritó :

— ¡Viva el Empecinado! 335

Juan Martín llamó a un offcial.

— Hay que[30] decimar a los rebeldes. Dé usted las órdenes.

Juan Martín y don Vicente volvieron a la sala del Ayuntamiento. Había mucha gente.

Don Saturnino trataba de parecer sereno. Se oyó una 340 descarga.

---

29. clavó sus dientes, *sank his teeth.*
30. Hay que, *It is necessary.*

Don Saturnino exclamó :

— ¡Adiós, amigos míos! ¡Adiós, mis valientes!

Luego, quitándose la faja en la que llevaba el dinero, la
345 tiró en mitad de la sala.

— ¡Ahí está el dinero! — dijo —. Desnudo y pobre entré
en la guerrilla, y pobre y desnudo salgo para el otro mundo.

Se oyó otra descarga. Don Saturnino añadió :

— Que no maten más gente. Yo tengo la culpa de todo.
350 Vamos. Fusílenme ustedes.

Y dió algunos pasos hacia la puerta.

En este momento, el Empecinado gritó :

— ¡Fuera todo el mundo![31] Usted, don Vicente, quédese
un momento.

355 Cuando se quedaron solos, Juan Martín dijo a su jefe de
Estado Mayor :

— Que no fusilen más gente. Dé usted la orden.

Don Vicente salió.

Juan Martín y el Manco estaban cara a cara, mirándose
360 fijamente.

— Don Saturnino — dijo el Empecinado —, le perdono
a usted.

— Eso — contestó el Manco —, parece generosidad, pero
no lo es.[32]
365 — ¿ Pues, qué es?

— Miedo. Usted no se atreve a fusilarme porque mis soldados
no lo tolerarían.

— Bueno, insúlteme usted. El Empecinado no retira su
palabra. Si quiere usted continuar en mi ejército, déme una
370 satisfacción delante de todos. Si no...

— Don Saturnino el Manco no da satisfacciones a nadie.
Me voy. Usted y yo juntos hemos hecho grandes cosas. De
usted hablará la Historia, de mí, no. Le regalo a mi general
toda mi gloria. ¡Adiós!

---

31. ¡Fuera todo el mundo!, *Everybody out!*
32. pero no lo es, *but it isn't (that).*

Era a principios de diciembre de 1811. Don Saturnino y 375
Trijueque se habían pasado[33] a los franceses.

El Empecinado volvió a sus planes anteriores, la captura
de Borja, y la persecución[34] de los franceses por las montañas
de Guadalajara.

El tiempo era tan malo que la tarde parecía noche, y la 380
noche llegó horriblemente fría y oscura.

Estaba nevando. Los hombres y los caballos se hundían
en la nieve hasta las rodillas. Los caballos resbalaban al borde
de los precipicios.

Juan Martín había recibido la noticia de que los dos 385
guerrilleros renegados estaban con las tropas francesas que
ocupaban Sigüenza.

El Empecinado iba en busca de ellos, para capturarlos.

El héroe había abandonado las riendas de su caballo, que
marchaba cuidadosamente por la oscuridad. El Empecinado 390
decía para sí :[35]

— ¡Pasarse al enemigo! Tenemos que prepararnos para la
acción más terrible de esta guerra. Esta noche los tengo en
mi poder.

El ejército se detuvo* en una pequeña llanura. A la derecha 395
se levantaban altas montañas; a la izquierda, el terreno
descendía rápidamente hasta un barranco cuya profundidad
no podía distinguirse.

El frío era intensísimo. Los hombres temblaban. Un soldado
se acercó a Juan Martín, diciendo* : 400

— En esas montañas hay gente escondida.

— No es posible — dijo don Vicente Sardina, que estaba
al lado del general en jefe —. No hay nadie capaz de subir
a esas montañas en esta oscuridad, con esta nieve, y con este
frío. 405

Sí — dijo Juan Martín —, hay alguien capaz de eso :
Trijueque. Ahí arriba está. Esto es lo que ha aprendido de

33. se habían pasado, *had gone over.*
34. persecución, *pursuit.*
35. decía para sí, *said to himself.*

mí. Es buen discípulo. Ahora él hace mi papel,[36] y nosotros hacemos el papel de los franceses.

410 — Pero ¿cómo podía saber que íbamos a pasar por aquí? — dijo don Vicente.

— Lo ha adivinado. Lo mismo que yo adivino[37] estas cosas. Un grupo de tropas enemigas les impedían pasar. Eran españoles. Se oían sus voces.

415 — ¡Adelante! — gritó Juan Martín, lanzando su caballo sobre los grupos que habían bajado de las montañas.

De pronto, unos soldados gritaron a Juan Martín :

— ¡Los franceses! ¡Están delante de nosotros! ¡Vienen por la llanura!

420 — ¡Ah, traidor Trijueque! ¡Me has cogido en una trampa! — gritó Juan Martín —. ¿Son muchos los franceses?

— ¡No vemos nada! — dijo una voz.

— ¡Son muchísimos! — dijo otra.

Sobre la blancura de la nieve se distinguían[38] enormes masas 425 de tropas enemigas.

— ¡Morir antes que retirarnos![39] — gritó Juan Martín.

Los franceses se habían lanzado sobre los guerrilleros. Caían muchos hombres muertos, heridos.

El Empecinado, abandonando su caballo, se lanzó sable 430 en mano al combate. La idea de que el General cayera[40] prisionero daba a sus soldados una valentía sobrehumana.

Se oyó la voz de don Vicente, gritando :

— ¡Juan, retírate! No debes caer prisionero. Tienes que salvarte.

435 — ¡Venid, traidores! ¡Coged al Empecinado! — gritaba Juan Martín.

Y diciendo esto, se precipitó por el barranco abajo, hundiéndose en aquel negro abismo.

Terminó el combate con la victoria de los franceses.

36. Ahora él hace mi papel, *Now he is playing my role.*
37. Lo mismo que yo adivino, *Just as I guess.*
38. se distinguían, *could be distinguished.*
39. ¡Morir antes que retirarnos!, *Die rather than retreat!*
40. cayera, *might fall.*

Durante los días siguientes los prisioneros españoles fueron* 440
distribuídos por varios pueblos.

Trijueque se llevó a los suyos a un pueblo cerca de Sigüenza.
Entre ellos iba el capitán Gabriel Araceli, oficial del Ejército
regular, que peleaba con las tropas del Empecinado.

Encerraron al capitán en una habitación oscura y desierta. 445
A los pocos minutos, vencido por la fatiga, el capitán dormía.

Una figura gigantesca entró en la habitación. La puerta
quedó abierta.

— Araceli — dijo una voz ronca —. ¿Duerme usted?
¡Despierte! 450

El capitán abrió los ojos y vió la gigantesca figura.

— Ah ¿es usted, Trijueque? ¿Viene usted a convertirme?

— Estoy cansado de esta canalla.

— ¿Qué canalla?

— Los franceses. 455

— No hable usted mal de sus amigos.

— No son mis amigos. ¿Qué cree usted que hizo el General
Gui esta mañana? Me mandó⁴¹ una bolsa llena de oro.
¡Oro! ¿Qué tengo yo que ver con el oro?⁴² ¡Lo que yo quiero
son fuerzas que mandar, divisiones con las que dar grandes 460
batallas, y poner en el trono a un rey español o a un rey
francés...! ¡Lo mismo me da!⁴³

— He oído que a los franceses no les gustan los traidores.

— Dígame usted, Araceli, ¿qué piensan de mí en las
guerrillas? 465

— Hablan de usted con tanto desprecio que si yo fuera
usted me moriría de vergüenza.

— Y Juan Martín, ¿qué dice?

— ¿Qué va a decir el hombre a quien usted quiso* matar?

— ¡No, matarle, no! 470

— O coger prisionero.

— Juan Martín nos trataba muy mal. El general Gui me

---

41. Me mandó, *He sent me.*
42. ¿Qué tengo...oro?, *What have I to do with money?*
43. ¡Lo mismo me da!, *It's all the same to me!*

escribió una carta llamándome el primer estratégico del siglo,
y diciéndome que Napoleón y su hermano el rey José querían

475 conocerme.

Araceli se echó a reír.[44]

— Si los franceses me desprecian, que me desprecien.[45] Si
quieren matarme, que me maten. Trijueque no se arrepiente.
Lo que hice,* hecho está.[46]

480 Trijueque miró al capitán un largo rato, le tomó la mano
y se la estrechó, diciendo :

— Araceli, le tengo a usted envidia.[47]

— Lo comprendo. A pesar de mi situación no me cambiaría
por usted.

485 — Desde anoche — decía el gigante, hablando con dificultad —, no sé qué me pasa... No puedo vivir... Araceli,
¿qué me aconseja usted?

— ¿Quiere usted curarse? Pues abandone usted a los franceses.
Busque a Juan Martín, si todavía está vivo, y pídale perdón.

490 ¡Eso, jamás! Juan Martín me ha humillado. No quería
que yo fuera general como él. Y yo tengo alma y genio militar
para mandar todos los ejércitos de Napoleón!

Y luego añadió con rabia :

— ¡Darme una bolsa llena de oro!

495 Trijueque respiraba fuertemente. Sus ojos revelaban fiebre.

— Me voy — dijo —. Quiero pasear por el campo... Pensaré
lo que debo hacer...

Luego, bruscamente, añadió :

— ¿Quiere usted pedirme algún favor?

500 — Sí — contestó Araceli — le agradecería que me enviara
papel y lápiz para escribir.

— ¿Va usted a escribir algún despacho? Lo prohibo.

— No. Es sólo una carta a mi novia.

— Bueno. Se los enviaré con uno de mis hombres. Adiós,

505 Araceli.

44. se echó a reír, *started to laugh.*
45. que me desprecien, *let them despise me.*
46. Lo que hice, hecho está, *What I did is done.*
47. le tengo a usted envidia, *I envy you.*

El capitán no contestó. Al poco tiempo escribía el sobre :
Excelentísima Señora[48] Condesa Amaranta, calle de Alcalá,
Madrid. Para entregar a su hija doña Inés.

Y comenzó la carta : Mi adorada Inés...

Amanecía. Contra el cielo blanco del día de invierno, se 510
distinguía ya la línea de las montañas.

Se oyó un disparo.

— ¿Qué es eso? — dijo una voz en francés.

— No es nada — contestó otra.

En el mismo instante sonó un toque de corneta, llamando 515
a las armas.

— ¡Los guerrilleros! ¡Los guerrilleros!

Las tropas de Juan Martín bajaban rápidamente por las
montañas, y atacaban el pueblo con gran furia.

Las guerrillas no necesitan, como los ejércitos regulares, 520
complicadas operaciones para organizarse. Se disuelven cuando
son derrotadas, y vuelven a organizarse instantáneamente, si-
guiendo instintos misteriosos.

Los franceses se defendían bien, pero el avance de los
guerrilleros era imposible de contener. 525

Un hombre bajaba precipitadamente de las habitaciones
altas de una casa.

— ¡Compañeros! ¡Dadme un sable! ¡Quiero ayudaros!

Era el capitán Araceli que corría hacia un grupo de
guerrilleros a caballo. 530

Al frente venía El Empecinado. Manejaba el sable con el
brazo izquierdo. El derecho lo traía en cabestrillo.[49]

Apareció don Vicente Sardina con algunos guerrilleros.

— Le hemos cogido, Juan — dijo jovialmente —. Hemos
cogido a la pobre bestia. 535

Traían a Trijueque con las manos atadas a la espalda. Su
aspecto era horrible. Estaba muy delgado y parecía aun más
alto. Su cara estaba desfigurada por la contracción de sus
enérgicas facciones.[50] Tenía una mirada feroz y delirante.

48. Excelentísima Señora, *Her Excellency.*
49. El derecho...cabestrillo, *His right arm was in a sling.*
50. enérgicas facciones, *strong features.*

540 — ¡Ya estás otra vez delante de mí, perro! — exclamó Juan Martín —. Dime : ¿qué debo hacer contigo?

— Fusilarme — contestó el gigante con voz fiera.

— ¡Pídeme perdón! — rugió el Empecinado.

— ¡Yo! Lo que hice, hecho está.

545 — Trijueque — dijo gravemente Juan Martín —. Eres un desgraciado.[51] Te tengo compasión. Te dejo libre. Márchate a tu pueblo, y vive en paz.

Luego, dirigiéndose a sus soldados, Juan Martín dijo :

— ¡Desatadle y que se vaya![52]

550 — Juan Martín — gritó Trijueque —, no mandes desatar a Trijueque porque te destrozaré con mis manos.

— ¡Desatadle! — repitió Juan Martín.

Trijueque quedó libre.

— Vete a tu pueblo — dijo Juan Martín, con tristeza —.
555 Arrodíllate en la iglesia, y pídele a Dios que te perdone, como te perdono yo.

Trijueque estaba horrible, todo tembloroso. Sin decir palabra se alejó del grupo.

Le vieron caminar rápidamente montaña arriba.

560 — ¡En marcha! — ordenó Juan Martín.

Los guerrilleros, en varias columnas, comenzaron a subir por las montañas.

Al cabo de algunos momentos, Juan Martín detuvo* su caballo. Hacia la derecha, se veía, colgada de un árbol, una
565 gigantesca figura negra que se balanceaba en el viento.

Juan Martín hizo la señal de la cruz, levantando su brazo roto. Muchos de los guerrilleros, en voz baja, rezaban un padrenuestro.

---

51. Eres un desgraciado, *You are a wretched man.*
52. ¡Desatadle y que se vaya!, *Untie him and let him go!*

CUESTIONARIO

1. ¿Quién era Juan Martín?
2. ¿Cuántos años tenía Juan Martín?
3. ¿Quién es don Saturnino el Manco?
4. ¿Pelean los guerrilleros por dinero?
5. ¿Por qué no tiene camisa Juan Martín?
6. ¿Cuántos años tenía don Saturnino?
7. ¿Quién es Trijueque?
8. ¿Cuántos años tenía Trijueque?
9. ¿Necesita Trijueque dinero?
10. ¿Quién era don Vicente Sardina?
11. ¿Era grueso o delgado?
12. ¿Qué quiere Trijueque?
13. ¿Qué grandes cualidades tiene Trijueque?
14. ¿Qué grandes defectos tiene Trijueque?
15. ¿Por qué está don Vicente en la guerra?
16. ¿Era don Vicente un hombre rico o pobre?
17. ¿Qué mando recibió Trijueque?
18. ¿Qué fué nombrado don Vicente?
19. ¿Qué mando recibió don Saturnino?
20. ¿Qué había ordenado Juan Martín?
21. ¿Quién ha sorprendido a Juan Martín?
22. ¿Qué habían logrado Trijueque y el Manco?
23. ¿Qué merecen los dos guerrilleros?
24. ¿A quiénes mandó llamar Juan Martín?
25. ¿Por qué no fué Trijueque a capturar Borja?
26. ¿Qué debe Trijueque a Juan Martín?
27. ¿Quién entró en la habitación?
28. ¿Quién es este campesino?
29. ¿Qué quiere el campesino?
30. ¿Quién ha sido el ladrón?
31. ¿Cuánto dinero tenía Juan Martín en el bolsillo?
32. ¿Qué pide Juan Martín a don Saturnino?

33. ¿Tiene Trijueque el dinero?
34. ¿Tiene don Saturnino el dinero?
35. ¿Qué arrojó Juan Martín a los pies del guerrillero?
36. ¿Qué gritó el Manco?
37. ¿Qué dijo Juan Martín con voz terrible?
38. ¿Quiénes aparecieron en la puerta?
39. ¿Qué hicieron dos hombres?
40. ¿Qué hizo Juan Martín?
41. ¿Quiénes estaban cara a cara?
42. ¿Qué satisfacción pide Juan Martín?
43. ¿Qué contesta don Saturnino?
44. ¿A quiénes se habían pasado don Saturnino y Trijueque?
45. ¿Cómo era el tiempo?
46. ¿Quiénes ocupaban Sigüenza?
47. ¿Dónde se detuvo el ejército?
48. ¿Qué papel hace ahora Trijueque?
49. ¿Qué papel hace ahora Juan Martín?
50. ¿Quiénes vienen por la llanura?
51. ¿Son muchos los franceses?
52. ¿Qué gritaba don Vicente?
53. ¿Por dónde se precipitó Juan Martín?
54. ¿Cómo terminó el combate?
55. ¿Quién era Gabriel Araceli?
56. ¿Dónde encerraron al capitán Araceli?
57. ¿Quién entró en la habitación?
58. ¿Qué quiere Trijueque?
59. ¿Qué escribió el general francés a Trijueque?
60. ¿Qué aconseja Araceli a Trijueque?
61. ¿A quién escribe el capitán Araceli?
62. ¿Quiénes bajaban rápidamente por las montañas?
63. ¿A quién han cogido los guerrilleros?
64. ¿Por dónde camina rápidamente Trijueque?

La batalla de los Arapiles

BENITO PÉREZ GALDÓS

En el verano de 1812, los dos grandes ejércitos, el francés
y el aliado, estaban frente a frente, cerca de Salamanca. El
primero, mandado por el mariscal Marmont, constaba de[1]
45,000 hombres, duros veteranos de las campañas napoleónicas.
El segundo, mandado por lord Wellington, constaba de   5
35,000 hombres entre las fuerzas británicas, españolas y portu-
guesas.

Wellington y Marmont se observaban y se estudiaban mutuamente, buscando el sitio y el momento oportuno para dar
una batalla decisiva.   10

Durante varios días, los dos ejércitos habían estado a la
vista el uno del otro, aunque a gran distancia y separados
por el río Tormes.

El cuartel general aliado estaba alojado en el pueblo de·
Fuente Aguinaldo.   15

Era la noche del 21 de junio. En la sala del Ayuntamiento,
rodeado de sus oficiales de Estado Mayor, Wellington estudiaba
unos mapas.

Arturo Wellesley, lord vizconde de Wellington, duque de
Talavera, duque de Ciudad Rodrigo, grande de España[2] y   20
par de Inglaterra, era un hombre de cuarenta y cinco años,

---

1. constaba de, *consisted of.*
2. grande de España, *grandee of Spain (nobleman of the highest rank).*

de cara roja, nariz larga, y ojos grandes, azules, de mirada fría. Su voz era sonora y tranquila. Toda su persona producía una impresión de voluntad inflexible y poder calculador.

25 Wellington se dirigía al Conde de España, jefe de la división española, preguntándole :

— ¿ Ha pedido usted un oficial voluntario para entrar en Salamanca ?

— Sí, mi general. Estará aquí en un momento.

30 Al decir esto, un oficial español apareció en la puerta de la sala. Era el comandante Araceli.

— Acérquese usted — dijo lord Wellington —. ¿ Sabe usted dibujar un plano ?

— Sí, mi general.

35 — ¿ Dónde ha estudiado usted, comandante Araceli ?

— No he estudiado en ninguna escuela militar. Sólo tengo la experiencia de la guerra.

— ¿ Dónde comenzó usted su carrera ?

— En Trafalgar.

40 Cuando esta histórica palabra sonó en el silencio de la habitación todas las miradas se dirigieron hacia el comandante Araceli.

— ¿ Qué edad tiene usted ? — preguntó Wellington, después de una pausa.

45 — Veintiún años, mi general.

— ¿ Cuándo empezó usted a servir en la campaña contra los franceses ?

— El 2 de mayo de 1808. Los franceses me fusilaron en Madrid, pero me salvé milagrosamente.

50 — ¿ En qué otras acciones ha tomado usted parte ?

— En la batalla de Bailén. En el sitio de Zaragoza. En las guerrillas del Empecinado.

— ¿ También ha sido usted guerrillero ? — dijo lord Wellington sonriendo —. Veo que ha ganado usted bien su grado.

55 Puede usted ir a Salamanca, si así lo desea.

Y después de reflexionar unos momentos, añadió :

— Tiene usted que hacer lo siguiente : Irá usted a Salamanca, disfrazado de campesino. Pasará usted por entre las

tropas del mariscal Marmont que vigilan los caminos. Hará*
usted un plano de las fortificaciones, contará usted el número
de las piezas de artillería. Notará usted absolutamente todos
los detalles. Es posible que le fusilen a usted por espía. Pero
los valientes tienen suerte.[3]

— Comprendo, mi general — dijo Araceli con firme determinación. Espero contentar a Su Excelencia. ¿ Cuándo debo
partir?

— Mañana temprano. Pasado mañana[4] por la noche podrá*
usted entrar en la ciudad. Hoy es martes. El viernes a las
doce de la noche se presentará usted ante mí con sus informa-
ciones. El cuartel general estará en Bernuy.

— Comprendo, mi general. El viernes a las doce de la noche,
estaré en presencia de mi general.

— Nada más, comandante Araceli.

Y añadió lentamente :

— Adoro la puntualidad. La considero la base del éxito
en la guerra.

Araceli saludó y salió del cuartel general.

Al volver a su posada, Araceli subió a su habitación, y se
acostó. Su excitación era tan grande que le fué imposible
descansar. Se levantó, volvió a vestirse y salió a la galería.

3. los valientes tienen suerte, *brave men have good luck.*
4. Pasado mañana, *The day after tomorrow.*

Era una noche clara de verano. El pueblo estaba en silencio.
Más allá[5] se veía el campo, con sus pinares oscuros.

Araceli notó que había otra persona en la galería, también
gozando de la suavidad de la noche.

85 Esta persona venía hacia él. Era una muchacha, sin duda
inglesa, alta, esbelta, rubia. Tendría unos veintidós o veintitrés
años.[6] Vestía traje de montar,[7] de color azul.

— ¿Comandante Araceli? — preguntó con un acento británico encantador.

90 — Sí, señora.

— No soy señora, sino señorita — dijo ella corrigiéndole —.
Me llamo Miss Fly, Athenais Fly. He venido a España en
viaje de estudios.[8] Estoy enamorada de este noble país.

— ¿Y viene usted en tiempo de guerra? Podría* ocurrirle
95 a usted cualquier cosa peligrosa o desagradable.

— Estoy bajo la protección de lord Wellington y de las
leyes británicas.

Araceli la miraba, contemplándola con gran admiración.
Su pelo dorado caía en rizos hasta sus hombros. Sus grandes
100 ojos azules revelaban un alma inquieta, exaltada, poética.
Araceli no había visto nunca una mujer tan interesante, tan
exquisita.

En contraste, la figura de su novia Inés pasó por su imagi-
nación. La veía, tan cerca de su corazón, morena, tranquila,
105 con sus grandes ojos negros...

Miss Fly interrumpió sus pensamientos, diciendo :

— La noche está hermosa... ¿pensabas salir?

Su conocimiento imperfecto del español le hacía emplear
la forma tú, dando así un aire íntimo y extraño a sus palabras.

110 — Sí, señorita. Si usted lo permite tendré* el honor de
acompañarla. Gozaremos del aroma de estos pinares.

---

5. Más allá, *Beyond.*
6. Tendría...años, *She must have been twenty-two or twenty-three years old.* —
   The conditional may be used to denote probability in the past.
7. Vestía traje de montar, *She was wearing a riding habit.*
8. en viaje de estudios, *for the purpose of study.*

Salieron como dos amigos que van de paseo[9]. La luz de la luna permitía ver claramente.

Miss Fly, mirando fijamente a Araceli, dijo :

— Eres valiente. Yo estaba en la sala cuando te presentaste ante lord Wellington. Oí la historia de tu vida.

Y, después de una pausa, preguntó bruscamente :

— ¿Y estás enamorado?

Araceli por un momento no supo* qué contestar. Luego dijo un poco desconcertado :

— Naturalmente.

— Veo que te sorprende mi modo de hablar — dijo ella —. Estás acostumbrado a hablar con muchachas prosaicas...

Araceli comprendió que la inglesa era una mujer muy imaginativa, y que tenía la cabeza llena de ideas literarias.

— Y tu dama — preguntó la inglesa —, ¿vive en un castillo o en un palacio? ¿Es noble como tú?

Araceli decidió expresarse también en el estilo poético que le gustaba a su bella amiga.

— Es noble, señora, y bellísima. Pero un triste destino la separa de mí. Ha desaparecido del mundo. Ha sido raptada por un maligno encantador. La busco y he de salvarla.

— ¿Y no sabes dónde está tu dama encantada?

— Sí. Está en Salamanca.

— ¡Pero Salamanca está en poder de los franceses!

— El hombre que la tiene cautiva es un español afrancesado.[10] Los franceses le protegen.

— ¡Ah! — exclamó ella —. ¡Por esto te has ofrecido de voluntario para entrar en la ciudad! ¿Y no temes los peligros que te esperan?

— Amo el peligro, señora. ¡Siempre he vivido así!

— ¿No tienes padre y madre?

— No, señora.

— ¿Ni hermanos?[11]

9. van de paseo, *go for a walk.*
10. un español afrancesado, *a French-sympathizing Spaniard.*
11. ¿Ni hermanos?, *Nor brothers and sisters?*

145 — Tampoco. Estoy solo en el mundo.

La elegante inglesa no dijo una palabra más. Continuaron paseando.

De pronto ella dijo :

— Volvamos a la posada. El olor de los pinares me molesta.

150 Durante los dos días siguientes, Araceli fué camino de la ciudad,[12] disfrazado de campesino. Iba montado en un burro. Llevaba fruta para vender a los franceses.

Después de varias horas de camino, durante las cuales fué detenido cinco veces por los soldados franceses, llegó a las 155 nueve de la noche a las puertas de Salamanca. Un centinela le detuvo, pidiéndole su carta de identificación.

— Aquí está — dijo Araceli —, entregándole un papel —. Miguel Pérez. Mi padre, Baltasar Pérez, viene todas las semanas con fruta. Hoy está enfermo.

160 El centinela le dejó pasar.

Las calles estaban llenas de hombres que trabajaban en las fortificaciones. Araceli encontró una posada, donde dejó el burro y volvió a salir, recorriendo calles y plazas, y observándolo todo.

165 Se detuvo delante de un convento. Estaban derribándolo, y construyendo* una plataforma giratoria para montar una pieza de artillería.

Dos sargentos franceses le estaban observando.

— Mira, Jean Jean — dijo uno de ellos en francés —. 170 Este muchacho no tiene pala con que trabajar. Es necesario darle una.

— Tienes razón, Molichard — contestó el otro —. Es un holgazán.

Y, dirigiéndose a Araceli, Jean Jean exclamó :

175 — Ven aquí, muchacho. ¿ Cómo es que no estás trabajando ?

— He venido a Salamanca a vender fruta — contestó Araceli —. Soy el hijo de Baltasar Pérez. Quizás le conozcan ustedes.

— Sí — contestó Jean Jean —. Efectivamente, conozco a

12. fué camino de la ciudad, *traveled toward the city.*

Baltasar Pérez. Y conozco también a sus dos hijos. Pero a 180
ti no te conozco.

Y añadió, lleno de curiosidad :

— ¿Dónde está esa fruta?

— Está en la posada.

— Bueno. Yo te la compro. Vamos allá. 185

Y volvieron a la posada.

Jean Jean le dió algunas monedas, diciendo :

— ¿Es bastante?

— No. Mi padre pide más — contestó Araceli.

— Mira, muchacho. ¿Tú sabes que hemos fusilado a dos 190
espías esta semana?

— No, no sé.

— Ven conmigo. Esta posada no es buena para ti. Te voy
a llevar a otra mejor.

Jean Jean le agarró fuertemente de un brazo, y le llevó 195
por varias calles hasta llegar a un convento. Dos soldados
guardaban la puerta. Jean Jean, entrando con su prisionero,
gritó :

— ¡Eh, Tourlourou!

Apareció un sargento alto, de grandes bigotes. 200

Jean Jean continuó :

— Aquí te traigo a un vendedor de fruta. Estaba inspeccionando las fortificaciones del convento de San Bernardo. Dale
la mejor habitación de nuestro hotel.

Llevaron a Araceli por una escalera muy oscura hasta llegar 205
a lo alto de una torre. Le dejaron solo.

— ¡Mal comienzo! — dijo Araceli para sí.

Se puso a examinar[13] el sitio. Era, sin duda, un campanario,
pero sin ningunas campanas. Araceli podía ver los edificios
de la ciudad, a la luz de la luna. 210

— Este sitio — pensaba —, debe de ser el convento de la
Merced. Allí está la Catedral nueva, y detrás, la vieja. Aquélla
es la Universidad. Y por este lado se ven el río y el puente
romano.

13. Se puso a examinar, *He began to examine.*

215   Abajo se oía el ruido del trabajo en las fortificaciones.

Araceli decidió esperar la mañana. Cuando salió el sol, pudo*
ver la ciudad extendida a sus pies, como un mapa en relieve.

En pocos minutos había dibujado su plano, que ocultó
cuidadosamente en su ropa.

220   Estaba cansado. Tenía sueño, tenía hambre, tenía sed.

Se echó en el suelo,[14] se cubrió los ojos para no ver la luz,
y al cabo de un rato,[15] estaba dormido.

Serían las ocho de la mañana[16] cuando oyó una voz que
le llamaba.

225   — ¡Arriba! ¡Despierta!

Era Jean Jean que venía a conducirle ante el coronel
Desmarets, jefe de la Policía.

Al entrar en la oficina del Coronel, Araceli quedó muy
sorprendido. Al lado del oficial francés, elegantísima en su

230 traje de montar, la cabeza cubierta con un sombrero de paja
adornado con cintas azules, y llevando un corto látigo en la
mano, estaba Miss Fly, la señorita Mosquita, la señorita
Mariposa, en persona.

La inglesa se dirigió a Araceli, diciendo :

235   — Por fin apareces. ¿Dónde te habías metido,[17] imbécil?

Y luego, volviéndose al coronel :

— Éste es el criado mío que se había perdido. Gracias,
mi querido amigo, por ayudarme a encontrarle.

El coronel se inclinó galantemente.

240   — A su servicio, señora.

El sargento Jean Jean contemplaba la escena con la boca
abierta.

— Sargento — dijo el coronel Desmarets —, escolte usted
a la señora hasta su hotel.

245   Pasaron bajo los arcos de la Plaza Mayor. El sitio estaba
lleno de soldados y oficiales franceses.

La linda inglesita despertaba gran curiosidad y admiración.

---

14. Se echó en el suelo, *He threw himself on the floor.*
15. al cabo de un rato, *after a short while.*
16. Serían las ocho de la mañana, *It must have been 8:00 A.M.*
17. ¿Dónde...metido?, *Where were you hiding?*

Al llegar a la posada, Miss Fly invitó a Araceli a subir a su habitación.

Ella estaba radiante. Se echó a reír.[18] 250

— ¿Te sorprende verme en Salamanca?

— Me sorprende y me aterra, Señorita Mosquita, Señorita Mariposa. Sobre todo no comprendo cómo se hizo usted amiga[19] del coronel.

— Eso no tiene nada de extraño. El coronel cayó* prisionero 255
nuestro en la toma de Badajoz. Estaba herido y yo le atendí durante su enfermedad. Eso es todo.

Luego, cambiando el tema de la conversación, dijo :

— Pero ¡debes tener mucha hambre! Voy a preparar el desayuno. Espera un momento. 260

Dejó el sombrero y el látigo en una silla, y bajó a la cocina. Al poco tiempo volvió con dos tazas de té, azúcar y pan.

— El té lo he traído yo en mi bolso — dijo muy alegre.

Mientras desayunaban, ella le preguntó :

— ¿Has cumplido las órdenes del general? 265

— Sí, señorita Mariposa.

— ¿Has visto a tu dama encantada?

— No. Queda todavía esa parte que quizás resulte[20] la más difícil de mi viaje.

— He venido a ayudarte. Tengo un pasaporte firmado por 270
el coronel Desmarets. Tú eres mi criado. Podemos ir a cualquier parte de la ciudad.

Al salir de la posada encontraron a Jean Jean que les estaba esperando.

— Sargento — dijo Miss Fly —. Deseo visitar a cierta 275
persona. Es un noble español que sigue la causa del rey José. Probablemente es muy conocido entre ustedes.

— ¿Quiere usted decir el señor de Santorcaz? — preguntó Jean Jean.

— El mismo — dijo Miss Fly —. ¿Sabe usted dónde vive? 280

---

18. Se echó a reír, *She started to laugh.*
19. se hizo usted amiga, *you became a friend.*
20. Queda...resulte, *There still remains that part which perhaps may turn out to be.*

— Síganme* ustedes — contestó el sargento.

Pasaron por varias calles alineadas de magníficos palacios. El sol de la mañana doraba la piedra de sus torres y fachadas.

Se detuvieron* ante una ancha puerta cerrada.

285 — Aquí es — dijo Jean Jean.

Miss Fly sacó unas monedas de oro de su bolso, y se las ofreció a Jean Jean, diciendo :

— Muchas gracias por sus servicios. El coronel Desmarets estará muy satisfecho de usted.

290 Y, luego, añadió :

— Llame usted a la puerta. Anuncie usted que una dama inglesa desea visitar al señor de Santorcaz.

Miss Fly y Araceli subieron por una ancha y hermosa escalera, precedidos de un criado.

295 Cruzaron varias habitaciones oscuras, y llegaron a un gran salón ricamente amueblado.

Cerca de uno de los balcones abiertos, estaba sentado en un sillón don Luis de Santorcaz. Era un caballero de unos sesenta y cinco años, de tipo noble y distinguido. Parecía

300 enfermo. Su cabeza descansaba sobre una almohada y tenía las piernas cubiertas con una manta.

A su lado estaba una joven de unos diecinueve años, vestida de negro.

Araceli, corriendo hacia ella, la estrechó entre sus brazos,

305 diciendo :

— ¡Inés! ¡Inés mía! ¡Vengo* por ti!

Santorcaz, muy sorprendido, se levantó del sillón.

— ¿Qué quiere decir esto? — dijo con voz colérica —. ¿Quién es este hombre?

310 Inés, muy pálida, miró a Araceli, y luego a Santorcaz.

— Es Gabriel.

— ¡Tú, canalla! — gritó Santorcaz — ¿Vienes a raptarla? ¿No sabes que no me abandonará nunca? ¡Díselo* tú, Inés! ¡Díselo tú para que él lo oiga!*

315 — No, no te abandonaré nunca — dijo ella dulcemente.

Araceli se separó de ella, alejándola de sí. Y dijo, balbuceando :

— ¿Tú... tú has cambiado así? Ya no eres Inés... Ya no somos tú y yo... como siempre.

Santorcaz, ya sin furia en su voz, dijo :   320

— Cuéntale, Inés. Les dejo solos.

Y, dirigiéndose a Miss Fly, con gesto galante :

— Señora — dijo —, si no le molesta a usted la compañía de un hombre viejo y enfermo, permítame usted acompañarla al jardín. Podrá* usted informarme del objeto de su visita.   325

— Siéntate, Gabriel — dijo Inés cuando quedaron solos —. Escúchame, por favor. Tú sabes el comienzo de la historia de mi rapto.

Sí — dijo Gabriel —. Me escribió tu madre. Estabas paseando en El Retiro con una criada. Te raptaron unos   330 desconocidos. Eso fué en abril. Luego, tu madre me escribió, cuando yo estaba todavía con el Empecinado, diciéndome que te habían traído a Salamanca. Entonces pedí el traslado a la división del Conde de España para venir aquí y poder encontrarte.   335

— Sí, Gabriel. Todo eso es verdad. No sabes lo que he sufrido.

— Pero, ¿por qué has cambiado? — dijo Gabriel impacientemente —. ¿Cómo es que no odias a tu raptor?

— No puedo odiarle... Es mi padre...   340

— ¿Este traidor... este español afrancesado?

— No hables así, Gabriel. Mi padre no es un malvado.[21] Él ha vivido siempre de ideas.[22] Cree que España necesita el orden y la cultura que solamente Napoleón puede traer al país. Es un fanático, si quieres.   345

Y añadió tristemente :

— Mi madre también es una fanática, en sentido opuesto.

— Pero, ¿estás segura de que este hombre no te engaña cuando dice que es tu padre?

— No, no me engaña. Me ha enseñado cartas y retratos de   350 mi madre. Y si nos miras juntos, verás cómo nos parecemos.[23]

21. malvado, *evil man.*
22. de ideas, *by ideas.*
23. verás como nos parecemos, *you will see how we resemble each other.*

— ¿Y qué piensas hacer?

— No puedo abandonarle. Está muy enfermo. Ha sido siempre un hombre profundamente desgraciado. Y ahora
355 tiene miedo. Tiene miedo de que no triunfen sus ideas. Tiene miedo de morir. Un miedo terrible. Me necesita como un niño.

Y mirando a Gabriel con sus grandes ojos negros y tranquilos, dijo :
360 — ¿Tú comprendes, Gabriel? ¿Verdad que comprendes?

— Te comprendo, Inés. Tienes un alma siempre serena, siempre.

— Tenemos que esperar, Gabriel, hasta que Dios quiera reunirnos.
365 En la calle se oía un ruido continuo de gente y de caballos que pasaban.

Un criado entró en el salón.

— ¡Los franceses abandonan la ciudad! — dijo.

Santorcaz y Miss Fly volvieron del jardín.
370 — ¡Pronto! — gritó Santorcaz a varios criados que habían aparecido. ¡Bajen ustedes a la cochera! ¡Enganchen los caballos al coche![24] ¡Ensillen[25] los otros caballos!

Y, volviéndose a Inés, dijo :

— No podemos quedarnos aquí, rodeados de mis compa-
375 triotas que me odian.

Por la calle, con gran ruido, pasaban caballos y cañones.

— ¡Vamos! — dijo Santorcaz.

En pocos momentos, el coche y los caballos estaban listos.

Gabriel e Inés se abrazaron.
380 — ¡Vamos! — gritó Santorcaz — ¡No hay tiempo que perder!

— ¡Gabriel, hasta que Dios quiera!

— ¡Hasta que Dios quiera, Inés!

Inés y Miss Fly subieron al coche. Santorcaz y cuatro criados
385 les seguían a caballo. Araceli quedó solo, a pie.

---

24. Enganchen...coche, *Hitch the horses to the carriage.*
25. Ensillen, *Saddle.*

En este momento, por la puerta de la cochera, apareció Jean Jean.

— ¿Estabas esperando, Jean Jean? — preguntó Araceli, aparentando mucha calma.

— Exactamente — contestó Jean Jean, tratando de agarrar 390 a Araceli por un brazo —. Esta vez no te escapas. Tú no eres lo que pareces.

— No, no lo soy — exclamó Gabriel —. Y añadió con arrogancia :

— ¿Sargento Jean Jean, cómo es que desobedeces las órdenes 395 de tus superiores? Tu regimiento se marcha, ¿y tú te quedas aquí?

— Yo pertenezco al regimiento de artillería que se queda para defender la ciudad.

Araceli, con gran agilidad, echó a correr, volviendo a entrar 400 en la casa.

Subió por la escalera de servicio, y cruzó rápidamente varias habitaciones, echando la llave a[26] todas las puertas.

Araceli podía oír a Jean Jean, que subía pesadamente la escalera, gritando y maldiciendo. 405

Araceli bajó por la escalera principal y salió a la calle.

Seguían pasando tropas. Araceli, perdiéndose entre los soldados, salió de la ciudad y cruzó el puente.

La extensa llanura, sin árboles, estaba cubierta de tropas francesas. El mariscal Marmont se retiraba hacia el río Duero 410 y Valladolid.

Eran las once de la mañana. Araceli miró a su alrededor. No se veía el coche de Inés por ninguna parte.

Se puso en camino,[27] en dirección opuesta a la que seguían los franceses. 415

Poco antes de medianoche estaba de vuelta[28] en el cuartel general, en presencia de lord Wellington.

Lord Wellington estaba de pie ante una mesa, hablando con su jefe de Estado Mayor.

26. echando la llave a, *locking.*
27. Se puso en camino, *He started to walk.*
28. estaba de vuelta, *he was back.*

420   — Excelencia, sus órdenes han sido cumplidas — dijo Araceli, saludando.

— ¿Qué resistencia intentan ofrecer los franceses? — preguntó lord Wellington con frialdad.

— Los franceses abandonaron Salamanca esta mañana. Sólo 425 queda un regimiento de artillería para defender la ciudad.

Lord Wellington miró a su jefe de Estado Mayor, y se sonrió.*

— Precisamente lo que yo había supuesto* — dijo Wellington con la misma voz tranquila.

430   Y, volviéndose hacia Araceli, preguntó :

— ¿Tiene usted el plano?

— Sí, mi general.

Y se lo entregó.

Lord Wellington se sentó a la mesa, y se puso a estudiar 435 el plano, sin prestar más atención a Araceli. De pronto, dijo :

— Comandante Araceli, puede usted volver a su división.

Gabriel salió completamente desconcertado. La indiferencia y frialdad de lord Wellington eran incomprensibles. Ni una palabra de gracias. Ni un comentario. Nada. ¿Los ingleses 440 eran así?

El coronel Simpson le esperaba a la puerta. Se acercó a Gabriel, y le preguntó bruscamente :

— Comandante Araceli, ¿dónde ha dejado usted a Miss Fly?

— La he dejado en Salamanca. Salía de la ciudad al mismo 445 tiempo que yo.

— ¿Sabe usted que no ha vuelto* todavía al cuartel general? — preguntó el oficial británico de mal humor.

— No sé nada — contestó Gabriel en el mismo tono —.

Y se alejó para ir en busca del Conde de España, jefe de la 450 división española.

El conde le recibió bromeando.[29]

— ¡Bueno, bueno! — dijo jovialmente —. Aquí está el héroe

---

29. El conde le recibió bromeando, *The count received him in a jesting manner (jesting).*

de la guerra y del amor. ¿Dónde ha escondido usted a la señorita inglesa?

— ¿Yo? En ninguna parte. 455

— Los oficiales británicos están muy enfadados con usted.[30] ¡Figúrese usted[31] el escándalo! Esta señorita es hija de lord Fly, conde de Chichester, amigo íntimo de lord Wellington. Y el coronel Simpson es una especie de guardián de la muchacha. 460

— Lord Wellington ha estado muy frío conmigo — dijo Araceli. Y el coronel Simpson, muy insolente. No puedo tolerar que se tengan estas dudas de mi honor.

— No importa, amigo Araceli. Les he dicho a los británicos que el asunto no tiene nada de extraño, que todos los españoles 465 somos muy aficionados a las muchachas guapas.[32]

Y se echó a reír. Después, poniéndose serio,[33] dijo :

— ¡Vamos, Araceli! Creo que esta noche vamos a tener algún ruido.

A la una de la noche comenzó el terrible duelo de artillería. 470 Las baterías francesas de Salamanca y las piezas de grueso calibre del ejército aliado, disparaban constantemente, iluminando la noche con su fuego.

Dos días más tarde la caballería británica entró en la ciudad. Los franceses se retiraban hacia Valladolid. 475

En su persecución, iba la división española, al mando del Conde de España.

Gabriel mandaba un grupo de caballería que se acercaba a Babilafuente. Algunas casas del pueblo estaban ardiendo.

Un cabo y tres soldados, que habían entrado ya en el pueblo, 480 volvieron al galope hacia Araceli.

— Mi comandante — exclamó el cabo —. Una señora inglesa pide protección para una familia.

30. están muy enfadados con usted, *they are very angry with you.*
31. Figúrese usted, *Imagine.*
32. todos...guapas, *we Spaniards are all very fond of pretty girls.*
33. poniéndose serio, *becoming serious.*

— ¿Dónde? — gritó Araceli.

485 — En aquella casa grande, a la derecha.

— ¡Adelante! — ordenó Araceli. Y, seguido de sus soldados, galoparon hacia el pueblo.

Delante de la casa grande había muchos hombres y mujeres que gritaban furiosos. Sus voces terribles decían :

490 — ¡Mueran los afrancesados!³⁴ ¡Mueran los traidores!

A la puerta de la casa estaba Miss Fly. Su figura y su mirada revelaban una gran firmeza y autoridad.

Miss Fly y Araceli entraron en la casa.

— ¿Dónde está Inés? — preguntó Gabriel.

495 — Arriba, con su padre. La gente del pueblo quería matarles.

— Gracias, Athenais — exclamó Gabriel efusivamente.

— Caballero³⁵ Araceli, deseo volver al cuartel general. Ya no hago falta aquí.³⁶ Ordena que me den un buen caballo.

— Como usted guste, Athenais. Pida usted el mío.

500 Gabriel comenzaba a subir la escalera. Miss Fly añadió :

— Caballero Araceli, he tenido la oportunidad de conocer a tu novia. La encuentro, francamente, prosaica. Yo suponía que aspirabas a algo más alto.

Y, diciendo esto, salió a la calle.

505 Unos momentos después Inés y su padre enfermo volvían en coche a Salamanca. Una escolta de caballería les acompañó hasta la ciudad.

Mientras tanto, los dos ejércitos se preparaban para la batalla decisiva. Los dos países más poderosos del mundo
510 luchaban a muerte : Inglaterra, dueña de los mares; Francia, dueña de la tierra. Una de las dos tendría* que quedar vencedora.

Amaneció el 22 de julio. Los dos ejércitos estaban frente a frente, cerca del pueblo de Los Arapiles, a seis millas al
515 sur de Salamanca.

---

34. ¡Mueran los afrancesados!, *Death to the collaborators!*
35. Caballero, *Sir.*
36. Ya no hago falta aquí, *I am no longer needed here.*

El mariscal Marmont lanzó sus fuerzas al ataque con un sobrehumano poder combativo.

Los aliados resistieron durante horas y horas, sufriendo grandes pérdidas. A las cinco de la tarde, lord Wellington consideró dar la orden para una retirada general. 520

El ala izquierda del ejército francés amenazaba envolver el ala derecha de los aliados.

Lord Wellington observaba los nuevos movimientos estratégicos del enemigo.

El mariscal Marmont, al extender sus líneas, había dejado 525 un pequeño claro[37] entre su centro y su ala izquierda.

— ¡Ahora! — pensó lord Wellington.

Y en unos segundos cambió completamente su estrategia. De la defensiva pasó a la ofensiva.

La caballería británica se lanzó sobre el punto débil del 530 enemigo. Fueron 45 minutos de combate. La victoria napoleónica se había convertido en absoluta derrota.

Al anochecer, el campo de batalla estaba cubierto de muertos y heridos. Diez mil hombres de cuatro naciones habían perecido.

Algunos días más tarde, en el hospital de Salamanca, Gabriel 535 Araceli volvía lentamente a la vida. La primera sensación que sintió* fué el movimiento de unas alas frías, como metal, que tocaban su frente, y luego se alejaban.

Oyó* una voz, dulce y cariñosa, que sonaba muy cerca, muy cerca. Sentía un aliento suave[38] junto a su boca.[39] 540

La voz decía :

— ¡Gracias a Dios! ¡Te has salvado! ¿Me oyes, me oyes? Yo te recogí del campo de batalla. Has estado muchos días sin sentido. No sabíamos si vivirías o no. ¡Te has salvado! Y ahora te digo mi secreto. ¡Te amo con toda mi alma! 545 ¡Te he amado desde el momento en que te conocí! Y ahora, ¡adiós! ¡Para siempre!

---

37. había dejado un pequeño claro, *had left a little opening.*
38. Sentía un aliento suave, *He felt a gentle breathing.*
39. junto a su boca, *close to his mouth.*

Gabriel hacía un gran esfuerzo por aclarar sus oscuras sensaciones. Sentía la caricia de la voz, y trataba de com- 550 prender el sentido de las palabras.

Miss Fly besó a Araceli en la frente, y se retiró silenciosamente de la habitación.

Gabriel volvió a quedarse profundamente dormido.

A la mañana siguiente, cuando Gabriel abrió los ojos, Inés, 555 que estaba sentada al lado de su cama, exclamó llena de alegría :

— ¡ Gabrielillo !

—¡ Inesilla ! ¡ Qué bueno es estar vivo !

— Sí, ¡ qué bueno ! — dijo Inés, y después, sonriendo*, dijo : 560 — Gabriel, ¿ dónde has guardado el mechón[40] de pelo rubio ?

— ¿ Qué mechón ?

— El que te dió ella a cambio del tuyo.[41]

Gabriel se llevó la mano a la frente, al sitio donde faltaba el mechón.

565 — ¿ Estás celosa ?

— Un poco.

— Gracias a la Señorita Mariposa, no te has quedado viuda.[42]

Hubo[43] un momento de silencio. Luego, como hablándose 570 a sí misma, Inés dijo en voz baja :

— ¡ Pobre Señorita Mariposa !

Y volvieron a quedar en silencio.

La batalla de los Arapiles marcó el comienzo del fin para el poder napoleónico en España.

575 Tres años más tarde, lord Wellington vencía definitivamente a Napoleón en Waterloo.

Gabriel e Inés se casaron en la primavera de 1814. Don Luis de Santorcaz había muerto* el año anterior, después de haberse reconciliado con su esposa, la condesa Amaranta.

---

40. el mechón, *the lock.*
41. a cambio del tuyo, *in exchange for yours.*
42. no te has quedado viuda, *you have not been left a widow.*
43. hubo, *there was.*

CUESTIONARIO

1. ¿Qué año era?
2. ¿Qué noche era?
3. ¿Dónde estaba Lord Wellington?
4. ¿Qué hacía Lord Wellington?
5. ¿Cuántos años tenía Lord Wellington?
6. ¿Qué impresión producía?
7. ¿Quién es el Conde de España?
8. ¿Quién apareció en la puerta de la sala?
9. ¿Dónde ha estudiado Araceli?
10. ¿Dónde comenzó su carrera?
11. ¿Qué edad tiene Araceli?
12. ¿Cuándo debe partir Araceli?
13. ¿Cuándo podrá entrar en Salamanca?
14. ¿Qué día es hoy en la historia?
15. ¿Cuándo se presentará Araceli ante Wellington?
16. ¿Qué hizo Araceli al volver a su posada?
17. ¿Qué hizo después?
18. ¿Quién era la otra persona en la galería?
19. ¿Cómo se llama?
20. ¿Por qué emplea Miss Fly la forma « tú »?
21. ¿Quién es Inés?
22. ¿Dónde está Inés?
23. ¿Tiene familia Araceli?
24. ¿A qué hora llegó Araceli a Salamanca?
25. ¿Quiénes le estaban observando?
26. ¿Qué compra Jean Jean a Araceli?
27. ¿Adónde llegan Jean Jean y Araceli?
28. ¿En qué sitio estaba Araceli?
29. ¿Adónde llevó Jean Jean a Araceli?
30. ¿Quién estaba con el coronel?
31. ¿Qué hizo Miss Fly al llegar a la posada?
32. ¿Qué desayunaron la Señorita Mariposa y Araceli?

33. ¿Qué hacía Jean Jean?
34. ¿Quién era Santorcaz?
35. ¿Quién estaba a su lado?
36. ¿Adónde van Santorcaz y Miss Fly?
37. ¿Por qué no odia Inés a su raptor?
38. ¿Cómo sabe Inés que Santorcaz es su padre?
39. ¿Qué dijo un criado cuando entró en el salón?
40. ¿Dónde subieron Inés y Miss Fly?
41. ¿Qué trató de hacer Jean Jean?
42. ¿Por dónde subió Araceli?
43. ¿Por dónde bajó Araceli?
44. ¿Qué hora era cuando salió Araceli?
45. ¿A qué hora volvió Araceli al cuartel general?
46. ¿Por qué estaba Gabriel desconcertado?
47. ¿Qué preguntó a Gabriel el coronel Simpson?
48. ¿De quién es hija Miss Fly?
49. ¿A qué hora comenzó el duelo de artillería?
50. ¿Cuándo entró la caballería británica en la ciudad?
51. ¿Quiénes estaban en Babilafuente?
52. ¿Qué día era?
53. ¿Dónde estaban los dos ejércitos?
54. ¿Qué hizo el mariscal Marmont?
55. ¿Qué hicieron los aliados?
56. ¿Qué observaba Lord Wellington?
57. ¿Qué había hecho el mariscal Marmont?
58. ¿Qué hizo Wellington entonces?
59. ¿Dónde estaba Gabriel Araceli algunos días más tarde?
60. ¿Qué secreto dijo Miss Fly a Gabriel?
61. ¿Dónde estaba Inés a la mañana siguiente?
62. ¿Está Inés celosa?
63. ¿Qué marcó la batalla de los Arapiles?
64. ¿Qué ocurrió tres años más tarde?
65. ¿Cuándo se casaron Gabriel e Inés?
66. ¿Cuándo murió don Luis de Santorcaz?

José

[14]

ARMANDO PALACIO
VALDÉS

Armando Palacio Valdés (1853-1938) possesses a mastery of style which permits him to combine psychological finesse, descriptive power, gay humor, and tender melancholy in a fluent series of pleasant variations.

His novels describe life and customs in many different provinces of Spain but predominantly in Asturias, the author's native region.

Palacio Valdés enjoyed great popularity with his readers, and translations of his works have appeared in many languages.

José

ARMANDO PALACIO VALDÉS

Sobre el mar azul estaban esparcidas treinta o cuarenta lanchas pescadoras.

Eran las dos de la tarde de un hermoso día de junio.

En las lanchas, los marineros estaban medio dormidos, esperando pacientemente la llegada del atún. 5

Pasaban las horas. Todo estaba en calma y en silencio.

A lo lejos[1] aparecía la costa de Asturias, con sus promontorios rocosos, y la línea de las montañas envueltas en niebla azul.

Al fin empezó a refrescar la brisa. Se oía el ruido de la lona en los mástiles, y el murmullo suave del agua. 10

Uno de los patrones, un muchacho alto, rubio, de ojos azules, gritó :

— ¡Ya está aquí el atún! ¡Al trabajo![2]

— ¡Listos, José! — gritaron algunos.

En unos momentos los marineros estaban trabajando con 15 todas sus fuerzas.

La pesca fué abundante. Después de un par de horas, en la lancha de José entraron ciento dos atunes.

Desde otra lancha, alguien gritó :

— ¿ Cuántos ? 20

— Ciento dos — gritó José —. ¿ Y vosotros ?

1. a lo lejos, *in the distance.*
2. ¡Al trabajo!, *Get to work!*

— Sesenta.

José miraba a sus marineros con satisfacción.

— ¿No está mal, eh?

25 — Oye, José — dijo uno de los marineros —, cuando un hombre quiere casarse tiene que pescar más que antes, ¿no es verdad?[3]

José no contestó.

— ¿Cuándo te casas? — preguntó otro.

30 — Cuando esté terminada mi nueva lancha.

— Y eso, ¿cuándo será?

— Para el día de San Juan.

El viento empujaba las lanchas suavemente hacia tierra. Comenzaba el crepúsculo. Una muchedumbre de mujeres 35 y niños aguardaban en la orilla. Ya sabían todas que los pescadores traían mucho atún.

Las lanchas se acercaban lentamente. Una a una fueron descansando[4] en la arena de la playa.

Los dueños de las fábricas de conservas,[5] y las mujeres que 40 vendían el pescado por los pueblos del interior, esperaban la reunión de los patrones de las lanchas.

Los patrones se reunieron para fijar el precio del atún.

Una mujer vieja, de cara pequeña, y ojos negros, preguntó a José :

45 — ¿Cuánto vale hoy?

— Real y medio, Isabel — contestó José.

— Eso es muy caro. Te pago a real la libra.[6]

— Bueno. Puede usted pagar mi parte al precio que quiera.[7]

50 José se alejó por la única calle del pueblo hacia una de las fábricas que rodeaban la playa.

Una muchacha alta, rubia, sonrosada, vino* hacia él.

---

3. ¿no es verdad?, *isn't that right?*
4. una...descansando, *One by one, the boats came to rest.*
5. fábricas de conservas, *canning factories.*
6. Te pago a real la libra, *I'll pay you at the rate of a real per pound.*
7. Puede usted...quiera, *You can pay (me) my share at whatever price you want.*
    — *Note the use of the present for the future to denote immediacy or certainty.*

— Hola, Elisa.

— Hola, José. ¿Has despachado[8] ya el atún?

— Ya.

— ¿Cuándo piensas botar la lancha?[9]   55

— El día de San Juan.

— ¿Y por qué no hablas con mi madre?

— Estoy hablando contigo.

— Tiene que ser lo que quiera mi madre. No puedo casarme
sin su permiso.   60

— Bueno. Hablaré con ella.

---

8. ¿Has despachado...?, *Have you sold (disposed of)...?*
9. ¿Cuándo piensas botar la lancha?, *When do you intend to launch your boat?*

José siguió* andando por la única calle del pueblo.

Comenzaba la noche. Las tabernas estaban llenas de marineros. Todos vestían de la misma manera : pantalón y camisa
65 azul, y boina blanca. Por todas partes se oían voces y risas.

José llegó al fin de la calle, y entró en una pequeña tienda. Allí vivía Elisa con su madre Isabel.

José subió al segundo piso. En la salita estaba Isabel, sentada junto a una pequeña mesa. Hacía las cuentas de la semana.
70 Al entrar José, ella le dijo :

— Toma, José. Aquí tienes tu dinero.

Y le dió la cantidad que le pareció bien. José no quiso* discutir. Isabel preguntó :

— ¿Está bien?
75 — Sí, señora, está bien.

José no se atrevía a hablar del asunto de su casamiento. Por fin, dijo :

— Señora... El día de San Juan pienso botar la lancha... El tiempo pasa... La gente pregunta cuándo nos casamos Elisa
80 y yo...

— Tened un poco de paciencia — contestó Isabel —. Sois* jóvenes. Bota la lancha. Cuando termine la pesca del atún, hablaremos.

— Pero, señora...
85 — ¡Anda, anda! Déjame trabajar. Estoy muy ocupada.

José salió a la calle. Elisa volvía a su casa. Los dos se encontraron.

— Elisa, tu madre no quiere que nos casemos.

— Es lo que yo temía. Tendremos* que esperar.
90 — ¿Hasta cuándo?

— No sé.

— Adiós, Elisa.

— Adiós, José.

Y se separaron tristemente.
95 José volvía hacia el pueblo. En mitad de la calle se encontró con don Fernando de Meira. Éste era un pobre aristócrata arruinado, y una bellísima persona a quien todo el pueblo compadecía por su pobreza y por su orgullo.

— Don Fernando, vamos a la taberna. Le invito a usted a tomar algo.[10]

— No, hijo, no. Muchas gracias.

— Vamos, don Fernando. No me desprecie usted.[11] Quiero hablar con usted de una cosa muy seria.

Entraron en una taberna. Mientras don Fernando, que no había tomado nada en todo el día, cenaba con mucho apetito, José le contó su conversación con la madre de Elisa.

Don Fernando escuchó en silencio.

— No te preocupes, José. Yo arreglaré tu casamiento.

Jose le miró con incredulidad.

— Tú sabes que yo tengo mucha influencia.

José sabía que esto era una pura fantasía del pobre señor, y no dijo nada. Don Fernando continuó :

— Tú sabes que yo tengo grandes conocimientos de derecho, y que soy abogado.

— Pero ¡no ha ejercido usted nunca,[12] don Fernando!

— Es verdad. No he tenido la oportunidad. Pero eso no importa. Yo arreglaré tu casamiento. Te lo prometo.

Don Fernando se levantó.

— José, perdona que te deje ahora. Tengo varias cosas que hacer.

Los dos salieron a la calle. Don Fernando iba calle arriba,[13] y pronto se perdió en la oscuridad.

— ¡Pobre señor! — pensó José —. ¡Qué cosas tendrá* que hacer a estas horas! Probablemente va a algún pueblo cercano a pedir dinero prestado sobre su palacio.[14]

José caminaba hacia su casa. Todavía se oían las voces que salían de las tabernas.

Luego, según José siguió caminando, sólo se oía ya el ruido de las olas contra las rocas y contra la playa, donde descansaban las lanchas.

---

10. a tomar algo, *to have something to eat with me.*
11. No me desprecie usted, *Don't turn me down.*
12. no ha ejercido usted nunca, *you have never practiced.*
13. calle arriba, *up the street.*
14. a pedir dinero...palacio, *to ask for a loan on his palace.*

José entró en su casa. Teresa, su madre, y sus dos hermanas, le estaban esperando, llenas de furia.

— ¿Te ha pagado Isabel? — le preguntó Teresa.

— ¿Tienes el dinero? — dijo una de las hermanas.

135 — Estás regalando el atún a esa bribona — dijo la otra hermana.

— Esa vieja se agarra a ti con el anzuelo de su hija[15] — gritó Teresa.

José estaba acostumbrado a estas escenas. Ya sabía él que 140 cuando las tres mujeres se reunían el escándalo era seguro.[16]

José mantenía[17] a su madre, que era viuda, y Teresa odiaba la idea de que José se casara y tuviera su propia familia. Las dos hermanas estaban casadas, pero pasaban casi todo el tiempo en casa de Teresa, charlando y disputando con ella.

145 — Sí, esa vieja se burla de ti, y tú eres un tonto —, repitió* Teresa.

— Madre, ya le he dicho* a usted que la lancha que tengo ahora es para usted. No tema usted que yo la abandone.

Teresa se echó a llorar.[18]

150 — ¡Yo no te he pedido nada! ¡El único hijo que tengo me insulta! ¡Mal hijo!

José se marchó a su cuarto.

Teresa seguía gritando :

— ¡Mal hijo! ¡Dios te castigará!

155 Llegó el día de San Juan. La lancha de José estaba terminada. José y sus compañeros la botaron al agua, y salieron al mar.

Allá iba la nueva lancha entre todas las otras, blanca, con su borde azul, y sus velas nuevas.

160 La temporada de pesca era magnífica. Todas las tardes volvían las lanchas cargadas de atún.

---

15. se agarra...hija, *is catching you with her daughter as a hook.*
16. el escándalo...seguro, *there was sure to be a scene; literally, scandal was certain.*
17. mantenía, *supported.*
18. se echó a llorar, *began to cry.*

Isabel, por fin, había dado su permiso para que Elisa y José se casaran en octubre, al terminar la pesca del atún.

Muchas tardes, a la hora de la siesta, mientras Isabel dormía, Elisa subía a uno de los montes que rodean el pueblo. 165

Desde allí se veía una gran extensión de mar. El cabo de Peñas y el cabo de San Antonio, envueltos en nubes, aparecían en el horizonte. Elisa veía los puntos blancos de las velas.

— ¡Aquella que va apartada a la izquierda, aquélla debe 170 de ser la de José! — pensaba Elisa. ¡Es la más blanca!

A veces,[19] veía que las lanchas volvían pronto.

— ¡Malo! No hay atún — se decía Elisa. Pero se alegraba porque vería antes a su novio.

Cuando ya veía las lanchas cerca de la playa, Elisa bajaba 175 corriendo al pueblo.

Isabel temía la hora del casamiento de Elisa. La tienda, la fábrica de conservas, y otras propiedades de su difunto esposo, tendrían* que pasar a manos de su hija. Isabel pensaba en la manera de evitar el casamiento. Por fin encontró la 180 solución.

Rufo, el tonto del pueblo,[20] hijo del sacristán, estaba enamorado de Elisa. La gente del pueblo le daba broma sobre esto.[21]

Rufo odiaba a José. Elisa le tenía lástima,[22] y por conten- 185 tarle, le prometía casarse con él.

Una mañana, Isabel encontró a Rufo, que estaba cogiendo cangrejos entre las rocas.

— ¿Tú quieres mucho a Elisa? — le preguntó Isabel.

— ¡Mucho! ¡Mucho! 190

— ¿Te gustaría casarte con ella?

— ¡Usted prefiere a José!

— No, tú eres más guapo. Tú sabes tocar las campanas

19. A veces, *At times.*
20. el tonto del pueblo, *the village idiot.*
21. le daba broma sobre esto, *teased him about this.*
22. tenía lástima, *pitied.*

de la iglesia. Si José no tuviera su lancha nueva, yo no le
195 daría a Elisa.

Isabel se alejó. Rufo se quedó pensando.

Llegó el mes de septiembre. Comenzaba el mal tiempo.

Durante la noche, las olas hacían bailar y chocar unas con
otras las lanchas sacadas a la playa.[23]
200 Una noche, un marinero llamó a la puerta de la casa de
José.

— José — dijo —, tienes perdida la lancha.

José se levantó y corrió a la playa. Hacía mucho viento.[24]
Las olas caían sobre las lanchas que chocaban unas con otras,
205 como huesos. Los marineros gritaban en la oscuridad. Pasaban
linternas de un lado a otro.

José había anclado su lancha detrás de una roca. La lancha
había desaparecido.

Un hombre que llevaba una linterna gritó a José :
210 — Yo he visto escapar una lancha. Sería la tuya,[25] José.

— ¡Dame la linterna! — gritó José.

— ¿Adónde vas? — preguntó el otro.

— Voy a ver si la encuentro.

— Yo te acompaño.
215 Siguieron la orilla del mar. Después de caminar entre rocas
llegaron a la playa grande, al oeste del pueblo. No vieron
nada. Una ola les apagó la linterna.[26] El marinero se negó
a[27] seguir.

José, en la oscuridad, caminando entre la montaña y el
220 mar furioso, siguió buscando.

Llegó a la bahía. Tampoco encontró nada. Volvió a casa.

Ya había amanecido. El cielo estaba azul. Las olas chocaban
furiosamente contra las rocas. Altas y formidables, avanzaban

23. las olas...playa, *the waves made the launches brought up on the beach dance and
knock against each other.*
24. Hacía mucho viento, *It was very windy.*
25. Sería la tuya, *It must have been yours.*
26. Una ola...linterna, *A wave put out their lantern.*
27. se negó a, *refused to.*

hacia la playa, una línea, y luego otra, y más y más compañeras que venían desde el horizonte.   225

La agitación inmensa del océano contrastaba con la serenidad azul del cielo.

José contemplaba el panorama con la mirada del marinero,
sin rencor ni desesperación, respetando la cólera de Dios.

Había[28] diez o doce lanchas rotas. La lancha de José fué   230
la única desaparecida.

José volvió a la roca donde la había dejado anclada. El
cable del ancla había sido cortado con navaja.

— Algún enemigo — pensó José —. Pero ¿quién?

No dijo nada a nadie.   235

José y Elisa comprendían que era inútil ahora hablar de
matrimonio. Era imposible pensar que José pudiera ahorrar
más dinero para construír otra lancha.

La gente del pueblo comenzó a murmurar. Todos acusaban
a Isabel. La que más gritaba contra ella era Teresa.   240

Una noche, mientras cenaban, Teresa dijo a José :

— Voy a agarrar[29] a la madre de tu novia y le voy a retorcer
el cuello.[30]

— ¿Por qué, madre?

— Porque ha sido ella quien te hizo perder la lancha.   245

— ¿Cómo sabe usted eso?

— Lo sé porque lo sé.

Teresa descubrió que habían visto a Isabel hablando con
Rufo. Fué a buscar a éste y le dijo :

— ¡Tú eres el que soltó[31] la lancha! ¡Te voy a matar!   250

Rufo no contestó. Teresa continuó gritando :

— Isabel te pidió que lo hicieras, ¿verdad?

— No, no, fuí yo solo.

Teresa no consiguió sacarle toda la verdad.[32]

Fué a casa de Isabel. Ésta estaba sentada a la puerta de   255

---

28. Había, *There were.*
29. agarrar, *get hold of.*
30. le voy a retorcer el cuello, *I'm going to wring her neck.*
31. el que soltó, *the one who loosed.*
32. no consiguió...verdad, *did not succeed in getting the whole truth out of him.*

su tienda. Al ver llegar a Teresa, Isabel entró en la casa y cerró la puerta.

— ¡Abre la puerta! — gritó Teresa furiosa.

Isabel apareció en la ventana. Con mucha calma dijo :

260 — ¿Qué quieres?

— ¡Baje usted!

Algunas mujeres rodeaban a Teresa. Otras aparecían en las ventanas de las casas vecinas.

Todas estas mujeres habían aprendido desde niñas el arte
265 de reñir. Eran verdaderas maestras en el arte del insulto.

Teresa no había llegado a adquirir la perfección técnica necesaria para triunfar ante las espectadoras.

— Isabel dijo con sarcasmo :

— Dices que me he comido la lancha de tu hijo. No tengo
270 yo la boca tan grande.

Las espectadoras se echaron a reír.

— Isabel — gritó Teresa —. ¡Te voy a llevar a la cárcel!

— ¡Calla, tonta! ¿No ves que todo el mundo se está riendo de ti? ¡Ñoña!

275 El furor de Teresa había llegado al punto máximo. Se dirigió a las espectadoras, y decía :

— ¡Es una ladrona! ¡Está robando el dinero de su hija!

Isabel, con mucha calma, decía desde la ventana :

— ¡Anda, anda, vete a tu casa, y métete en la cama! Te
280 vas a poner enferma con tanta furia.

Teresa se alejaba de la tienda, pero volvía[33] otra vez con nuevos insultos. Por fin se marchó, convencida de que había perdido la batalla ante las espectadoras.

Teresa estuvo enferma varias semanas. José pasaba todo
285 el tiempo, desde la vuelta del mar hasta la mañana siguiente, cuidando a su madre.

El juez condenó al sacristán a encerrar a su hijo Rufo en casa, y a pagar el valor de la lancha. Lo primero fué ejecutado inmediatamente; lo segundo no fué posible porque el sacristán
290 no tenía dinero.

---

33. se alejaba...volvía, *would move away from the shop, but would come back.*

El juez mandó embargar los muebles.[34] La mujer del sacristán lloraba y maldecía :

— ¡Permita Dios que esa bribona de Teresa pida limosnas por las calles! ¡Permita Dios que su hijo vaya* un día al mar y no vuelva! 295

Eran los últimos días de octubre. José había ido por tierra al pueblo vecino a hacer algunas compras.

El tiempo estaba sereno. Los cabos de la costa parecían más cercanos.

Empezaba la temporada de la pesca de la sardina, menos peligrosa que la del atún. 300

La sardina era escasa aquel año. Las lanchas volvían por la tarde sin traer casi nada. Iba a haber hambre[35] en el pueblo.

José volvía al pueblo por el camino de la costa.

Empezó a soplar un viento fuerte del oeste. Unos minutos después era ya un huracán. 305

En el pueblo las mujeres corrían hacia la playa.

En el mar brillaban infinitos puntos blancos que aparecían y desaparecían. No se veían lanchas.

Las mujeres y los niños subieron al monte detrás del pueblo. 310

En el horizonte aparecieron tres o cuatro puntos blancos. Eran las lanchas.

Todos los ojos estaban fijos en aquellos puntitos blancos que aparecían inmóviles.

Pasó media hora. 315

Las lanchas habían desaparecido detrás de una punta de tierra.

Por fin apareció una que venía hacia tierra.

— ¡Es la de Nicolás! ¡Se ha salvado! — gritaron algunas mujeres. 320

Al poco rato apareció otra lancha.

— ¡Es la de Manuel!

34. mandó...muebles, *ordered the furniture to be attached.*
35. Iba a haber hambre, *There was going to be hunger.*

Las lanchas llegaban lentamente unas tras otras. Solamente faltaba una.[36]

325 Las mujeres y los niños habían bajado a la playa.

En el monte, quedaban muy pocas mujeres todavía mirando hacia el mar.

José volvía al pueblo por la carretera. Pensaba :

— Es imposible que no ocurra hoy una desgracia.[37]

330 Y apresuró el paso.

Empezaba a anochecer. Al llegar al pueblo, un niño vino* corriendo hacia él.

— ¡ La lancha de Tomás se ha perdido ! — dijo el niño.

— ¿ La lancha donde iba mi cuñado Nicasio ? — preguntó 335 José con ansiedad.

— Sí, ésa.

Al pasar por delante de una taberna, salieron tres o cuatro hombres, y le hicieron* entrar.

Un marinero dijo :

340 — Vamos, José. Toma un vaso de vino. Esto nos puede pasar a cualquiera de nosotros.

— ¿ No se ha salvado ninguno ? — preguntó José.

— Tres o cuatro pasaron flotando.

— ¿ Y por qué no les salvasteis ?

345 — Porque pasamos muy lejos.[38]

José permaneció silencioso. Ahora, su hermana quedaba viuda con seis niños, sin protección alguna.

La tabernera, gorda y plácida, miraba a José con lástima. De vez en cuando[39] le daba otro vaso de vino que José tomaba 350 sin saber lo que hacía.

Los marineros seguían bebiendo y disputando.

De pronto, José dijo :

— No les salvasteis porque ibais* muy lejos... Sois unos bestias...

---

36. Solamente faltaba una, *Only one was missing.*

37. que...desgracia, *that we won't have a misfortune today; literally, that there should not occur a misfortune.*

38. pasamos muy lejos, *we were sailing very far from them.*

39. De vèz en cuando, *From time to time.*

— ¿Qué querías tú?[40] — contestó uno de los marineros —. 355
Que muriéramos nosotros para que se salvaran ellos?

José salió de la taberna y se dirigió lentamente hacia su casa.

Durante diciembre y enero la pesca fué muy escasa.

José debía más de mil reales. Los gastos de la casa habían
aumentado. Su hermana y sus sobrinos habían venido a vivir 360
con él. José tuvo* que vender su lancha vieja, y entró de marinero en otra lancha.[41]

Su casa era un verdadero infierno. Desde la pelea de su
madre con Isabel, José no había visto a su novia. Su bienestar
y su amor habían huído. José pasaba horas en la taberna. 365

Llegó el mes de febrero. Una mañana, José y su madre
fueron al pueblo vecino. La hermana de Teresa, que vivía
allí, les había ofrecido prestarles dinero.

José y su madre caminaban en silencio por una vereda
cerca del mar. 370

Dos personas venían hacia ellos. Eran Isabel y Elisa.

Las dos madres se enfrentaron. La lucha fué terrible. Teresa
arrojó al suelo a Isabel y la golpeaba.

José y Elisa trataban en vano de separar a sus madres.

Cuando, por fin, lo consiguieron,* los dos novios se miraron 375
en silencio, con gran amor.

Teresa gritaba como una loca :

— ¡Toma, ladrona![42] ¡Maldita![43]

Isabel se alejaba, llorando, seguida de su hija.

José y Elisa volvieron la cara muchas veces hasta perderse 380
de vista en una vuelta del camino.

Era una noche templada y oscura de primavera. Don Fernando de Meira se paseaba por el salón de su casa. Sus pasos
resonaban en el viejo palacio. Los ratones, sin temor alguno,
corrían de un lado para otro. 385

---

40. ¿Qué querías tú?, *What did you expect?*
41. entró...lancha, *got a job on another boat as a common sailor.*
42. ¡Toma, ladrona!, *Take that, you thief!*
43. ¡Maldita!, *Curses on you!*

Hacía ya algunos días que don Fernando no podía salir de casa.[44] No tenía camisa.

El hambre le atormentaba. Don Fernando salió de su casa, y en la oscuridad de la noche, se dirigió a la huerta de Isabel.

390 Don Fernando pensaba :

— Unas patatas más o menos...

Llegó a la huerta, y saltó la tapia. Cogió una cebolla, se la comió, y se metió otras en el bolsillo.

De pronto vió que un hombre venía hacia él. Era José.

395 Elisa había salido de la casa. Los novios hablaban en voz baja.

Comenzó a llover. Don Fernando se refugió bajo un árbol. Los novios también. Elisa dijo :

— Mi madre sospecha que nos vemos.

La lluvia era cada vez más fuerte.[45] La huerta exhalaba

400 un olor penetrante de tierra mojada. Elisa preguntó :

— ¿Vais a salir mañana al mar?

— Creo que no[46] — contestó José —. ¿Para qué? Este año no hay nada en el mar.

— ¡Oye, José! — dijo Elisa —. Me parece oír la respiración

405 de una persona.

— Es el ruido de la lluvia en las hojas.

Don Fernando sudaba de miedo. Los novios hablaban ahora de incidentes alegres en las fiestas del pueblo. Elisa decía :

— ¿Te acuerdas de aquella vez que tomaste un par de

410 copas[47] y diste un beso a mi prima Ramona?

Elisa y José gozaban de la noche oscura y lluviosa.

— ¡Qué bien se pasa el tiempo a tu lado, Elisa!

La muchacha sonrió* con dulzura.

— Ya es tarde, José. Hasta mañana.

415 Los novios se besaron.

— Hasta mañana, Elisa.

José volvió a saltar la tapia. Poco después, don Fernando

---

44. Hacía ya...de casa, *Don Fernando had not been able to leave his house for several days.*
45. La lluvia...fuerte, *It was raining harder and harder.*
46. Creo que no, *I don't think so.*
47. tomaste un par de copas, *you had a couple of drinks.*

con los bolsillos llenos de legumbres, saltaba también, y se dirigía hacia su casa.

Pocos días después don Fernando fué a ver a José. Los dos 420 salieron del pueblo hacia la playa grande.

— José, dime* francamente, ¿necesitas dinero?

— No, don Fernando, tengo bastante para vivir.

— ¿Y para casarte con Elisa?

— No tengo ya nada que ver con ella.[48] 425

— Eso es una gran mentira — exclamó don Fernando con voz sonora * —.

Dime, José, ¿quieres casarte con Elisa?

— ¡Ya lo creo![49]

— ¡Pues te casarás! Para la noble casa de Meira no hay 430 nada imposible. ¡Toma! Ahí tienes diez mil reales. Cómprate una lancha.

Y le entregó unas monedas de oro.

— Otra cosa, José. ¿Cuántos años tiene Elisa?

— Me parece que cumple veinte el mes que viene. [50] 435

— Perfectamente. El mes que viene te diré* lo que tienes que hacer.

Y luego añadió con voz de misterio :

— ¿Tú puedes sacar la lancha de tu patrón esta noche?

— ¿Para qué? 440

— Ven* a mi casa esta noche a las doce. Necesito tu ayuda.

A las doce José estaba en casa de don Fernando. Éste le preguntó :

— ¿Tienes la lancha?

— Sí. 445

— Ayúdame a llevar esto.

Y señaló un objeto envuelto en un pedazo de lona.

— Es muy pesado — dijo don Fernando.

Lo arrastraron hasta la lancha y lo metieron dentro. Los dos hombres se embarcaron. 450

---

48. No tengo ya...con ella, *I have nothing to do with her now.*
49. ¡Ya lo creo!, *I should say so!*
50. que cumple...viene, *that she'll be twenty next month.*

La noche era de luna, clara y hermosa. El mar estaba muy tranquilo. El ambiente era tibio, como en verano.

José remaba. Don Fernando estaba silencioso.

Cuando estuvieron a unas dos millas del pueblo, después 455 de doblar la punta del Cuerno,[51] don Fernando se puso en pie.[52]

— Ayúdame a echar esto al agua. Desátalo.

Era un trozo de piedra labrada.

— ¿Qué es esto, don Fernando?

— Es el escudo de la casa de Meira. He vendido mi casa 460 a don Anacleto, que la va a convertir en fábrica de conservas.

— Pero ¿por qué lo echa usted al agua?

— El honor de la casa de Meira así lo requiere.

El mar mecía suavemente la lancha. La luna brillaba en el agua. Los dos hombres, con gran esfuerzo, lograron echar 465 la piedra en el agua.

— Volvamos a tierra — dijo don Fernando —. Y guárdame el. secreto.

Don Fernando tomó una habitación con una familia por seis reales diarios. Los miles de reales que le quedaban de 470 la venta de su casa le tenían muy alegre. Un día se encontró con Elisa en la calle.

— ¿Cuántos años tienes?

— Veinte.

— ¿Tienes la fe de bautismo?[53]

475 — Sí.

— Pues traémela mañana. He decidido que tú y José os caséis muy pronto.

Elisa le llevó el documento. Ella no tenía gran confianza en el poder de don Fernando.

480 Teresa y Elisa se habían hecho[54] buenas amigas. Trataban de vencer la oposición de la madre de Elisa al casamiento.

Un día don Fernando llamó a José a su posada.

---

51. después...Cuerno, *after rounding the cape of the Horn.*
52. se puso en pie, *stood up.*
53. la fe de bautismo, *the baptismal record.*
54. se habían hecho, *had become.*

— Es necesario que Elisa firme este documento. Pregúntale a Elisa si está dispuesta a todo. A vivir fuera de su casa algunos meses para casarse contigo. 485

Don Fernando y José salieron juntos. Don Fernando se detuvo en casa del juez.

— Aquí traigo una solicitud de doña Elisa Vega pidiendo que se la saque del poder de su madre[55] con arreglo a la ley.[56]

El juez leyó* el documento. 490

— Bien. Se hará hoy mismo.[57]

Era una noche de agosto calurosa y estrellada.

El juez, don Fernando, y José fueron* a casa de Elisa. Las tabernas estaban abiertas. Se oían voces y juramentos. Llegaron a la casa. 495

Entró el juez. En la tienda varias personas escuchaban la lectura de una novela tristísima, llena de aventuras sentimentales. Un niño huérfano que resultaba[58] hijo de un duque. Unos amantes perseguidos cruelmente por el destino. Estas historias siempre terminaban felizmente. 500

Isabel y Elisa estaban cosiendo. Elisa tenía mucho miedo, esperando la llegada del juez. Dijo Isabel :

— Oye, Elisa; tú estás enferma.

— Sí, madre, me siento mal.

— Pues, anda, vete* a la cama. 505

Elisa subió a su cuarto en el momento en que entraba el juez, acompañado de José y don Fernando.

— ¿Dónde está Elisita? Necesito hablar con ella dos palabras.

El juez subió a la salita. 510

Isabel se puso muy pálida porque adivinó la verdad. Isabel dijo a los circunstantes :[59]

— Teresa necesita dinero, y quiere quitarme a Elisa, ¿verdad? Elisa y el novio creen que hay mucho dinero aquí.

---

55. que se la saque...madre, *That she be removed from her mother's authority.*
56. con arreglo a la ley, *in conformity with the law.*
57. Se hará hoy mismo, *It will be done this very day.*
58. que resultaba, *who turned out to be.*
59. a los circunstantes, *to those present.*

515 ¡Qué chasco se van a llevar![60]

El juez bajaba en este momento :

— Señora, Elisa ha solicitado guardián legal. Lo siento mucho, pero la ley... Designe usted la persona que ha de encargarse de su hija.

520 Isabel no contestó. El juez dijo :

— Haga usted el favor de entregar la cama y la ropa de su hija.[61]

— Yo no entrego nada.

— Su hija permanecerá en casa de su madrina, doña Ra-

525 faela, que será nombrada su guardián legal.

Isabel insultaba horriblemente a su hija, a José, al juez, a don Fernando. Elisa lloraba. Todos salieron, dirigiéndose a casa de la madrina.

Pasaron los tres meses señalados por la ley. Elisa no salía

530 a la calle. Veía a su novio unos momentos cuando éste volvía del mar.

Don Fernando había desaparecido. José preguntó por todas partes, dejando su trabajo, durante cuatro días.

La lancha que José había comprado era magnífica. La pesca

535 del atún fué muy buena. Las fábricas de conservas trabajaban noche y día. El dinero corría por el pueblo.[62]

El invierno se presentaba mal. Había muy poca pesca.

Noviembre y diciembre fueron malos meses con viento fuerte del noroeste. El tiempo fué de mal en peor.

540 Don Fernando había sido encontrado muerto en un camino de la montaña.

José y Elisa habían pensado casarse en los primeros días de diciembre, pero no encontraban casa, y tuvieron* que aplazar el matrimonio.

545 Una noche de mal tiempo velaban tres patrones[63] para

---

60. ¡Qué chasco se van a llevar!, *What a disappointment they are going to have!*

61. Haga usted...hija, *Please surrender your daughter's bed and clothes (required by law).*

62. El dinero corría por el pueblo, *Money was plentiful in the village.*

63. velaban tres patrones, *three skippers were keeping watch.*

determinar si se podría* salir al amanecer. Dieron* la orden de salir, porque ya había hambre entre los pescadores. José fué uno de los primeros en llegar a la playa.

— ¡Qué noche para salir a la mar! — pensó. Pero no quiso* alarmar a sus compañeros. Botaron la lancha. En ella iban catorce hombres. Otras lanchas siguieron. 550

La noche estaba oscura. Enormes negras nubes corrían con extraña velocidad. Hacía mucho frío. Todos los marineros iban silenciosos.

Pasó un cuarto de hora. Las nubes corrían cada vez con más furia. De pronto, uno de los marineros dijo : 555

— José, no sigas adelante. Éste no es tiempo para hombres.

José dijo :

— Muchacho, enciende el farol de proa.

Ésta era la señal de vuelta. Al poco rato aparecieron las luces de las otras lanchas. Todas volvían a tierra. 560

En la profunda oscuridad, una lancha sin luz pasó al lado de José.

— ¿Qué diablos es esto?[64] ¿Adónde va esa lancha? ¿Quién va? — preguntó José. 565

— ¡Hermenegildo!

— ¿Adónde vais?

— A la playa grande.

— ¿Por qué no lleváis luz?

— Conozco bien el sitio. 570

José y sus compañeros comprendieron que aquella lancha iba a salir a la pesca, para ser la única que ganara dinero. Dijo José :

— ¡Al mar otra vez!

Los marineros ejecutaron la maniobra de mal humor.

El amanecer fué muy triste y oscuro. Todas las lanchas pescaban unas cerca de otras. Estaban a unas diez o doce millas de la costa. El cielo empezó a ponerse negro por la parte del Oeste. 575

— ¡Arriar![65] — dijo José.

---

64. ¿Qué diablos es esto?, *What the devil does this mean?*
65. ¡Arriar!, *Lower sail!*

580   Un fuerte golpe de viento[66] empujó la lancha. Mirando alrededor vieron que una de las lanchas había zozobrado.

José cerró los ojos. El muchacho que iba a proa empezó a lamentarse :

— ¡Ay, María Santísima![67] ¿Qué va a ser de nosotros?[68]
585   José gritó :

— ¡Cállate, idiota!

La lancha empezó a navegar con gran velocidad, empujada por el viento. Llovía fuertemente. Dijo José :

— No podemos entrar en el pueblo. Entraremos en Sarrió.
590   Las olas eran cada vez más altas. Uno de los golpes les llevó el timón.[69] El muchacho sollozaba :

— ¡Ay, madre mía! ¡Estamos perdidos!

Para sustituir al timón pusieron un remo en la popa.[70] La lancha iba llenándose de agua[71] y los marineros iban achicando
595   todo lo que podían.[72]

— ¡Achicar, muchachos, achicar![73] — gritaba José.

Una ola negra, inmensa, cayó* sobre la lancha. Nadie oía a José, que gritaba :

— ¡Esto no es nada! ¡Achicar, achicar!

600   Desde el monte, detrás del pueblo, la gente miraba hacia el mar. El viento y la lluvia eran terribles. Encendieron una hoguera de señal[74] para que volvieran las lanchas a la playa. Nadie hablaba. Las olas habían cerrado el puerto.

Elisa subió a la iglesia. Otras mujeres subieron también.
605   Todas rezaban en silencio.

Por la tarde se calmó un poco el mar.

---

66. Un fuerte golpe de viento, *A sudden blast of wind.*
67. ¡María Santísima!, *Holy Mary!*
68. ¿Qué va a ser de nosotros?, *What's going to become of us?*
69. Uno de...el timón, *The crash of a wave carried away their rudder; literally, one of the blows...*
70. pusieron un remo en la popa, *they fastened an oar on the stern.*
71. La lancha...agua, *The launch was filling with water.*
72. iban...podían, *began to bail out all the water they could.*
73. ¡Achicar, muchachos, achicar!, *Bail out, men, bail out!*
74. una hoguera de señal, *a bonfire as a signal.*

Algunas lanchas lograron, con gran peligro, llegar a la playa. Al anochecer faltaban cinco,[75] entre ellas la de José.

La gente bajó al pueblo y se marchó a sus casas. En la playa sólo quedaban las familias de los marineros que estaban en el mar. 610

Las tabernas estaban abiertas y los hombres disputaban. Dentro de las casas se oían gemidos y sollozos.

Al amanecer sonaron las campanas de la iglesia, doblando[76] por los que habían perecido.

Hacia el mediodía alguien anunció que algunas lanchas 615 habían llegado al puerto de Banzones, a unas siete millas del pueblo. La noticia causó una emoción inmensa. Se hacían comentarios en numerosos grupos. Volvía la esperanza a los corazones.

Una hora más tarde corrió la voz de que[77] eran dos las 620 lanchas que se habían salvado, una, la de José, y otra la de Toribio.

Todos subieron al camino del monte que bordeaba el mar. Hacia ellos venía un grupo de marineros con los remos al hombro.[78] Al ver a la gente del pueblo, tiraron al aire las 625 boinas gritando :

— ¡Hurra!

Elisa, al ver a José, sintió* un nudo en la garganta. Teresa abrazó a su hijo.

José, por encima del hombro de su madre, buscó con la 630 mirada la cara de Elisa. Ésta se acercó y los novios se besaron.

Volvieron todos lentamente al pueblo. Todos los marineros salvados ofrecieron oír misa descalzos en[79] el altar del Cristo Crucificado.

A la mañana siguiente se reunieron en la playa, y descalzos, 635 subieron a la iglesia. Detrás marchaban las mujeres y los niños.

---

75. faltaban cinco, *five were missing.*
76. doblando, *tolling.*
77. corrió la voz de que, *word spread that.*
78. con los remos al hombro, *with their oars on their shoulders.* — *Note the use of the singular noun: each man, presumably, carried an oar on one shoulder only.*
79. ofrecieron...descalzos en, *vowed to go to hear mass barefooted before.*

Las viudas de los que habían perecido en el mar llevaban cualquier prenda de color negro que habían podido encontrar.[80]

640 Al terminar la misa, Elisa y José se encontraron en el pórtico de la iglesia. Se miraron sonriendo.

Hubieran querido casarse aquella misma semana, pero el respeto a los muertos y el sufrimiento de las familias, lo impedía.

Bajaron al pueblo, andando lentamente, enlazados por la
645 cintura.[81]

La boda sería para la primavera, para el mes de abril.

---

80. llevaban...encontrar, *wore whatever black garments they had been able to find.*
81. enlazados por la cintura, *with their arms around each other's waist.*

CUESTIONARIO

1. ¿Cuántas lanchas había en el mar?
2. ¿Qué hora era?
3. ¿Qué esperaban los marineros?
4. ¿Qué aparecía a lo lejos?
5. ¿Quién es José?
6. ¿Fué abundante la pesca?
7. ¿Cuándo va a casarse José?
8. ¿Cuándo estará terminada la lancha?
9. ¿Quién es Isabel?
10. ¿Quién es Elisa?
11. ¿De qué manera vestían los marineros?
12. ¿Dónde entró José?
13. ¿Adónde subió José?
14. ¿Qué hacía Isabel?
15. ¿Por qué tendrán que esperar José y Elisa?
16. ¿Quién era don Fernando?
17. ¿Qué era don Fernando?
18. ¿Ha ejercido don Fernando?
19. ¿Quiénes estaban esperando a José?
20. ¿Qué idea odiaba Teresa?
21. ¿Dónde pasaban el tiempo las dos hermanas?
22. ¿Qué ocurrió el día de San Juan?
23. ¿Era buena la pesca?
24. ¿Adónde subía Elisa?
25. ¿Qué veía Elisa?
26. ¿Cuándo bajaba Elisa al pueblo?
27. ¿Qué temía Isabel?
28. ¿Quién es Rufo?
29. ¿Qué estaba cogiendo Rufo una mañana?
30. ¿Hacía buen tiempo o mal tiempo?
31. ¿Quién llamó a José una noche?
32. ¿Qué hizo José?

33. ¿Encontró José su lancha?
34. ¿Cuántas lanchas rotas había?
35. ¿Quién había cortado el cable?
36. ¿Dijo José algo a alguien?
37. ¿A quién acusaba la gente del pueblo?
38. ¿Qué descubrió Teresa?
39. ¿Adónde fué Teresa?
40. ¿Dónde estaba Isabel?
41. ¿Qué hizo Isabel al ver a Teresa?
42. ¿Cuánto tiempo estuvo enferma Teresa?
43. ¿Dónde pasaba José todo el tiempo?
44. ¿Qué mes era ahora?
45. ¿Qué temporada empezaba ahora?
46. ¿Era la pesca abundante o escasa?
47. ¿Qué dijo un niño a José?
48. ¿Dónde entró José?
49. ¿Qué tomó José?
50. ¿Adónde se dirigió José?
51. ¿Cuánto dinero debía José?
52. ¿Quiénes habían venido a vivir con él?
53. ¿Qué tuvo que vender José?
54. ¿Qué hizo José entonces?
55. ¿Qué mes es ahora?
56. ¿Adónde fueron José y su madre?
57. ¿Por qué?
58. ¿Por dónde caminaban José y su madre?
59. ¿Quiénes venían hacia ellos?
60. ¿Qué hacía don Fernando?
61. ¿Por qué no podía salir de casa don Fernando?
62. ¿Adónde llegó don Fernando?
63. ¿Dónde se refugió don Fernando?
64. ¿De qué hablaban los novios?
65. ¿Qué dió don Fernando a José?
66. ¿A qué hora fué José a casa de don Fernando?
67. ¿Qué objeto echaron al agua?
68. ¿En qué va a convertir don Anacleto la casa de don Fernando?

69. ¿Cuántos años tiene Elisa?
70. ¿Qué mes es ahora?
71. ¿Adónde fueron el juez, don Fernando y José?
72. ¿Dónde permanecerá Elisa?
73. ¿Cuántos meses pasaron?
74. ¿Había sido encontrado don Fernando?
75. ¿Por qué tuvieron que aplazar el matrimonio José y Elisa?
76. ¿Dónde se encontraron José y Elisa al terminar la misa?
77. ¿Cuándo hubieran querido casarse?
78. ¿Cuándo sería la boda?

El tesoro de Gastón

Gastón

EMILIA PARDO BAZÁN

*Emilia Pardo Bazán, Countess Pardo Bazán (1852-1921),
is the most important woman novelist in Spanish literature.
Her richly sensuous presentations of nature, together with a
keen psychological feeling for human experience, may be considered her main contributions. Her works include a small
group of naturalistic novels and several collections of short
stories, a genre of which she is a master.*

*For several years Countess Pardo Bazán was Professor of
Comparative Literature in the University of Madrid.*

El tesoro de Gastón

EMILIA PARDO BAZÁN

Gastón era el último de los Landrey, antigua y noble casa de Galicia.

Al morir su madre, hacía seis años,[1] Gastón quedó solo en el mundo. Tenía entonces veintidós años. Quedó solo y rico, con una renta de veinte mil duros.[2]

Hoy, Gastón estaba arruinado. Pensaba :

— Pero ¿cómo es posible que yo haya* gastado todo ese dinero? Es verdad que he vivido bien, con lujo, que he viajado por todas partes, que he comprado buenos caballos, buenos automóviles, pero ¡así y todo![3] Veinte mil duros al año son muchos duros.

La entrevista con su abogado no le dejó ningunas esperanzas. Lo había perdido todo. No tenía ni lo necesario para vivir modestamente, según su clase.

¿Qué hacer? Ya había quitado su piso de París, aquella *garçonnière*[4] tan simpática, cerca de los Jardines del Luxemburgo, donde solía[5] pasar los otoños. Ahora tendría que quitar[6] también su piso de Madrid y marcharse a vegetar a Galicia.

---

1. hacía seis años, *six years before.*
2. con una renta..duros, *with an income of twenty thousand dollars.*
3. ¡así y todo!, *even so!*
4. garçonnière, *French word meaning bachelor's apartment.*
5. donde solía, *where he used to.*
6. tendría que quitar, *he would have to get rid of.*

Tendría* que vivir en el castillo de su familia, el castillo de
20 Landrey, allá en las montañas. ¡Qué vida iba a pasar! Bueno,
se divertiría buscando el tesoro, porque según su tía abuela[7]
doña Catalina de Landrey, existía un tesoro enterrado en aquel
castillo. El día antes de morir, ya muy vieja, doña Catalina
le había contado su secreto.

25 El castillo de Landrey levantaba sus piedras grises en medio
de un semicírculo de verdes montañas, cubiertas de castaños[8]
y pinos.

Un estrecho y profundo río pasaba al pie de la torre, y
se ensanchaba luego en una hermosa y tranquila ría, alejándose
30 hacia el mar.

Desde lo alto de la torre, Gastón miraba con sus gemelos
de campo.

Era la puesta de sol.[9] Hacia el lado del mar se veían brillar
las velas de las barcas que volvían de la pesca. Entraban
35 lentamente en la ría y se detenían finalmente en los varios
pueblos de una y otra orilla.[10]

En el lado opuesto aparecía la aldea de Landrey. Gastón
veía las casas blancas de techos rojos, agrupadas en cinco
calles. Veía la plaza, con la iglesia y el ayuntamiento. Notó
40 una casa alta, de cuatro pisos, pintada de un verde rabioso.[11]
Sin duda, allí vivía su mayordomo, el alcalde de la aldea.
Según le habían dicho, este personaje era el hombre más rico
del país.

Gastón miraba hacia la casa verde. En una de las galerías,
45 adornada de plantas y flores, estaban dos muchachas. Una
era rubia, blanca, muy guapa. La otra, más joven, tenía una
expresion de tristeza y modestia. Las muchachas entraron en
la casa. Gastón notó que la pequeña era coja. « Serán[12] las

7. tía abuela, *great-aunt.*
8. cubiertas de castaños, *covered with chestnut trees.*
9. Era la puesta de sol, *The sun was setting.*
10. de una y otra orilla, *of both banks (of the river).*
11. pintada...rabioso, *painted in a loud shade of green.*
12. Serán, *They must be.*

hijas del mayordomo », pensó. « Tendré que conocerlas,[13] puesto que no habrá* aquí ninguna otra sociedad femenina. » 50
   El alcalde no tardó en invitar[14] al señor de Landrey. Fué una comida suntuosa e interminable. El alcalde, su mujer, y Florita, la rubia guapa, charlaban, reían, adulaban a Gastón sin cesar. Concha, la hija menor, parecía un poco avergonzada. Florita se echaba a reír a cada momento, mostrando su fresca 55 boca roja de dientes muy blancos.
   Al terminar la comida, el alcalde y Gastón se encerraron en el despacho de aquél para hablar de negocios. El alcalde comenzó :
   — Ya sé, mi querido señor don Gastón, que usted no tiene 60 paciencia para ocuparse de cuentas y de números, pero seguramente tendrá* usted una idea de los gastos que he tenido estos últimos años...
   — ¿Qué quiere usted decir? — preguntó Gastón, interrumpiendo el largo prefacio. 65
   — Quiero decir, mi querido señor, que me debe usted ciertas cantidades[15] que yo le adelanté cuando usted ya no tenía aquí ningún dinero.
   — ¿Y por qué no me dijo usted eso entonces?

13. Tendré que conocerlas, *I'll have to get acquainted with them.*
14. no tardó en invitar, *lost no time in inviting.*
15. cantidades, *sums.*

70 — Oh, yo no quería preocuparle a usted con detalles de
negocios. Además, he gastado bastante dinero en hacer reparaciones en el castillo.

— ¿Reparaciones en el castillo? — preguntó Gastón muy
alarmado —. Yo no le he dado a usted tales órdenes.

75 — No, es verdad. Pero esas reparaciones eran absolutamente
necesarias.

— Bien, bien. ¿Y cuánto estima usted que le debo por
todos esos gastos de que yo no sabía nada?

— Pues son unos diez mil duros, más o menos.

80 — ¿Y si yo le dijera* a usted que no tengo dinero para
pagarle?

— Bueno, entonces podría usted venderme las tierras que
no le producen a usted nada. Yo se las pagaría bien.[16]

— ¿Y el castillo?

85 — El castillo se lo compro también.[17] Eso no vale nada.
Está en ruinas.

— Está bien. Lo pensaré — dijo Gastón.

Y terminó la entrevista.[18]

Según iba subiendo[19] al castillo por el estrecho camino de
90 piedras sueltas,[20] Gastón pensaba :

— Entonces es verdad que hay un tesoro. Y sin duda el
mayordomo lo sabía y lo ha encontrado. ¡Esas reparaciones!
Y también esta propuesta de comprarme el castillo. Bueno
¿pero si ya ha encontrado el tesoro, para qué quiere el castillo?
95 Pero ¿no pudiera* ser que no hubiera* ningún tesoro y que
lo único que quiere el mayordomo es poseer tierras y más
tierras como todos los campesinos? No sé. ¿Hay tesoro o no
lo hay?[21]

16. Yo se las pagaría bien, *I would pay you well for them.*
17. El castillo...también, *I shall buy the castle from you also.* — *Note:* se
here means " *from you* ". Lo *refers to* el castillo *and is an illustration
of the redundant construction. This is usually the case when the direct
object noun precedes the verb.*
18. Y terminó la entrevista, *And the interview came to an end.*
19. Según iba subiendo, *as he kept going up.*
20. camino de piedras sueltas, *path full of loose stones.*
21. ¿Hay tesoro o no lo hay?, *Is there a treasure or isn't there?*

Gastón estuvo* despierto casi toda la noche, esperando el día con impaciencia.   100

Después del desayuno servido por su única criada, la vieja Telma — una taza de café con leche y un panecillo con mantequilla — Gastón comenzó sus exploraciones.

Atravesó varias salas desiertas, sin muebles. En una, las paredes estaban rotas y se veían grandes huecos negros. En   105
otra, el suelo de madera había sido arrancado.

— No hay duda, no hay duda — pensaba Gastón —. El alcalde ha estado registrando por aquí.[22]

Al final del corredor había una escalerilla.

— ¿Adónde conducirá esta escalera? Voy a bajar. Probable-   110
mente, me indicará algo interesante — se dijo Gastón.

Estaba muy oscuro. Gastón encendió un fósforo y comenzó a bajar. Por fin llegó a una habitación en forma de círculo, de techo muy bajo. También allí alguien había arrancado piedras de las paredes, del suelo, y del techo.   115

Gastón estaba furioso.

Al otro lado de la habitación se veía el comienzo de una estrecha galería. Gastón la siguió, teniendo que bajar la cabeza para no tropezar con[23] las piedras.

Ya no le quedaba más que un fósforo,[24] cuando vió que   120
al final de la galería había un poco de luz.

Salió, y respiró con todas sus fuerzas. Miró a su alrededor. A su lado pasaba el río, oscuro y profundo. Arriba, se levan-taba la torre norte del castillo, la Torre de la Reina Mora, como la llamaba la gente del país.   125

Gastón se sentó en la hierba, a la orilla del río. Con su último fósforo encendió un cigarrillo. Fumaba y pensaba.

Habían pasado unos minutos cuando oyó dos voces, una de mujer y otra de niño, que sonaban detrás de él, y venían acercándose.   130

---

22. ha estado registrando por aquí, *has been searching all around here.*
23. para no tropezar con, *in order not to bump into.*
24. Ya...fósforo, *Now he had only one match left; literally, not more than one match remained to him.*

— Miguelito. ¡Ten cuidado![25] — gritó la mujer.

Un niño de unos seis años pasó saltando por las piedras hacia el río. Gastón se levantó, y, en un momento, recibió al niño entre sus brazos.

135 La mujer se acercó.

— Muchas gracias, señor — dijo muy emocionada —. Ha salvado usted a mi hijo.

Miguelito se echó a reír, diciendo :

— ¡Que tontería! No me iba a pasar nada.[26] Yo sé andar
140 por estos sitios mejor que vosotros.

Gastón miró a la mujer, agradablemente sorprendido.

Era una señora de unos veintiséis años, alta, morena, de ojos azules, con un aire de gran distinción. Llevaba un traje de tartán escocés, a cuadros negros, verdes y azules, y un
145 sombrero marinero de paja amarilla con cinta azul.

— Señora, permítame usted que me presente — dijo Gastón con una inclinación de cabeza —. Me llamo Gastón de Landrey. Sería para mí un gran placer acompañarla a usted en su paseo por el campo.

150 — Ah ¿es usted el dueño del castillo? — preguntó con una voz deliciosa. — Tanto gusto en conocerle —. Yo me llamo Antonia Rojas, viuda de Sarmiento, y vivo en una casita de campo cerca de la aldea.

— Encantado, señora. Aunque soy mal guía por estas partes,
155 tendría* mucho gusto en acompañarla a su casa, si usted me permite.

— No, no se moleste usted.[27]

— Sí, mamá — dijo Miguelito —. ¡Que venga con nosotros![28] Este señor es mi amigo.

160 Siguieron la orilla del río, cruzaron el viejo puente romano medio en ruinas, y llegaron a la casa de campo.

Era una quinta blanca, rodeada de una baja tapia. Por

---

25. ¡Ten cuidado!, *Be careful!*
26. No me iba a pasar nada, *Nothing was going to happen to me.*
27. no se moleste usted, *don't go to the trouble.*
28. ¡Que venga con nosotros!, *Let him come with us!*

EL TESORO DE GASTÓN · 247

la fachada trepaban rosas rojas hasta[29] los balcones del segundo piso. Delante de la casa había un jardín con un pequeño estanque. Los árboles de la orilla daban agradable sombra al agua verde y tranquila.

Gastón iba a despedirse con las fórmulas corrientes de cortesía. Miguelito le cogió de la mano y le hizo* entrar en el jardín.

— Mamá, dile* a Gastón que se quede a almorzar con nosotros. Y luego, dirigiéndose a Gastón le dijo :

— Anda, quédate. Yo te invito. Quiero que veas* mi colección de conchas de mar.

Antonia sonrió con un gesto de resignación, y entró en la casa, seguida de Miguelito, de Gastón, y de un perro negro, enorme, que acababa de aparecer[30] en el jardín.

El almuerzo fué exquisito. Gastón no había almorzado tan agradablemente desde su salida de Madrid. Ostras, pollo asado, ensalada, y de postre,[31] dulces y quesitos del país.[32] Un vinillo blanco, muy fresco, alegraba los ojos del señor de Landrey y los bellos ojos azules de la encantadora viuda.

Al terminar el almuerzo, pasaron a la sala. Miguelito se puso a jugar con sus conchas a los pies de Gastón. Éste, dirigiéndose a Antonia, dijo :

— ¿A qué no puede usted imaginarse[33] lo que he estado buscando esta mañana? Un tesoro.

— ¡Ah, el tesoro! ¿Usted también?

Gastón quedó aterrado.

— Pero ¿cómo? ¿Usted sabía que hay un tesoro?

— Claro. Eso es un secreto a voces.[34] Lo sabe todo el mundo.

— ¿Y cree usted que lo ha encontrado ya alguien? ¿El alcalde, por ejemplo?

---

29. Por la fachada...hasta, *Over the front of the house red roses climbed up to.*
30. que acababa de aparecer, *who had just appeared.*
31. de postre, *for dessert.*
32. quesitos del país, *little molds of native cheese.*
33. ¿A qué...imaginarse...?, *I'll bet you can't imagine...?* — *The complete expression is:* apuesto a que *(I bet that).* Apuesto *is understood.*
34. secreto a voces, *open secret.*

— No, no lo creo. Lo probable es que no se encuentre nunca. Yo he estado oyendo hablar de ese tesoro desde que
195 me vine* a vivir aquí, hace dos años.

— ¿Usted no es de aquí? Pero ¿es usted gallega, verdad?

— Sí, soy gallega. Nací en La Coruña. Me vine a vivir aquí, en el campo, después de la muerte de mi marido.

Antonia y Gastón, atraídos mutuamente por una viva sim-
200 patía, empezaron a contarse sus respectivas historias.

Antonia, hija de un capitán de la marina mercante, se casó a los veinte años con un hombre muy rico. Vivieron dos años como millonarios. Antonia tenía todo lo que podía desear : casas, joyas, pieles, vestidos, automóviles de lujo, todo.
205 Un día, su marido, completamente arruinado, se suicidó. Antonia tuvo que deshacerse de todo, a cualquier precio,[35] para pagar las deudas. Su padre también había muerto.* Antonia quedó sola en el mundo. Con el poco dinero que le quedó compró la casa de campo y se vino* a vivir aquí,
210 alejada del mundo. Gastón le preguntó :

— Pero, dígame usted, Antonia, ¿no se aburre usted aquí en esta terrible soledad?

— No, no tengo tiempo de aburrirme. Estoy trabajando siempre.
215 — ¿En qué trabaja usted?

— ¿Ha notado usted esos quesitos que tuvimos de postre? Pues los hacemos aquí en casa, las criadas y yo. Los mandamos a Madrid. De eso saco una pequeña renta.[36]

— Pero ¿es posible? Es usted una hormiguita.[37]
220 — Y usted debiera ser otra.

— Antonia, ¿qué me aconseja usted? No sé qué hacer. No tengo profesión, ni dinero, ni nada.

— Mire usted, señor de Landrey. Tengo una idea. Por lo que me cuenta, yo creo que usted no ha podido gastar toda
225 su fortuna. Probablemente su abogado de Madrid se ha

---

35. deshacerse...precio, *to get rid of everything at any price at all.*
36. De eso saco ...renta, *I get a little income out of that.*
37. Es usted una hormiguita, *You are an industrious little ant.*

quedado con[38] una buena parte. ¿Tiene usted sus cuentas?

— Sí, las tengo aquí. No las he aprobado todavía.

— Pues si yo fuera* usted le daría esas cuentas a su mayordomo de aquí para que las examinara. Emplee usted a un granuja contra otro granuja. Haga usted creer al mayordomo que le va usted a vender el castillo. Así le tendrá de su parte.[39] Cuando llegue* el momento, márchese usted a Madrid y tenga una entrevista con su abogado.

— Muchas gracias, Antonia. Tiene usted la mar de talento.[40] Voy a hacer todo lo que me dice.

— Y otra cosa, señor de Landrey. No venga usted a visitarme más.

— ¿Por qué no?

— Porque no quiero murmuraciones de la gente. Yo tengo que vivir aquí y no puedo perder mi buena reputación. Y ahora, adiós.

— Adiós, Antonia.

Miguelito y el perro le acompañaron hasta el camino.

Durante las semanas siguientes, Gastón apenas salió de casa del alcalde. Allí almorzaba, allí comía, allí pasaba el día entero hasta el anochecer, cuando volvía a su solitario castillo.

El alcalde, encerrado en su despacho, examinaba las cuentas del abogado muy detenidamente.

Florita estaba entusiasmada con las visitas de Gastón, y no le dejaba en paz ni un solo momento. Sus risas y sus miradas eran cada vez mas provocativas. A veces, Florita y Gastón daban un paseo por el campo. El alcalde y su mujer se felicitaban pensando en la próxima boda. Concha estaba avergonzada de la conducta de su hermana. La pobre no decía nada por temor de que lo atribuyeran a envidia por su parte.

Una tarde, Gastón y Florita estaban charlando en el jardín, cuando apareció el alcalde, muy contento y sonriente.

---

38. se ha quedado con, *has kept.*
39. Así le tendrá de su parte, *This way you will have him on your side.*
40. Tiene usted la mar de talento, *You have a lot of talent.*

— Mi señor don Gastón — dijo —. El granuja de su abogado no esperaba encontrarse conmigo.[41] He terminado de estudiar las cuentas. Le aseguro a usted que se ha apropiado las dos terceras partes de su fortuna y que no tendrá más remedio que devolvérselas a usted.[42] Aquí tiene usted las pruebas.

Gastón dió las gracias a su mayordomo.

Al día siguiente salió para Madrid.

Dos semanas más tarde estaba de vuelta[43] en Landrey. Gastón fué inmediatamente a ver a su mayordomo.

— Sí, señor — dijo Gastón —. Tenía usted mucha razón. Mi abogado me ha devuelto* todo el dinero que me había robado.

— ¡ Claro, claro ! — contestó el mayordomo muy contento. — A mí no me engaña ningún abogado, aunque sea* de Madrid.

Gastón continuó :

— Y aquí tiene usted los diez mil duros que dice usted que le debo. No pienso vender el castillo.

El alcalde se puso pálido. Gastón dijo :

— Usted perdone.[44] Tengo mucho que hacer. Si quiere usted venir a verme ya sabe dónde estoy.

Y se dirigió a casa de Antonia con el corazón lleno de alegría.

Una criada le abrió la puerta. La señora no estaba.[45] El niño tampoco. Se habían ido a La Coruña a pasar unos días. La criada no sabía cuándo volverían.

Gastón estaba desesperado. Se preguntaba : «¿Por qué no quiere verme Antonia ? »

Así pasaron dos días, sin que Gastón tuviera* noticias de Antonia.[46] Su única distracción durante esos días interminables fué disponer la colocación de los muebles que había comprado en Madrid y que acababan de traer.

---

41. no esperaba encontrarse conmigo, *he didn't expect to have to deal with me.*
42. no tendrá...usted, *he will have no other recourse but to give them back to you.*
43. estaba de vuelta, *he was back.*
44. Usted perdone, *Excuse me.*
45. no estaba, *was not in.*
46. sin que...Antonia, *without Gaston's receiving news of Antonia.*

La tarde del tercer día, Gastón vió a Miguelito que jugaba solo al pie del castillo.

Gastón bajó corriendo. 290

— Miguelito. ¿Cuándo habéis vuelto?

— ¿De dónde? — preguntó el niño —. Mira, Gastón, ven conmigo. Te voy a enseñar la madriguera de la comadreja.[47] Ven.* Y, cogiéndole de la mano, le llevó cuesta arriba por 295 la ladera del monte.[48] Gastón le siguió automáticamente. Miguelito separó algunas matas, y descubrió un pequeño agujero[49] tapado con dos grandes piedras.

— ¡El tesoro! — pensó Gastón —. ¡El tesoro! Estoy seguro. ¡El tesoro! 300

Y, volviéndose a Miguelito, le dijo :

— Miguelito, no debes estar aquí solo. Vuelve a casa y dile a tu mamá que voy a ir a verla esta noche. ¡Anda, rico, ve![50]

Miguelito obedeció. Gastón, como loco, subió al castillo. 305 Encontró varias herramientas y una linterna. Bajó a la madriguera de la comadreja.

Se puso a trabajar con todas sus fuerzas. Al cabo de una hora había separado las dos piedras. Entró en el agujero con la linterna encendida. ¡Una galería! Al final, apareció una 310 habitación circular, como la otra que ya había visto. Golpeó las paredes. Una sonaba a hueco.[51] Rompió la pared. ¡El tesoro! ¡Ocho ollas llenas de monedas de oro del siglo XVIII! ¡Una olla más llena de perlas, diamantes, esmeraldas...!

Ya había anochecido. Gastón subió y bajó en la oscuridad, 315 de la madriguera al castillo, y del castillo a la madriguera, hasta tener el tesoro en su alcoba, encerrado en un cofre de hierro al pie de su cama.

Cayó exhausto con una alta fiebre. Llamó a la vieja Telma.

— ¡Telma, Telma! ¡Llama a Antonia! 320

---

47. la madriguera de la comadreja, *the hiding place of the marten.*
48. cuesta...monte, *up the hill, along the side of the mountain.*
49. descubrió un pequeño agujero, *uncovered a small hole.*
50. ¡Anda, rico, ve!, *Come on, little fellow, go home!*
51. Una sonaba a hueco, *One sounded hollow.*

— Señor. ¿Quién es Antonia?

— ¡Antonia, Antonia! La viuda de la quinta.

— Señor. ¿Está usted loco? No se puede llamar así a una señora.[52] ¿Qué diría la gente?

325 — Ve, Telma. Haz* lo que te digo.

Unas dos horas más tarde, Antonia estaba al lado de Gastón. Éste deliraba.

— ¡Antonia, Antonia! ¡Dos tesoros! ¡Dos! Uno es de Miguelito. ¡El otro es mío! ¡Nuestro!

330 Antonia, sentada al lado de la cama, le pasaba un pañuelo mojado por la frente febril.

---

52. No se puede...señora, *One can't call a lady just like this.*

CUESTIONARIO

1. ¿Quién era Gastón?
2. ¿Cuántos años tenía al morir su madre?
3. ¿Qué renta tenía?
4. ¿Qué había comprado?
5. ¿Dónde solía pasar los otoños?
6. ¿Adónde tendría que marcharse?
7. ¿Dónde tendría que vivir?
8. ¿Qué existía en aquel castillo?
9. ¿Desde dónde miraba Gastón con sus gemelos?
10. ¿Dónde vivía su mayordomo?
11. ¿Quiénes estaban en la galería?
12. ¿Quiénes eran?
13. ¿Cómo se llamaban las dos muchachas?
14. ¿Dónde se encerraron el alcalde y Gastón?
15. ¿Cuánto dinero debe Gastón al alcalde?
16. ¿Tiene Gastón dinero para pagarle?
17. ¿Qué quiere comprar el alcalde?
18. ¿Qué había tomado de desayuno?
19. ¿Quién es Telma?
20. ¿Qué hizo Gastón después del desayuno?
21. ¿Qué pensaba Gastón?
22. ¿Qué había al final del corredor?
23. ¿Qué encendió Gastón?
24. ¿Por fin adónde llegó Gastón?
25. ¿Cuántos fósforos le quedaban?
26. ¿Cómo llamaba la gente a la torre?
27. ¿Dónde se sentó Gastón?
28. ¿Qué encendió con su único fósforo?
29. ¿Qué hacía Gastón?
30. ¿Qué oyó Gastón?
31. ¿Cuántos años tenía el niño?
32. ¿Cuántos años tenía la señora?

33. ¿Qué aspecto tenía la señora?
34. ¿Cómo se llama la señora?
35. ¿Dónde vivía Antonia?
36. ¿Quiénes entraron en la casa?
37. ¿Qué comieron?
38. ¿Dónde nació Antonia?
39. ¿Cuándo se vino a vivir aquí?
40. ¿Quién era el padre de Antonia?
41. ¿Cómo vivieron Antonia y su marido?
42. ¿Qué cosas tenía Antonia?
43. ¿Se aburre Antonia?
44. ¿En qué trabaja Antonia?
45. ¿Cree Antonia que Gastón ha gastado toda su fortuna?
46. ¿Qué cree Antonia entonces?
47. ¿Por qué no quiere Antonia que Gastón la visite?
48. ¿Dónde pasaba Gastón todo el tiempo?
49. ¿Qué hacían a veces Florita y Gastón?
50. ¿Cuánto tiempo pasó Gastón en Madrid?
51. ¿Piensa Gastón vender el castillo?
52. ¿Adónde se dirigió Gastón?
53. ¿Quién le abrió la puerta?
54. ¿Estaban la señora y el niño?
55. ¿Qué era la única distracción de Gastón?
56. ¿A quién vió Gastón el tercer día?
57. ¿Qué descubrió el niño?
58. ¿En qué consistía el tesoro?
59. ¿A quién llamó Gastón?
60. ¿Quién estaba al lado de Gastón dos horas más tarde?
61. ¿Por qué dijo Gastón : « ¡Dos tesoros! »?

Juan Belmonte, Torero

[16]

MANUEL CHAVES
NOGALES

Manuel Chaves Nogales (1897-   ), a well-known Spanish journalist, has been foreign correspondent for several Spanish newspapers.   Since the end of the Spanish Civil War (1936-1939) he has resided in France.

His subtle, penetrating essays and short stories deal chiefly with the life and customs of his native city, Seville.

Juan Belmonte, torero *is cast in the form of an auto-biography of Belmonte as told to Chaves Nogales.*

Juan Belmonte (1892-   ), the originator of the modern style of bullfighting, is considered by the Spanish people to be one of Spain's true representative artists, on a par with her great poets, musicians, dancers, and painters.   The Spaniard never regards the bullfight as a sport; for him, it is a ritualistic form of tragic art: Man challenging and overcoming—but not always—Destiny.

There is an excellent English translation of Juan Belmonte, torero, *with the title* Juan Belmonte : Killer of Bulls, *by Leslie Charteris (Doubleday and Company, 1937).   It contains an informative, lucid " Note on Bullfighting."*

Juan Belmonte, Torero

MANUEL CHAVES NOGALES

Fué la tarde del 2 de Mayo de 1914, en la plaza de toros[1] de Madrid.

Los tres grandes toreros de la época, Rafael el Gallo, su hermano menor Joselito, y Juan Belmonte, toreaban[2] aquella tarde de primavera madrileña. El Gallo, vestido de azul y 5 oro, ha toreado ya a sus dos toros,[3] el primero y el cuarto, mostrando a cada paso la gracia y la alegría[4] típicas de su estilo gitano. Con una gran sonrisa en su cara morena, El Gallo agradece[5] la ovación enorme de veinte mil espectadores.

Joselito, de verde y oro, ha toreado ya a su primer toro, 10 que es el segundo de la corrida. Belmonte, de morado y oro, ha toreado ya al tercero.[6]

El público no ha visto nunca nada tan admirable como la corrida de esta tarde.[7]

Joselito y Belmonte, los dos maestros absolutos del arte del 15 toreo, son de la misma edad. Tienen veintidós años.

Joselito es el arte clásico : líneas claras, continuas, serenas.

1. la plaza de toros, *bull ring.*
2. toreaban, *were performing (in a bullfight).*
3. ha toreado ya...toros, *has already played his two bulls.*
4. la gracia y la alegría, *the grace and gaiety.*
5. agradece, *acknowledges.*
6. ha toreado ya al tercero, *has already played the third (bull).*
7. como la corrida de esta tarde, *as this afternoon's performance.*

Belmonte es el arte barroco : un tumulto de pasión desarrollado en violentos contrastes de angustia y de quietud.[8]

20 Sale ahora el quinto toro. Joselito va hacia él, despacio, sonriendo.

Desde el primer momento, en que Joselito recibe su poderoso ataque en el vuelo lento de su capa, hasta el último instante, en que el toro cae muerto de una sola exacta estocada,[9] toda 25 la faena[10] ha sido un gracioso juego de pura geometría, como si no hubiera peligro alguno para el torero en la furia de aquellos cuernos veloces que rasgan al aire,[11] como si no estuviera* la Muerte siempre allí, esperando.

La ovación es imponente. Joselito, tranquilo, sonriendo, da 30 la vuelta al ruedo,[12] para recibir el aplauso por su triunfo.

Por encima de los gritos entusiastas de los espectadores, se oyen los graves y alegres compases[13] del mejor pasodoble torero, *La Giralda.*

Belmonte espera, sentado en el estribo de la barrera.[14] Un 35 solo pensamiento le domina. ¿Qué hacer después de aquella faena insuperable de su rival? Nada. Todo lo que él pudiera intentar parecería mediocre, ridículo, inútil.

Belmonte, con la cabeza baja, está mirando hacia el suelo. Ve sus medias de color de rosa, sus zapatillas negras. Por 40 entre el tejido de seda[15] de una media sale un pelillo negro rizado. Esto le molesta. Belmonte piensa : « Si logro volver[16] este pelillo bajo la media, tendré éxito.[17] Si no, no sé. » Los

---

8. Joselito es el arte...quietud, *Joselito represents the classical in art: clear, continuous, serene lines. Belmonte represents the baroque in art: a tumult of passion, developing in violent contrasts of anguish and calmness.*
9. hasta el último instante...estocada, *until the last moment when the bull falls dead from a single deft thrust of the sword.*
10. toda la faena, *the whole performance.*
11. aquellos cuernos...aire, *those swift horns which slash the air.*
12. da la vuelta al ruedo, *walks around the bull ring.*
13. los graves...compases, *grave and at the same time gay measures.*
14. estribo de la barrera, *footboard of the barrera (a circular fence separating the spectators from the bull ring).*
15. por entre el tejido de seda, *through the silk mesh.*
16. Si logro volver, *If I succeed in putting back.*
17. tendré éxito, *I'll come out all right; literally, I shall have success.*

toreros, que se juegan la vida todas las tardes, no tienen más
remedio que ser supersticiosos.

Hay ahora un gran silencio en la plaza.   45

Son las siete de la tarde. El ruedo está ya todo en sombra.

Belmonte no ha logrado meter el pelillo bajo la media.
Piensa : « No hay nada que hacer. Entregarse al destino.
Sea lo que sea.[18] »

Suena un toque de clarín.[19] Sale el sexto y último toro.   50
Es un magnífico animal, grande, negro, brillante.

Belmonte, pálido y sereno, avanza unos pasos hacia el centro

---

18. Sea lo que sea, *Let happen what will.*
19. Suena un toque de clarín, *A bugle call is heard.*

del ruedo. El toro velozmente se lanza contra la pequeña figura del torero, vestido de morado y oro.

55 Belmonte no se mueve. Abre su capa, y recibe lentamente al furioso animal, girando levemente de izquierda a derecha en una verónica[20] de absoluta maestría.

La cara de Belmonte revela una intensa y casi dolorosa concentración de voluntad.

60 El toro se revuelve furiosamente para volver a atacar.

Belmonte, con otra lentísima verónica, le hace pasar de derecha a izquierda, y tan cerca de su pecho que el toro se lleva algunos adornos de oro[21] de la chaquetilla del torero.

Veinte mil espectadores, con el corazón en la boca, se ponen 65 de pie.[22] Hay unos segundos de silencio mortal. Luego, estalla una inmensa ovación.

Belmonte da otra verónica. Y otra. Y otra. Cinco verónicas seguidas perfectas, sin mover los pies. Nadie ha hecho nunca una cosa así.

70 Belmonte inicia una nueva verónica.

La inicia, pero la deja incompleta en el aire, con la capa girando alrededor[23] de su cintura y quedando luego inmóvil unos momentos entre los cuernos del toro.

El animal está inmóvil, lleno de furia contenida. Belmonte 75 le vuelve la espalda,[24] y se aleja lentamente hacia la barrera.

Veinte mil voces al unísono lanzan un ¡ Ole![25] inmenso y prolongado.

¿ Qué sintió Belmonte aquella tarde mientras toreaba al sexto toro? Oigamos* sus palabras : « Mientras toreaba, me olvidé 80 por completo del público, del sitio, del peligro, de todo. Estábamos solos el toro y yo, cada uno jugando con su propio instinto e inteligencia. Nunca he sentido como entonces el puro goce estético del toreo. »

---

20. verónica, *veronica (a pass with the cape held waist-high in both hands).*
21. se lleva...oro, *tears off some gold ornaments.*
22. se ponen de pie, *rise to their feet.*
23. con la capa girando alrededor, *with the cape swirling around.*
24. le vuelve la espalda, *turns his back on him.*
25. ¡Ole!, *Ole! (an exclamation expressing enthusiastic admiration).*

Ha terminado la corrida. Un río de gente, tranvías, coches, automóviles, taxis, baja por la alegre calle de Alcalá hacia la noche madrileña llena de luces, de ruido, de conversaciones, que no se apagan sino hasta cerca del alba.[26]

¿Qué clase de gente son estos tres famosos toreros, ídolos del público español? Los tres son sevillanos. Rafael el Gallo y su hermano Joselito son gitanos, de una familia brillante de toreros y bailadoras flamencas.[27] La vida les ha sonreído siempre. Lo han tenido todo desde el principio : dinero, comodidad, influencia, fama. En cambio, para Belmonte la vida ha sido una lucha incesante por salir de la pobreza.

Juan Belmonte nació en Sevilla en uno de los barrios más pobres de la ciudad. Su madre murió* cuando él tenía cuatro años, y su padre pronto volvió a casarse. La familia consistía de once hijos. Juan era el mayor.

Ni la escuela ni el trabajo le interesaban[28] a Juan. Lo que le gustaba más que nada era pasar el tiempo jugando al toro con los otros chicos del barrio.

Una noche, Juan y sus amigos se atrevieron a hacer algo que no había hecho nunca nadie. En una dehesa,[29] cerca de Sevilla, al otro lado del río, había toros bravos. Allá fueron los chicos para aprender a torear toros de verdad.[30]

Era un grupo de chicos de doce a catorce años. Encontraron un sitio seguro a la orilla del río, se quitaron la ropa, la escondieron entre unas matas, y cruzaron el río a nado.[31] Uno de los chicos nadaba con sólo un brazo, llevando en la otra mano la capa de torero.

Al llegar a la otra orilla, se dirigieron a la plazoletilla.[32]

26. que no se apagan...alba, *that are not extinguished until almost dawn.*
27. bailadoras flamencas, *gypsy women dancers.*
28. Ni la escuela...interesaban. — *Note the plural form of the verb, unlike the English which, in this case, would call for the singular.*
29. dehesa, *ranch.*
30. para aprender...de verdad, *to learn to play real bulls.*
31. cruzaron el río a nado, *they swam across the river.*
32. plazoletilla, *small bull ring of the ranch.*

Lograron llamar la atención de un toro de los varios que andaban por la hierba. El toro entró en la plazoletilla. El niño mayor cogió la capa.

115 En la oscuridad de la noche sólo se veían los cuernos, muy blancos, que pasaban una y otra vez cerca del niño que estaba toreando. Los otros chicos esperaban cada uno su turno.

De pronto se oyó un gemido. El toro había herido al niño torero que ahora lloraba en el suelo.

120 Belmonte y los otros chicos esperaron hasta que desapareció el toro en la noche. Entonces cogieron al niño herido, y cuatro de ellos le llevaron en alto, extendido,[33] dos sosteniéndole por los hombros, y dos por las piernas. Iban despacio hacia la orilla del río para encontrar una barca en que volver a la

125 ciudad.

La luna comenzaba a iluminar el campo y el río. En el silencio de la noche los niños oyeron un ruido extraño. Allí, en la orilla, estaba un toro enorme. Venía hacia ellos despacio. Al andar hundía sus patas en el fango.[34]

130 Los niños, aterrados, quedaron inmóviles. El toro, también quedó inmóvil, mirándoles fijamente.

Pasaban los minutos. El toro no atacaba, pero tampoco se iba. A los cuatro niños les dolían los brazos de sostener[35] al compañero herido, pero no se atrevían a hacer el menor

135 movimiento.

Se oyó otra vez el ruido de los pasos del toro en el fango. Daba un paso, se paraba, y miraba otra vez el extraño grupo de niños desnudos. Por fin se alejó lentamente por el campo.

Al día siguiente todo el mundo sabía ya en Sevilla la aventura

140 de los niños toreros. El niño herido curó de su herida, pero no volvió a torear más. Belmonte y los otros fueron* muchas noches a la dehesa, a pesar del peligro de los toros, de los guardas de la dehesa, y de la Guardia Civil que tenía órdenes

---

33. le llevaron en alto, extendido, *carried him raised high, stretched out to his full length.*

34. Al andar hundía...fango, *As he walked his legs sank into the mud.*

35. A los cuatro...sostener, *The four boys felt great pain in their arms from holding up.*

de disparar sobre[36] cualquier persona que entrara en la dehesa.

Así, toreando en la oscuridad de la noche, se formó el estilo 145
dramático, sombrío, del arte de Belmonte. El niño torero
aprendió a tener siempre al toro muy cerca de sí, alrededor
de su cintura. Era mejor que dejarle desaparecer en la oscuridad, y no verle más.

Durante varios años la vida de Belmonte fué una sucesión 150
de pequeños éxitos y de grandes fracasos.[37] A veces perdía
toda esperanza de llegar a ser torero de verdad.

Un día recibió un telegrama de Valencia. Le preguntaban
si quería torear allí. Belmonte pidió algún dinero prestado[38]
y cogió el tren. 155

El día antes de la corrida, Belmonte fué a la plaza para
ver los toros que tenía que torear.

Eran seis animales enormes, feísimos, con unos cuernos tan
largos que sería imposible tratar de acercarse.

Belmonte los miraba con tristeza y desesperación. Había 160
venido a Valencia dispuesto a triunfar de una vez para
siempre,[39] y ahora se encontraba con estos monstruos espan-
tosos que no le permitirían hacer nada brillante y que probablemente le matarían.

Volvió al hotel. Otro gran problema era que no tenía traje 165
de luces, ni sabía dónde encontrar uno. Por fin alquiló un
traje completamente ridículo en el teatro de zarzuelas.[40] Era,
sin duda, para coristas, y necesitaba varias alteraciones, que
tuvo que hacer él mismo, porque no tenía dinero para pagar
a nadie. 170

Aquella noche, solo en su cuarto, Belmonte cosía[41] y pensaba : « Bueno, todo esto es una aventura absurda. Lo mejor

36. de disparar sobre, *to shoot at.*
37. fué una sucesión...fracasos, *was a succession of small successes and great*
    failures.
38. pidió...prestado, *borrowed some money.*
39. de una vez para siempre, *once and for all.*
40. teatro de zarzuelas, *comic-opera theater.*
41. cosía, *was sewing.*

será terminar de coser, acostarme, y dormir bien. » Y así lo hizo.

175 La tarde siguiente Belmonte toreó a su primer toro con increíble valentía y gran estilo dramático. El público estaba entusiasmado. Su segundo toro, aun más grande y más feo que el primero, le tiró al aire[42] y le hirió en una pierna.

Belmonte tuvo que pasar un mes en el hospital. Su reputación
180 estaba hecha. El público empezó a considerarle como el rival de Joselito, que era ya entonces el rey de los toreros.

Belmonte recibió un contrato para torear en Méjico,[43] y se embarcó para Nueva York, La Habana y Veracruz.

Nueva York no le gustó. ¿Cómo se puede vivir en una
185 ciudad en que los edificios son montañas de acero y cemento, las calles son números, y los hombres, en comparación, no son nada?

La Habana le pareció encantadora, con sus casas bajas, sus calles estrechas, sus plazas, sus palmeras.

190 En Méjico toreó quince o veinte corridas,[44] siempre en amistosa rivalidad con Gaona, el elegante torero mejicano. El contraste de los dos estilos hacía un efecto artístico maravilloso.

Al volver a Sevilla, Belmonte traía una colección de loros,
195 chihuahuas,[45] zafiros y diamantes, para regalar a sus parientes y amigos. Ésta era una antigua costumbre de los toreros españoles que volvían de Méjico.

Durante la temporada[46] de 1914 Belmonte toreó unas ochenta corridas, casi siempre en rivalidad con Joselito. Los
200 dos famosos toreros eran ya millonarios, pero seguían poniendo su vida en peligro todas las tardes.

Pero, ¿el torero no siente miedo? Sí, lo siente. Belmonte

---

42. le tiró al aire, *tossed him up in the air.*
43. para torear en Méjico, *to perform in Mexico.*
44. toreó quince o veinte corridas, *he took part in fifteen or twenty bullfights.*
45. chihuahuas, *Chihuahua dogs.*
46. temporada, *season.*

le dijo a un amigo : « El día de corrida la barba crece más fuerte. Es el Miedo. »

Delante del toro el torero no tiene tiempo para sentir miedo. 205
Necesita toda su energía e inteligencia para observar los movimientos del animal y para responder instantáneamente. Cualquier falta de decisión tiene que ser fatal.

Durante los años siguientes Belmonte llegó a torear unas cien corridas[47] durante algunas temporadas, y fué herido varias 210 veces.

En 1917 fué invitado a torear en el Perú.

Lima era como Sevilla. Las casas eran de tipo español, de dos pisos, con patios y rejas. Belmonte se sentía feliz en el ambiente de aquella ciudad. 215

Un crítico dijo que Belmonte salía a torear como si saliera a conquistar a una mujer. Y era la verdad. Allí Belmonte conoció a su esposa.[48]

Se habían conocido en una reunión, habían conversado un rato, y nada más. 220

Una mañana se encontraron en la calle. Ella venía hacia él, sonriendo. Belmonte sintió una extraña sensación de completamiento,[49] de seguridad. No había duda. Aquella mujer era la mujer destinada para él. Belmonte sintió* que siempre había estado buscando algo, sin saber qué, y ahora, por fin, 225 la había encontrado. Ella, más tarde, le dijo que había sentido exactamente lo mismo.

La temporada había terminado. Era necesario marchar a Venezuela, donde tenía que torear varias corridas.

Belmonte estaba cada vez más enamorado. ¿Qué hacer, 230 entonces? Pues, casarse. Pero la dificultad era que Belmonte había tenido toda su vida un gran miedo a todas las ceremonias, casamientos, funerales...

Quedaba solamente una solución. Belmonte desapareció de Lima. 235

---

47. llegó a torear...cien corridas, *took part in as many as some hundred bullfights.*
48. conoció a su esposa, *met his wife.*
49. completamiento, *fulfillment.*

Una mañana, en Caracas, mientras se vestía para ir a la plaza, se celebró su boda en una iglesia de Lima. Belmonte, representado por un amigo, se había casado en ausencia.

Antes de volver a España Belmonte y su esposa se detu-
240 vieron* en Buenos Aires.

Entraban en un restaurante. Se sentaban en un rincón. Se decían en voz baja palabras de amor. Pronto oían por todas partes : « Es Belmonte. El torero. Se ha casado. » Tuvieron* que huir de Buenos Aires.

245 Pasaron la luna de miel en Nueva York, donde no les conocía nadie.

Durante los años siguientes, Belmonte llegó a la cumbre[50] de su fama. Sin embargo, empezaba a sentir aburrimiento en su profesión. Toreaba más por obligación[51] hacia el público
250 que por entusiasmo propio. Su arte había llegado a tal perfección técnica que ya no tenía para él ninguna emoción dramática. Lo mismo le pasaba a Joselito. ¿Era ya hora de retirarse?

Una tarde de mayo de 1920, Belmonte estaba en su casa
255 de Madrid, jugando al *poker* con unos amigos. Tenía que torear esa tarde, pero estaba lloviendo, y se había suspendido la corrida.

Sonó el teléfono. Un amigo fué a contestar. Volvió, después de un momento, pálido, sin poder hablar.

260 — ¿Qué pasa? — preguntó Belmonte.

— En Talavera... un toro... ha matado... a Joselito.

Sus amigos se levantaron y le dejaron solo. Belmonte quedó sentado a la mesa, cubierta de cartas y fichas. Repetía estúpidamente, sin comprender : « Un toro... ha matado... a Jose-
265 lito... »

Tuvo miedo. ¿De qué? No sabía. De pronto, se echó a llorar.

Su esposa y las criadas entraron en la habitación. También estaban llorando.

---

50. llegó a la cumbre, *reached the height.*
51. Toreaba más por obligación, *He performed more through a sense of obligation.*

Belmonte, después de un momento, se calmó. Pasaron al 270
comedor. Durante la comida, Belmonte no se atrevió a mirar
a su esposa. Ella le miraba en silencio con gran terror en
sus ojos.

Dos días más tarde Belmonte volvió a torear en Madrid.
Fué uno de sus mayores triunfos. 275

Aquel año Belmonte toreó muchas corridas. Fué herido una
vez en Sevilla, otra en Barcelona.

En septiembre dejó de torear.[52] ¿Se había retirado? No.
Toreó, ya con menos frecuencia, algunos años más. Luego, se
retiró a vivir en el campo, en un cortijo que había comprado 280
cerca de Sevilla.

Era el mismo cortijo en que le habían negado un pedazo
de pan cuando era un torerillo pobre y desconocido que iba
a pie de pueblo en pueblo.

Belmonte había realizado plenamente el ideal del hombre 285
pobre andaluz, expresado en la copla popular :

> ¡Qué suerte poder tener
> un cortijo con parrales,
> pan, aceite, carne y luz,
> medio millón de reales, 290
> y una mujer como tú![53]

¡El Cid, don Quijote, Sancho, Lazarillo, don Félix de
Montemar, Margarita la tornera, Lucas, Frasquita, Juan
Martín, Gabriel Araceli, Inés, Joselito, Belmonte...!

En ellos, con gran fuerza humana, late el corazón de España. 295

---

52. dejó de torear, *he stopped bull-fighting.*
53. ¡Qué...como tú!, *What wonderful luck to have a farm house with a cool arbor,*
    bread, olive oil, meat and light, and a half million reales, and a girl
    like you.

CUESTIONARIO

1. ¿Qué tarde toreaban los tres toreros?
2. ¿Quiénes son Joselito y Belmonte?
3. ¿Cuántos años tienen?
4. ¿Qué toro sale ahora?
5. ¿Qué hace Joselito?
6. ¿Qué música se oye?
7. ¿Qué hace Belmonte?
8. ¿Qué ve Belmonte?
9. ¿Por qué son supersticiosos los toreros?
10. ¿Qué hora es?
11. ¿Qué toro salió ahora?
12. ¿Qué hace Belmonte?
13. ¿Qué hace Belmonte después?
14. ¿Qué hace el toro?
15. ¿Qué hacen los espectadores?
16. ¿Qué hace Belmonte ahora?
17. ¿Qué hace el toro?
18. ¿Qué hace Belmonte ahora?
19. ¿Qué gritan veinte mil voces?
20. ¿Después de terminar la corrida, por qué calle baja la gente?
21. ¿Quiénes son Rafael el Gallo y Joselito?
22. ¿Dónde nació Belmonte?
23. ¿Cuántos años tenía cuando murió su madre?
24. ¿Cuántos hijos había en la familia?
25. ¿Adónde fueron una noche Juan y sus amigos?
26. ¿Cómo cruzaron el río?
27. ¿Qué hizo el toro?
28. ¿Qué hicieron Belmonte y los otros chicos?
29. ¿Qué vieron los niños en la orilla?
30. ¿Qué hizo el toro por fin?
31. ¿Cómo se formó el estilo de Belmonte?

32. ¿Qué recibió Belmonte un día?
33. ¿Qué hizo?
34. ¿Adónde fué Belmonte el día antes de la corrida?
35. ¿Cuántos toros había?
36. ¿Tenía Belmonte traje de luces?
37. ¿Qué hizo entonces?
38. ¿Quién hizo las alteraciones?
39. ¿Qué hizo Belmonte después de coser?
40. ¿Qué hizo su segundo toro la tarde siguiente?
41. ¿Por qué no le gustó Nueva York a Belmonte?
42. ¿Qué traía Belmonte al volver a Sevilla?
43. ¿Cuántas corridas llegó a torear Belmonte algunas temporadas?
44. ¿Dónde conoció Belmonte a su esposa?
45. ¿Cómo se casó Belmonte?
46. ¿A qué ciudad fueron Belmonte y su esposa?
47. ¿Dónde pasaron la luna de miel?
48. ¿Qué hacía Belmonte con sus amigos una tarde de mayo?
49. ¿Por qué no toreaba esa tarde?
50. ¿Qué había pasado en Talavera?
51. ¿Dónde se retiró a vivir Belmonte?
52. ¿Qué quiere más que nada el hombre andaluz?

Notes on Life and Civilization

ABENCERRAJES : A noble family in the medieval Moorish kingdom of Granada.

ALCÁZAR : The fortress-palace of the medieval kings of Seville. The present structure was built in Moorish style under the direction of King Pedro I. The interior consists of a number of magnificent rooms with glazed-tile walls and several beautiful patios and gardens. The exterior of the Alcázar still preserves the character of a medieval fortress. Other cities, including Toledo and Segovia, also have alcázares.

ALGECIRAS : A small town opposite Gibraltar, on the west side of the bay of the same name. It was captured by the Moors in 711 and taken in 1344 by Alfonso of Castile.

ALHAMA : A town in the province of Granada, on a hill above a narrow, deep river. It was captured by the Spaniards in 1482.

ALHAMBRA : The fortress-palace of the Moorish kings of Granada. It occupies a plateau surrounded by a massive wall strengthened by numerous towers. It was under construction by the various Moorish kings from 1232 to 1408.

ANDALUCÍA : Andalusia. The south of Spain, consisting of eight provinces. It is separated from Castile by the mountains of Sierra Morena. Mountainous *Andalucía Alta* looks toward the Mediterranean; here the Sierra Nevada attains the highest elevation in Spain, 11,420 ft. The principal cities of this region are Granada and Málaga. *Andalucía Baja*, consisting of the basin of the Guadal-

271

quivir, faces the Atlantic Ocean. Its principal cities are Córdoba, Sevilla and Cádiz.

ÁNGELUS : An evening prayer celebrating the Annunciation.

ARAGÓN : A region in the northeastern part of Spain. (*See also* NAVARRA Y ARAGÓN).

LOS ARAPILES : A village south of Salamanca. The name Arapiles refers to the two hills, *el Arapil Grande* and *el Arapil Chico*, on which this battle was fought.

ARCO DE LA SANGRE : A Gothic arch on the east side of the Zocodover in Toledo.

ASTURIAS : A small region in northern Spain. It is a rugged and verdant country, with narrow valleys and high mountains rising to over 8,000 ft. The coast presents many abrupt cliffs and rocky promontories.

BABILAFUENTE : A village east of Salamanca.

BADAJOZ : A city in Estremadura, on the left bank of the Guadiana on a low range of hills. Lord Wellington captured the city from the French, April 6, 1812.

BAILÉN : A town at the foot of Sierra Morena near which the Spanish army under General Castaños forced 22,000 French troops to capitulate on July 22, 1808.

BERNUY : A small village southwest of Salamanca.

BOABDIL : Boabdil, whose Aràbic name was Abu Abdala, was the last Moorish king of Granada.

BORJA : An ancient little town in Aragón, situated in a valley at the foot of massive mountains. It is the ancestral home of the Borgia family.

BUENOS AIRES : The capital of Argentina is the third largest city in the Western Hemisphere, ranking after New York and Chicago. It is situated on the wide Pampa, or plain, on the southern shores of the wide estuary of the great river Plata. It was founded for the first time by Pedro de Mendoza in 1536. The settlement was abandoned in 1541. The city was founded for the second time in 1580. Argentina became independent of Spain during the period 1810-1811.

BURGOS : A city on the banks of the Arlanzón in the midst of a monotonous plateau. Its cathedral is one of the marvels of the Gothic architecture of Spain.

EL CABO DE SAN ANTONIO : A cape on the coast of Asturias.

EL CABO DE PEÑAS : A rocky cape on the coast of Asturias, projecting far into the sea. It is an important landmark on the north coast of Spain.

CÁDIZ : A city in southern Spain, most picturesquely situated on a narrow rocky peninsula between the Bay of Cádiz and the Atlantic Ocean. Owing to the limited area of the site, the houses are rather tall; nearly all are provided with view towers rising over their flat roofs and forming a characteristic feature. The magical charm of Cádiz is further enhanced by its beautiful parks and palms and its magnificent sea views.

CARACAS : The capital of Venezuela, about 40 miles from the Caribbean Sea, lies in a broad valley surrounded by high mountains. It was founded in 1567. It is the birthplace of Simón Bolívar. Venezuela became independent of Spain during the period 1810-1821.

CARRIÓN : A small town west of Burgos, the ancestral seat of the proud Princes (*Infantes*) of Carrión.

CASTILLA : Old Castile, a great expanse of treeless tableland in north-central Spain. This region became the leading power of all the small kingdoms into which Spain was divided in the Middle Ages. Central Spain is called New Castile.

CATEDRAL NUEVA : The new cathedral of Salamanca, begun in 1509. Three architectural styles—late Gothic, Renaissance, and Baroque—are combined in this structure.

CATEDRAL VIEJA : The old cathedral of Salamanca, in Romanesque and Gothic styles, begun about 1100.

EL CID : The Cid, Rodrigo Díaz de Vivar (1030-1099), Spain's national hero.

CONDE DE ESPAÑA : Carlos d'Espaigne, called de España (1775-1839), a Spanish general of French origin. He fought against the French in the Peninsular War.

CÓRDOBA : Cordova, a city at the foot of Sierra Morena on the right bank of the Guadalquivir. As capital of the Caliphate of Córdoba and the metropolis of Moorish Spain in the 12th century, it became the Peninsula's greatest center of Moslem culture. It was conquered by St. Ferdinand, King of Castile, in 1236. The former mosque, now the cathedral, is divided into naves by 860 columns. The old sections of the city, with their white houses and narrow twisted streets, still possess a strong Oriental character.

LA CORUÑA : Corunna, the most important commercial city in Galicia, with a population of 150,000, is situated on a strip of land between two bays. It has one of the finest harbors in Spain. The old city lies on a hill. The new sections, with fine avenues, parks, and gardens, extend along the sea. Picturesque features of the city are the many glass-fronted balconies that serve as lookouts.

EL DÍA DE SAN JUAN : St. John's Day, June 24, is a feast day of great importance among Spanish people. It symbolizes the rebirth of life and the power of nature.

DON CARLOS : Don Carlos de Borbón, contender for the Spanish throne after the death of his brother, Fernando VII, against the legitimate Queen Isabel II, King Fernando's daughter. The Carlist War, as it was called, was fought chiefly in the north of Spain and lasted from 1833 to 1840, ending with the defeat of Don Carlos. The real issue in this war was the struggle between the principles of absolute monarchy, symbolized by Don Carlos, and constitutional monarchy, symbolized by the infant queen.

DON JUAN : Don Juan Tenorio, a dissolute young nobleman of Seville, one of the great creations of the literature of Spain and indeed of the world. The character was created by Tirso de Molina (1584-1648) in his poetic drama *El Burlador de Sevilla*.

EL DOS DE MAYO DE 1808 : The date of the uprising of the citizens of Madrid against the French invader. The anniversary is Spain's national holiday.

DUERO : The Duero (or Douro) river, in north-central Spain. It flows through the cities of Soria and Zamora and thence into Portugal.

EXTREMADURA : Estremadura, a region in west-central Spain, consists of a tableland watered by the Tagus and the Guadiana. It has a great abundance of excellent pasture lands where great numbers of cattle graze. The Extremeños contributed largely to the history of America. Cortés, Pizarro, and other *conquistadores* came from this region.

GALICIA : The northwestern corner of Spain. It is one of the most beautiful regions of the Peninsula, a land of green mountains, woods and meadows, penetrated everywhere by the waters of the ocean in long wide estuaries. It possesses many excellent harbors.

GELVES : A town on the right bank of the Guadalquivir, picturesquely situated on a hill in the midst of orange groves.

GENERALIFE : Palacio del Generalife, in Granada. It is to the east of the Alhambra and about 165 ft. above it. It was the summer residence of the Moorish kings. The gardens are among the most interesting survivals of the Moorish period.

GIRALDA : The tower of the Cathedral of Seville, landmark of the city. It is 305 ft. tall and was originally the minaret, or prayer-tower, of the principal Moorish mosque. It was erected in 1184-1196. The peal of its 24 bells playing together on the Saturday of Holy Week marks the beginning of the spring festivities for which Seville is famous.

GOYA : Francisco de Goya (1746-1828), one of the greatest Spanish painters. His works, on a great variety of subjects, include exquisite portraits of women.

GRANADA : A city picturesquely situated at the foot of two mountain spurs which ascend gradually from west to east and fall off precipitously toward the plain (*vega*). Soon after 711 the Arabs erected a fortress here. In the course of time Granada became the wealthiest city in the Peninsula. Its court was frequented by the most eminent Arabic poets and historians of the Middle Ages. At its capture by the Spaniards in 1492 Granada is said to have contained half a million inhabitants.

GUADALAJARA : A mountainous province northeast of Madrid.

GUADALQUIVIR : The largest river in southern Spain. Seagoing vessels of moderate size can ascend to Seville.

GUADIX : A town of 12,000 inhabitants in an open valley on the left bank of a small river. It is surrounded by orchards.

GUARDIA CIVIL : A military body of rural police.

LA HABANA : Havana, capital of Cuba, with a population of about 800,000, is one of the most active commercial centers and one of the most charming cities of Latin America. The city is built on a peninsula between the Gulf of Mexico and the Bay of Havana. Columbus arrived in Cuba on Oct. 28, 1492. Havana was founded in 1519. Cuba became independent of Spain in 1898.

ILLESCAS : A town in the province of Toledo. It is the customary halfway stop between Madrid and Toledo.

LAS INDIAS : The New World, a name commonly given to the Western Hemisphere until the term " America " began to be used.

LIMA : The capital of Peru, with a population of 600,000, situated on the Rimac river on a wide and fertile plain 8 miles from the Pacific Ocean. The towering Andes, less than 50 miles away, can be seen from the city. Lima was founded by the Spanish conquistador Francisco Pizarro on Jan. 18, 1535. The University of San Marcos, founded in 1551, is the oldest university in the New World. Peru became independent of Spain during the period 1818-1824.

MADRID : The capital of Spain, situated on a tableland near the center of the Peninsula. The modern city has nearly two million inhabitants. It is divided from west to east by the wide gay Calle de Alcalá and from north to south by the beautiful tree-lined avenues Paseo de la Castellana, Paseo de Recoletos, and Paseo del Prado, adorned with fountains and statues. The center of the city is the busy Puerta del Sol. The Prado museum is one of the finest in the world. Old Madrid still survives in many streets, squares, and buildings.

LA MANCHA : A wide expanse of arid tableland in central Spain, south of Madrid.

MARÍA LUISA : Wife of Carlos IV (1748-1819), dethroned by Napoleon in 1808.

MARRUECOS : Morocco, a region in North Africa lying between

the Atlantic Ocean and Algeria and bounded on the south by the Sahara Desert. It has a population of eight and a half million.

MÉJICO : Mexico City, the capital of Mexico, with a population of two million, lies in the fertile valley of Mexico at 7,000 ft. above sea level, in an amphitheatre of mountains flanked on the south by the two volcanoes, Popocatepetl and Ixtacihuatl. Hernán Cortés entered Mexico City, at that time the Aztec city Tenochtitlán, with a force of 400 men on Aug. 13, 1519. Mexico became independent of Spain during the period 1810-1822.

MONASTERIO DE CARDEÑA : Monastery of San Pedro of Cardeña, eight miles to the south of Burgos; place of burial of the Cid and his wife.

LOS MOROS : The Moors, Mohammedans who lived in Spain for approximately 800 years and who left a deep imprint upon the culture of the country.

NACIMIENTO : The *nacimiento* is a Christmas scene in which the Bethlehem stable is portrayed. Small colored figures representing the Infant Jesus, Mary, Joseph, the Magi, the shepherds, and so on, are set in a background of mountains, streams, roads, and meadows. For Spaniards the *nacimiento* takes the place of the Christmas tree.

NAVARRA Y ARAGÓN : Navarre and Aragon, two regions of northern Spain, at the base of the Pyrenees. Each constituted a separate kingdom in the Middle Ages. To the north and west of these lands, massive snow-clad mountains rise to heights of from 5,000 to 11,000 ft.; below the foothills are desolate, treeless table-lands interrupted in places by fertile valleys. These two regions are crossed by the river Ebro, which empties into the Mediterranean.

ORÁN : A region east of Morocco, now a part of Algeria.

OTELO : Othello, the Moor, the chief character in the play of the same name by Shakespeare.

PAÍSES BAJOS : The Low Countries, Belgium and Holland, under Spanish rule from 1506 to 1579.

PALENCIA : A city in Old Castile on the left bank of the Carrión river. During the 12th century it was the seat of the Castilian kings. In the city and its environs still stand several convents and monasteries which furnished shelter to the many pilgrims going to Santiago de Compostela.

PAMPLONA : The capital of Navarre, lies on a hill on the left bank of a small river. It is surrounded by an ancient wall.

PATIO DE LOS LEONES : Court of the Lions. So named after the twelve lions bearing the large fountain basin in the center. The court, which is 92 ft. long and 52 ft. wide, is surrounded by an arcade of 124 columns.

PEÑÓN DE GIBRALTAR : Rock of Gibraltar. It stretches almost exactly north to south with a length of 2 miles and a breadth of ½ to ¾ mile. It is united to Spain by a flat sandy isthmus 1 mile long and only ½ mile wide. Gibraltar (Arabic *Gebel Tarik*, or rock of Tarik, named for the commander of the Arabs invading Spain), was founded as a fortress by Tarik in 711.

PLAZA MAYOR : This plaza in Salamanca is one of the finest squares in Spain. It is surrounded by four-story buildings with colonnades on the ground floor. It dates from the 18th century.

POSADA DEL SEVILLANO : Cervantes often stopped here. The inn, later called Posada de la Sangre, is still in existence.

PUENTE DE ALCÁNTARA : Moorish bridge rebuilt in 1528.

EL RETABLO DE MAESE PEDRO : *Master Peter's Puppet Show* has been musically interpreted by the great composer Manuel de Falla in his one-act chamber opera of the same title (*Master Peter's Puppet Show*), first performed in Paris (1923) at the home of the Princess de Polignac.

EL RETIRO : Parque de Madrid, a large and beautiful park near the center of Madrid. It contains a great number of fountains and statues, palaces, theaters, zoological gardens and an artificial lake.

REYES CATÓLICOS : King Ferdinand V of Aragon (1452-1515) and Isabel I of Castile (1451-1504). The marriage of these two monarchs in 1469 brought about the national unity of Spain.

RONDA : A town 60 miles north of Algeciras, one of the most interesting in Spain, picturesquely situated in the midst of a magnificent amphitheatre of mountains. The two sections of the town are separated by a chasm 295 ft. wide and about 500 ft. deep, and are connected by an 18th-century bridge. The river Guadalevín, after dashing over several waterfalls, meanders into a rich valley of orchards.

Ronda was taken from the Moors by the Spaniards in 1485.

The Serranía de Ronda, the intricate mountains to the west and southwest of the town, afforded hide-outs in the 19th century for the famous bandit smugglers coming from the Mediterranean. This region is the setting for the mountain scenes in Mérimée's *Carmen* and in Bizet's opera of the same name.

SALAMANCA : This famous university city on the Tormes river in the western part of Spain lies on a large plain and commands a beautiful view of the distant summits of snow-clad mountains to the south. Its many magnificent churches and palaces are built of soft sandstone made golden by the passing of time. The University of Salamanca, founded in 1230, occupied a place on a par with the three great universities of Bologna, Paris, and Oxford.

SAMARCANDA : Samarkand, a famous city important as a trading center in Central Asia.

SANLÚCAR DE BARRAMEDA : A town at the mouth of the Guadalquivir. It is famous for its light sherry wine, Manzanilla, and as a summer resort. Columbus embarked here in 1498 for his third voyage to the New World.

SANTIAGO DE COMPOSTELA : A spacious and grandiose town of 20,000 inhabitants in the heart of Galicia, on a hilly plateau on the side of a mountain. According to tradition the body of the apostle St. James the Greater (Santiago el Mayor), who had preached the gospel in Spain, is buried here. The magnificent cathedral erected on the site was, in the Middle Ages, one of the three main shrines of Christendom, the other two being Rome and Jerusalem.

SARRIÓ : A small village on the coast of Asturias.

SEVILLA : Seville lies on a wide plain on the left bank of the Guadalquivir. It is an important harbor town and an agricultural and industrial center. It presents a uniquely harmonious blend of artistic historical tradition and modern life. The cathedral, begun in 1402 and finished in 1506, is one of the largest and most beautiful Gothic churches in the world.

SIGÜENZA : A town in the province of Guadalajara, situated on a high plateau on the left bank of the Henares river and surrounded by barren reddish mountains.

SITIO DE ZARAGOZA : The siege of Saragossa, in which the citizens of Saragossa heroically defended their city against the French. The siege began Dec. 1, 1808, and lasted until Feb. 21, 1809.

TALAVERA : Talavera de la Reina, a town in the province of Toledo. It lies on the Tagus, in a fertile plain. It was the hereditary domain of the Queens of Castile. It is famous for its blue-and-white pottery.

TOLEDO : One of the most ancient cities of Spain, on a hill surrounded on three sides by the Tagus river. To the north lies the vast plain of New Castile. Toledo was a great center of culture under both the Moorish kings and the kings of Castile. At its height it had a population of 200,000. Its Gothic cathedral is its chief glory. Modern Toledo's population is 30,000.

TORMES : A tributary of the river Duero. Salamanca lies on its right bank.

TORRE DEL ORO : The Golden Tower, so named because of the color of its tiles, stands on the left bank of the Guadalquivir in Seville. It was originally one of the towers of the Moorish Alcázar and was afterwards used by King Pedro I as a treasure-house and prison.

TRAFALGAR : A cape in southern Spain, northwest of the Straits of Gibraltar. In the naval combat fought in 1805 off Trafalgar, British Admiral Nelson defeated the combined French and Spanish fleets.

TRAJE DE LUCES : The bullfighter's costume, made of silk and ornamented with gold tassels and embroidery.

TRIANA : A suburb of Seville on the right bank of the river, inhabited chiefly by the poor and by gypsies, bullfighters, flamenco singers, and dancers.

VALENCIA : A city on the east coast of Spain, two miles from the sea in the fertile Huerta de Valencia, on the right bank of the Turia. The city presents a brilliant aspect with the blue, white, and gold-tiled domes of its churches. The modern city has a population of well over half a million.

VALLADOLID : Valladolid lies in a fertile plain on the left bank of the Pisuerga river, a tributary of which — the Esgueva — cuts the city in two. It was the favorite residence of the kings of Castile, and is rich in Gothic and Renaissance architecture. Here Ferdinand and Isabel were married in 1469 and here Columbus died in 1506. It became the capital of Spain from 1600-1605. Cervantes lived here during those years, engaged in the writing of *Don Quijote*.

VERACRUZ : A city of Mexico, on the Gulf of Mexico, with 80,000 inhabitants. It is one of the most important ports in Central America.

THE (SPANISH) WAR OF INDEPENDENCE, or Peninsular War as it is called in English, began on May 2, 1808, with the uprising of the Madrid populace against the French invaders and lasted until the battle of Vitoria, June 21, 1813, in which the Napoleonic armies under King Joseph, Napoleon's brother, were defeated by the Anglo-Spanish forces commanded by Lord Wellington.

ZARAGOZA : Saragossa, the capital of the former kingdom of Aragón, on the right bank of the river Ebro. At all periods in its history it has been of importance for trade. The modern city has a population of 320,000.

ZEGRÍES Y ABENCERRAJES : Two noble families in the medieval Moorish kingdom of Granada.

ZOCODOVER : The main square in Toledo, the center of the town's activities.

APPENDIX

REGULAR VERBS

IRREGULARITIES IN VERBS

Regular Verbs

hablar	aprender	vivir

PRESENT PARTICIPLE

hablando	aprendiendo	viviendo

PAST PARTICIPLE

hablado	aprendido	vivido

THE INDICATIVE

PRESENT

hablo	aprendo	vivo
hablas	aprendes	vives
habla	aprende	vive
hablamos	aprendemos	vivimos
habláis	aprendéis	vivís
hablan	aprenden	viven

IMPERFECT

hablaba	aprendía	vivía
hablabas	aprendías	vivías
hablaba	aprendía	vivía
hablábamos	aprendíamos	vivíamos
hablabais	aprendíais	vivíais
hablaban	aprendían	vivían

PRETERITE

hablé	aprendí	viví
hablaste	aprendiste	viviste
habló	aprendió	vivió
hablamos	aprendimos	vivimos
hablasteis	aprendisteis	vivisteis
hablaron	aprendieron	vivieron

FUTURE

hablaré	aprenderé	viviré
hablarás	aprenderás	vivirás
hablará	aprenderá	vivirá
hablaremos	aprenderemos	viviremos
hablaréis	aprenderéis	viviréis
hablarán	aprenderán	vivirán

CONDITIONAL		
hablaría	aprendería	viviría
hablarías	aprenderías	vivirías
hablaría	aprendería	viviría
hablaríamos	aprenderíamos	viviríamos
hablaríais	aprenderíais	viviríais
hablarían	aprenderían	vivirían

PRESENT PERFECT	PLUPERFECT	FUTURE PERFECT
he hablado	había hablado	habré hablado
has hablado	habías hablado	habrás hablado
ha hablado	había hablado	habrá hablado
hemos hablado	habíamos hablado	habremos hablado
habéis hablado	habíais hablado	habréis hablado
han hablado	habían hablado	habrán hablado

PAST CONDITIONAL

habría hablado
habrías hablado
habría hablado

habríamos hablado
habríais hablado
habrían hablado

THE SUBJUNCTIVE

PRESENT

hable	aprenda	viva
hables	aprendas	vivas
hable	aprenda	viva
hablemos	aprendamos	vivamos
habléis	aprendáis	viváis
hablen	aprendan	vivan

—se IMPERFECT

hablase	aprendiese	viviese
hablases	aprendieses	vivieses
hablase	aprendiese	viviese
hablásemos	aprendiésemos	viviésemos
hablaseis	aprendieseis	vivieseis
hablasen	aprendiesen	viviesen

—ra IMPERFECT

hablara	aprendiera	viviera
hablaras	aprendieras	vivieras
hablara	aprendiera	viviera
habláramos	aprendiéramos	viviéramos
hablarais	aprendierais	vivierais
hablaran	aprendieran	vivieran

PRESENT PERFECT	—se PLUPERFECT	—ra PLUPERFECT
haya hablado	hubiese hablado	hubiera hablado
hayas hablado	hubieses hablado	hubieras hablado
haya hablado	hubiese hablado	hubiera hablado
hayamos hablado	hubiésemos hablado	hubiéramos hablado
hayáis hablado	hubieseis hablado	hubierais hablado
hayan hablado	hubiesen hablado	hubieran hablado

IMPERATIVE FORMS

habla (tú)	aprende (tú)	vive (tú)
hablad (vosotros)	aprended (vosotros)	vivid (vosotros)

Irregularities in Verbs

Verbs that have irregularities in their conjugations may be grouped into four classes. The first class includes verbs which require *changes in spelling* to preserve a particular sound of the infinitive. The second class of verbs includes those whose *stems* end in a vowel*. The third class is composed of *radical-changing* verbs. In these three classes, the verb whose conjugation is given serves as a model for many other verbs that are conjugated like it. The fourth class includes so-called *irregular* verbs. These verbs undergo changes which do not apply to other verbs.

I. VERBS REQUIRING CHANGES IN SPELLING

▶ 1. Verbs ending in –car.

C changes to qu before e. In this way the sound of k is preserved.

buscar: to look for

PRETERITE	busqué, buscaste, buscó, buscamos, buscasteis, buscaron
PRESENT SUBJUNCTIVE	busque, busques, busque, busquemos, busquéis, busquen

▶ 2. Verbs ending in –gar.

G changes to gu before e. In this way, the hard sound of the g is preserved.

llegar: to arrive

PRETERITE	llegué, llegaste, llegó, llegamos, llegasteis, llegaron
PRESENT SUBJUNCTIVE	llegue, llegues, llegue, lleguemos, lleguéis, lleguen

▶ 3. Verbs ending in –zar.

Z changes to c before e. Z is not used in Spanish before e.

cruzar: to cross

PRETERITE	crucé, cruzaste, cruzó, cruzamos, cruzasteis, cruzaron
PRESENT SUBJUNCTIVE	cruce, cruces, cruce, crucemos, crucéis, crucen

* The stem is that part of the infinitive which remains after the infinitive ending is removed: and-ar, com-er, conoc-er.

▶ 4. Verbs ending in −guar.

The u is written with a diaeresis before **e**. The diaeresis indicates that the **u** is pronounced.

averiguar: to find out

PRETERITE **averigüé**, averiguaste, averiguó, averiguamos, etc.
PRESENT SUBJUNCTIVE **averigüe, averigües, averigüe, averigüemos, averi- güéis, averigüen**

▶ 5. Verbs ending in −ger and −gir.

G changes to **j** before **a** or **o**. In this way the aspirated sound of the **g** is preserved.

coger: to catch

PRESENT INDICATIVE **cojo**, coges, coge, cogemos, cogéis, cogen
PRESENT SUBJUNCTIVE **coja, cojas, coja, cojamos, cojáis, cojan**

▶ 6. Verbs ending in −guir.

Gu changes to **g** before **o** or **a**. **U** is not pronounced in the combination **gui**, but would be in the combinations **guo** and **gua**.

seguir (i): to follow

PRESENT INDICATIVE **sigo**, sigues, sigue, seguimos, seguís, siguen
PRESENT SUBJUNCTIVE **siga, sigas, siga, sigamos, sigáis, sigan**

▶ 7. Verbs ending in −cer and −cir.

Verbs in −cer and −cir belong in this category only when **c** is preceded by a *consonant* (vencer: to overcome, esparcir: to scatter). The **c** changes to **z** before **a** or **o**. In this way the soft sound of the **c** is preserved.

vencer: to overcome

PRESENT INDICATIVE **venzo**, vences, vence, vencemos, vencéis, vencen
PRESENT SUBJUNCTIVE **venza, venzas, venza, venzamos, venzáis, venzan**

Most verbs in −cer or −cir preceded by a *vowel* (parecer: to seem) are conjugated like conocer. **Z** is inserted before **c** when the verb ending begins with **a** or **o**.

conocer: to know

PRESENT INDICATIVE	conozco, conoces, conoce, conocemos, conocéis, etc.
PRESENT SUBJUNCTIVE	conozca, conozcas, conozca, conozcamos, conozcáis, conozcan

Verbs ending in −ducir are conjugated like conducir.

conducir: to lead

PRESENT INDICATIVE	conduzco, conduces, conduce, etc.
PRESENT SUBJUNCTIVE	conduzca, conduzcas, conduzca, etc.
PRETERITE	conduje, condujiste, condujo, condujimos, condujisteis, condujeron
IMPERFECT SUBJUNCTIVE	condujese (condujera), condujeses (condujeras), etc.

II. VERBS WITH STEMS ENDING IN A VOWEL

▶ 1. Verbs ending in −uir.

In verbs in −uir (but not −guir) unstressed i between vowels becomes y; and y is *inserted* before a, o, and e.

huir: to flee

PARTICIPLES	huyendo	huido
PRESENT INDICATIVE	huyo, huyes, huye, huimos, huís, huyen	
PRESENT SUBJUNCTIVE	huya, huyas, huya, huyamos, huyáis, huyan	
PRETERITE	huí, huiste, huyó, huimos, huisteis, huyeron	
IMPERFECT SUBJUNCTIVE	huyese (huyera), huyeses (huyeras), etc.	
IMPERATIVE	huye (tú)	

▶ 2. Verbs ending in −eer.

Unstressed i between vowels becomes y.

leer: to read

PARTICIPLES	leyendo	leído
PRETERITE	leí, leíste, leyó, leímos, leísteis, leyeron	
IMPERFECT SUBJUNCTIVE	leyese (leyera), leyeses (leyeras), etc.	

▶ 3. Verbs ending in −iar and −uar.

Some verbs in −iar and −uar require a written accent on the i or u when the endings are *not* stressed.

enviar: to send

PRESENT INDICATIVE	envío, envías, envía, enviamos, enviáis, envían
PRESENT SUBJUNCTIVE	envíe, envíes, envíe, enviemos, enviéis, envíen

III. RADICAL-CHANGING VERBS

▶ **1. First-class verbs.**

These verbs change stressed **e** to **ie** and stressed **o** to **ue**. They include verbs in **-ar** and **-er**.

pensar

PRESENT INDICATIVE	pienso, piensas, piensa, pensamos, penséis, piensan
PRESENT SUBJUNCTIVE	piense, pienses, piense, pensemos, penséis, piensen
IMPERATIVE	piensa (tú)

perder

PRESENT INDICATIVE	pierdo, pierdes, pierde, perdemos, perdéis, pierden
PRESENT SUBJUNCTIVE	pierda, pierdas, pierda, perdamos, perdáis, pierdan
IMPERATIVE	pierde (tú)

contar

PRESENT INDICATIVE	cuento, cuentas, cuenta, contamos, contáis, cuentan
PRESENT SUBJUNCTIVE	cuente, cuentes, cuente, contemos, contéis, cuenten
IMPERATIVE	cuenta (tú)

volver

PRESENT INDICATIVE	vuelvo, vuelves, vuelve, volvemos, volvéis, vuelven
PRESENT SUBJUNCTIVE	vuelva, vuelvas, vuelva, volvamos, volváis, vuelvan
IMPERATIVE	vuelve (tú)

jugar*

PRESENT INDICATIVE	juego, juegas, juega, jugamos, jugáis, juegan
PRESENT SUBJUNCTIVE	juegue, juegues, juegue, juguemos, juguéis, jueguen
IMPERATIVE	juega (tú)

▶ **2. Second-class verbs.**

These verbs change stressed **e** to **ie** and stressed **o** to **ue**. Unstressed **e** and **o** change to **i** and **u** respectively, when followed in the next syllable by **a, ie, io**. Only verbs in **-ir** are included in this class.

* **Jugar** is a unique radical-changing verb since it has **u** as a radical vowel. It is conjugated as if it were spelled with an **o** in the infinitive.

sentir

PRESENT PARTICIPLE	sintiendo
PRESENT INDICATIVE	siento, sientes, siente, sentimos, sentís, sienten
PRESENT SUBJUNCTIVE	sienta, sientas, sienta, sintamos, sintáis, sientan
PRETERITE	sentí, sentiste, sintió, sentimos, sentisteis, sintieron
IMPERFECT SUBJUNCTIVE	sintiese (sintiera), sintieses (sintieras), etc.
IMPERATIVE	siente (tú)

dormir

PRESENT PARTICIPLE	durmiendo
PRESENT INDICATIVE	duermo, duermes, duerme, dormimos, dormís, duermen
PRESENT SUBJUNCTIVE	duerma, duermas, duerma, durmamos, durmáis, duerman
PRETERITE	dormí, dormiste, durmió, dormimos, dormisteis, durmieron
IMPERFECT SUBJUNCTIVE	durmiese (durmiera), durmieses (durmieras), etc.
IMPERATIVE	duerme (tú)

▶ **3. Third-class verbs.**

Verbs of this class change stressed **e** to **i**, and unstressed **e** to **i** when followed in the next syllable by **a, ie, io.** Only verbs in -ir are included in this class.

pedir

PRESENT PARTICIPLE	pidiendo
PRESENT INDICATIVE	pido, pides, pide, pedimos, pedís, piden
PRESENT SUBJUNCTIVE	pida, pidas, pida, pidamos, pidáis, pidan
PRETERITE	pedí, pediste, pidió, pedimos, pedisteis, pidieron
IMPERFECT SUBJUNCTIVE	pidiese (pidiera), pidieses (pidieras), etc.
IMPERATIVE	pide (tú)

reír

PARTICIPLES	riendo reído
PRESENT INDICATIVE	río, ríes, ríe, reímos, reís, ríen
PRESENT SUBJUNCTIVE	ría, rías, ría, riamos, riàis, rían
PRETERITE	reí, reíste, rió, reímos, reísteis, rieron
IMPERFECT SUBJUNCTIVE	riese (riera), rieses (rieras), etc.
IMPERATIVE	ríe (tú)

IV. IRREGULAR VERBS

INFINITIVE	PARTICIPLES IMPERATIVE	PRESENT	IMPERFECT	PRETERITE
1. **andar** to go	andando andado anda andad	ando	andaba	anduve anduviste anduvo anduvimos anduvisteis anduvieron
2. **caber** to fit	cabiendo cabido cabe cabed	quepo cabes cabe cabemos cabéis caben	cabía	cupe cupiste cupo cupimos cupisteis cupieron
3. **caer** to fall	cayendo caído cae caed	caigo caes cae caemos caéis caen	caía	caí caíste cayó caímos caísteis cayeron
4. **dar** to give	dando dado da dad	doy das da damos dais dan	daba	dí diste dió dimos disteis dieron
5. **decir** to say	diciendo dicho di decid	digo dices dice decimos decís dicen	decía	dije dijiste dijo dijimos dijisteis dijeron
6. **estar** to be	estando estado está estad	estoy estás está estamos estáis están	estaba	estuve estuviste estuvo estuvimos estuvisteis estuvieron

FUTURE	CONDITIONAL	PRESENT SUBJUNCTIVE	IMPERFECT SUBJUNCTIVE	
andaré	andaría	ande	anduviera	anduviese
			anduvieras	anduvieses
			anduviera	anduviese
			anduviéramos	anduviésemos
			anduvierais	anduvieseis
			anduvieran	anduviesen
cabré	cabría	quepa	cupiera	cupiese
cabrás	cabrías	quepas	cupieras	cupieses
cabrá	cabría	quepa	cupiera	cupiese
cabremos	cabríamos	quepamos	cupiéramos	cupiésemos
cabréis	cabríais	quepáis	cupierais	cupieseis
cabrán	cabrían	quepan	cupieran	cupiesen
caeré	caería	caiga	cayera	cayese
		caigas	cayeras	cayeses
		caiga	cayera	cayese
		caigamos	cayéramos	cayésemos
		caigáis	cayerais	cayeseis
		caigan	cayeran	cayesen
daré	daría	dé	diera	diese
		des	dieras	dieses
		dé	diera	diese
		demos	diéramos	diésemos
		deis	dierais	dieseis
		den	dieran	diesen
diré	diría	diga	dijera	dijese
dirás	dirías	digas	dijeras	dijeses
dirá	diría	diga	dijera	dijese
diremos	diríamos	digamos	dijéramos	dijésemos
diréis	diríais	digáis	dijerais	dijeseis
dirán	dirían	digan	dijeran	dijesen
estaré	estaría	esté	estuviera	estuviese
		estés	estuvieras	estuvieses
		esté	estuviera	estuviese
		estemos	estuviéramos	estuviésemos
		estéis	estuvierais	estuvieseis
		estén	estuvieran	estuviesen

| | PARTICIPLES | | | |
INFINITIVE	IMPERATIVE	PRESENT	IMPERFECT	PRETERITE
7. **haber**	habiendo	he	había	hube
to have	habido	has		hubiste
		ha		hubo
	he	hemos		hubimos
	habed	habéis		hubisteis
		han		hubieron
8. **hacer**	haciendo	hago	hacía	hice
to do, make	hecho	haces		hiciste
		hace		hizo
	haz	hacemos		hicimos
	haced	hacéis		hicisteis
		hacen		hicieron
9. **ir**	yendo	voy	iba	fuí
to go	ido	vas	ibas	fuiste
		va	iba	fué
	ve	vamos	íbamos	fuimos
	id	vais	ibais	fuisteis
		van	iban	fueron
10. **oír**	oyendo	oigo	oía	oí
to hear	oído	oyes		oíste
		oye		oyó
	oye	oímos		oímos
	oíd	oís		oísteis
		oyen		oyeron
11. **poder**	pudiendo	puedo	podía	pude
to be able	podido	puedes		pudiste
		puede		pudo
		podemos		pudimos
		podéis		pudisteis
		pueden		pudieron
12. **poner**	poniendo	pongo	ponía	puse
to put	puesto	pones		pusiste
		pone		puso
	pon	ponemos		pusimos
	poned	ponéis		pusisteis
		ponen		pusieron

FUTURE	CONDITIONAL	PRESENT SUBJUNCTIVE	IMPERFECT SUBJUNCTIVE	
habré	habría	haya	hubiera	hubiese
habrás	habrías	hayas	hubieras	hubieses
habrá	habría	haya	hubiera	hubiese
habremos	habríamos	hayamos	hubiéramos	hubiésemos
habréis	habríais	hayáis	hubierais	hubieseis
habrán	habrían	hayan	hubieran	hubiesen
haré	haría	haga	hiciera	hiciese
harás	harías	hagas	hicieras	hicieses
hará	haría	haga	hiciera	hiciese
haremos	haríamos	hagamos	hiciéramos	hiciésemos
haréis	haríais	hagáis	hicierais	hicieseis
harán	harían	hagan	hicieran	hiciesen
iré	iría	vaya	fuera	fuese
		vayas	fueras	fueses
		vaya	fuera	fuese
		vayamos	fuéramos	fuésemos
		vayáis	fuerais	fueseis
		vayan	fueran	fuesen
oiré	oiría	oiga	oyera	oyese
		oigas	oyeras	oyeses
		oiga	oyera	oyese
		oigamos	oyéramos	oyésemos
		oigáis	oyerais	oyeseis
		oigan	oyeran	oyesen
podré	podría	pueda	pudiera	pudiese
podrás	podrías	puedas	pudieras	pudieses
podrá	podría	pueda	pudiera	pudiese
podremos	podríamos	podamos	pudiéramos	pudiésemos
podréis	podríais	podáis	pudierais	pudieseis
podrán	podrían	puedan	pudieran	pudiesen
pondré	pondría	ponga	pusiera	pusiese
pondrás	pondrías	pongas	pusieras	pusieses
pondrá	pondría	ponga	pusiera	pusiese
pondremos	pondríamos	pongamos	pusiéramos	pusiésemos
pondréis	pondríais	pongáis	pusierais	pusieseis
pondrán	pondrían	pongan	pusieran	pusiesen

INFINITIVE	PARTICIPLES IMPERATIVE	PRESENT	IMPERFECT	PRETERITE
13. querer *to wish*	queriendo querido quiere quered	quiero quieres quiere queremos queréis quieren	quería	quise quisiste quiso quisimos quisisteis quisieron
14. saber *to know*	sabiendo sabido sabe sabed	sé sabes sabe sabemos sabéis saben	sabía	supe supiste supo supimos supisteis supieron
15. salir *to go out*	saliendo salido sal salid	salgo sales sale salimos salís salen	salía	salí
16. ser *to be*	siendo sido sé sed	soy eres es somos sois son	era eras era éramos erais eran	fuí fuiste fué fuimos fuisteis fueron
17. tener *to have*	teniendo tenido ten tened	tengo tienes tiene tenemos tenéis tienen	tenía	tuve tuviste tuvo tuvimos tuvisteis tuvieron
18. traer *to bring*	trayendo traído trae traed	traigo traes trae traemos traéis traen	traía	traje trajiste trajo trajimos trajisteis trajeron

FUTURE	CONDITIONAL	PRESENT SUBJUNCTIVE	IMPERFECT SUBJUNCTIVE	
querré	querría	quiera	quisiera	quisiese
querrás	querrías	quieras	quisieras	quisieses
querrá	querría	quiera	quisiera	quisiese
querremos	querríamos	queramos	quisiéramos	quisiésemos
querréis	querríais	queráis	quisierais	quisieseis
querrán	querrían	quieran	quisieran	quisiesen
sabré	sabría	sepa	supiera	supiese
sabrás	sabrías	sepas	supieras	supieses
sabrá	sabría	sepa	supiera	supiese
sabremos	sabríamos	sepamos	supiéramos	supiésemos
sabréis	sabríais	sepáis	supierais	supieseis
sabrán	sabrían	sepan	supieran	supiesen
saldré	saldría	salga	saliera	saliese
saldrás	saldrías	salgas		
saldrá	saldría	salga		
saldremos	saldríamos	salgamos		
saldréis	saldríais	salgáis		
saldrán	saldrían	salgan		
seré	sería	sea	fuera	fuese
		seas	fueras	fueses
		sea	fuera	fuese
		seamos	fuéramos	fuésemos
		seáis	fuerais	fueseis
		sean	fueran	fuesen
tendré	tendría	tenga	tuviera	tuviese
tendrás	tendrías	tengas	tuvieras	tuvieses
tendrá	tendría	tenga	tuviera	tuviese
tendremos	tendríamos	tengamos	tuviéramos	tuviésemos
tendréis	tendríais	tengáis	tuvierais	tuvieseis
tendrán	tendrían	tengan	tuvieran	tuviesen
traeré	traería	traiga	trajera	trajese
		traigas	trajeras	trajeses
		traiga	trajera	trajese
		traigamos	trajéramos	trajésemos
		traigáis	trajerais	trajeseis
		traigan	trajeran	trajesen

INFINITIVE	PARTICIPLES IMPERATIVE	PRESENT	IMPERFECT	PRETERITE
19. **valer** *to be worth*	valiendo valido val valed	valgo vales vale valemos valéis valen	valía	valí
20. **venir** *to come*	viniendo venido ven venid	vengo vienes viene venimos venís vienen	venía	vine viniste vino vinimos vinisteis vinieron
21. **ver** *to see*	viendo visto ve ved	veo ves ve vemos veis ven	veía veías veía veíamos veíais veían	vi

FUTURE	CONDITIONAL	PRESENT SUBJUNCTIVE	IMPERFECT SUBJUNCTIVE	
valdré	valdría	valga	valiera	valiese
valdrás	valdrías	valgas		
valdrá	valdría	valga		
valdremos	valdríamos	valgamos		
valdréis	valdríais	valgáis		
valdrán	valdrían	valgan		
vendré	vendría	venga	viniera	viniese
vendrás	vendrías	vengas	vinieras	vinieses
vendrá	vendría	venga ˙	viniera	viniese
vendremos	vendríamos	vengamos	viniéramos	viniésemos
vendréis	vendríais	vengáis	vinierais	vinieseis
vendrán	vendrían	vengan	vinieran	viniesen
veré	vería	vea	viera	viese
		veas		
		vea		
		veamos		
		veáis		
		vean		

Vocabulary

A

a   at, in, on, to
abajo   below, down; **calle —** down the street
abandonar   to abandon, to drop
Abencerrajes   *(see Appendix)*
abierto   open
el abismo   abyss
el abogado   lawyer
abrazado   embracing
abrazar   to embrace
(el) abril   April
abrir   to open
absolutamente   absolutely
absoluto   absolute, complete; **en — absolutely, absolutely not**
absurdo   absurd, foolish
el abuelo   grandfather
abundante   abundant
aburrido   bored
el aburrimiento   boredom
aburrirse   to be bored
acabar   to end; **— de** *(with inf.)* to have just
acariciar   to caress
acaso   perhaps
la acción   action

el aceite   olive oil
aceptar   to accept
la acequia   irrigation ditch
acercarse   to approach
el acero   steel, sword
aclarar   to clarify
acompañar   to accompany
aconsejar   to advise
acontecimiento   event
acordarse (ue) de   to remember
acostarse (ue)   to go to bed
acostumbrado   accustomed
achicar   to bail out
adelantar   to advance
adelante   forward
además   furthermore, besides; **— de** in addition to
adiós   good-by
adivinar   to guess
admirable   wonderful
la admiración   admiration
admirar   to admire
adonde   where
adoptivo   adoptive
adorado   adored
adorar   to adore

adornar to adorn, to bedeck, to ornament

el adorno ornament

adquirir to acquire

adular to flatter

la afición interest

aficionado fond of

afirmar to affirm, to assert

el afrancesado French sympathizer, collaborator

africano African

afuera outside

agarrar to catch, to seize, to hold on to

la agilidad agility

la agitación agitation

agitado agitaded

(el) agosto August

agradable agreeable, pleasant

agradablemente agreeably

agradar to please

agradecer to thank, to acknowledge

agradecido grateful

agrupar to group

el agua (f.) water

el aguador water carrier

aguardar to wait for

el agujero hole

ah ah

ahí there

ahora now; — **mismo** right now, right away

ahorcar to hang

ahorrar to save, to save up

el aire air, breeze

airoso graceful

el ajedrez chess

el ala (f.) wing

alabar to praise

alarmante alarming

alarmar to alarm

el alba (f.) dawn

la albahaca basil

la alberca pond

el alcalde mayor

alcanzar to overtake, to reach

el alcázar palace

Alcázar (see Appendix)

la aldea hamlet

alegrar to brighten; — **se** to be glad

alegre gay, merry

alegremente gaily, joyfully

la alegría joy

alejar to separate, to remove; — **se** to go away

la alfombra carpet

Algeciras (see Appendix)

algo something

el algodón cotton

el alguacil constable

alguno some, some one

Alhama (see Appendix)

Alhambra (see Appendix)

aliado allied

alineado lined

el aliento breath

el alma (f.) soul

la almohada pillow

almorzar to have lunch

alojar to lodge

alquilar to rent

alrededor: a su alrededor around him

el altar altar; — **mayor** high altar

la alteración alteration

el alto halt; **hacer** — to halt

alto tall; **lo** — the top; **en voz alta** in a loud voice

alumbrar to light

allá there; **más** — farther away, beyond

allí there; — **mismo** right there

el ama (f.) mistress; — **de casa** housekeeper

amablemente amiably
amanecer to dawn
el amanecer dawn, daybreak
el amante lover
amar to love
amargamente bitterly
amargo bitter
amarillo yellow
el ambiente atmosphere
amenazar to threaten
el amigo friend
amistoso friendly
el amo master
el amor love
amplio spacious
amueblado furnished
anclar to anchor
ancho wide
¡ anda ! come, get along
Andalucía (see Appendix)
andaluz Andalusian
andar to walk
Ángelus (see Appendix)
la angustia anguish, pang
angustioso full of anguish
el animal animal
el ánimo spirit
anoche last night
anochecer to grow dark
el ansia (f.) anxiety
la ansiedad anxiety
ante before
anterior previous
antes sooner; — de before
la anticipación anticipation
antiguo old, former
anunciar to announce
el anzuelo hook
añadir to add
el año year
apagar to put out
el aparato apparatus
aparecer to seem, to appear

aparentar to pretend
la aparición appearance
apartado separated
el apasionado lover
apasionado passionate
apenas scarcely
el apetito appetite
el aplauso applause
aplazar to postpone
aplicado applied
aplicar to apply
apoderarse to catch hold, to take
    possession
apoyarse to lean
aprender to learn
apresurar to hasten
aprobar to approve, to settle
apropiar to appropriate
aprovechar to take advantage of
apuntar to aim
aquel that
aquél the former
aquí here; por — this way,
    around here
el árabe Arab
Aragón (see Appendix)
aragonés of Aragón
Los Arapiles (see Appendix)
el árbol tree
el arco arch
Arco de la Sangre (see Appendix)
arder to burn
ardiente ardent
el ardite trifle
argentino silvery
aristocrático aristocratic
el arma (f.) arm, weapon
la armadura armor
el aroma aroma
el arquitecto architect
arrancar to tear up, to pull, to
    tear out
arrastrar to drag

arreglar to arrange, to settle
arrepentido repenting
arrepentir (ie) to repent
arrestar to arrest
arriar to lower *(sails)*
arriba up; **calle —** up the street; **boca —** on one's back
arrodillarse to fall on one's knees
arrojar to throw
el arroyo brook
arruinar to ruin
arruinado ruined
el arte *(m. and f.)* art
la artillería artillery
el arzobispo archbishop
asar to roast
ascender (ie) to rise
así so, thus, as; **— y todo** even so; **— como** just as
asmático asthmatic
asomar to appear, to peep
asombrado astonished
aspecto aspect
la astronomía astronomy
la astucia astuteness, cleverness
Asturias *(see Appendix)*
el asunto business, subject matter, affair
asustar to frighten
atacar to attack
el ataque attack
atar to tie
atender to attend to
aterrar to frighten, to terrify

la atmósfera atmosphere
atónito astonished
atormentar to torment
atraer to draw
atrás behind, backward
atravesar to go through, to cross
atreverse to dare
atrevido daring
el atrevimiento daring
atribuir to attribute
la atrocidad atrocity
el atún tuna
el auditorio audience
aumentar to increase
aún still
aunque although
la ausencia absence
la autobiografía autobiography
automáticamente automatically
la autoridad authority
el avance advance
avanzar to advance
avariento miserly
la aventura adventure
avergonzado ashamed
ay alas, oh
la ayuda help, aid
el ayudante aide
ayudar to help
el Ayuntamiento town hall, municipal council
el azahar orange blossom
el azote lash
el azúcar sugar
azul blue

B

Babilafuente *(see Appendix)*
Badajoz *(see Appendix)*
la bahía bay
el bailador dancer

bailar to dance
Bailén *(see Appendix)*
bajar to go down, to get down, to lower; **—se** to dismount

bajo short, low; **en voz baja** in a whisper
bajo under
balancearse to sway, to balance oneself
balbucear to stammer
el balcón balcony
la ballesta crossbow
el banco bench
la bandera flag
la banderita little flag
bañarse to bathe
la barba beard
bárbaro barbarous, uncouth
el barco boat
el barranco cliff, gorge
barrer to sweep
la barrera barrier
el barrio district
barroco baroque
la base base
bastante enough, sufficiently
bastar to be enough
el bastón cane
la batalla battle
la batería battery
el bautismo : la fe de — baptismal record
beber to drink
la bebida drink
la belleza beauty
bellísimo very lovely
bello beautiful
bendito blessed
Bernuy *(see Appendix)*
besar to kiss
la bestia beast
bien well, right
el bienestar well-being
el bigote mustache
bizco cross-eyed
blanco white
la blancura whiteness

Boabdil *(see Appendix)*
la boca mouth; **— arriba** on one's back
la boda wedding; **—s** wedding festivities
la boina beret, Basque cap
la bolsa purse
el bolsillo pocket
la bondad good nature
bondadoso generous
bonito pretty
bordar to embroider
el borde edge, side
bordear to border
Borja *(see Appendix)*
el borracho drunkard
el bosque woods
bostezar to yawn
la bota bottle
botar to launch
la brasa live coal
la braveza valor, courage
bravo : toro — wild bull
el brazo arm
la bribona scoundrel
brillante brilliant
brillar to shine, to gleam
la brisa breeze
británico British
la broma joke; **dar —** to joke
bromear to joke, to jest
el bronce bronze
bruscamente brusquely
brusco brusque
brutalmente brutally
bueno good, kind, well; very well
Buenos Aires *(see Appendix)*
el buey ox
burgalés from (or of) Burgos
Burgos *(see Appendix)*
la burla jest
burlarse de to make fun of

burlonamente mockingly
el burro donkey

la busca search
buscar to look for, to seek

C

la cabalgadura mount
caballeresco knightly
la caballería cavalry, knighthood;
— andante knight errantry
el caballero horseman, gentleman,
knight
el caballo horse; a — on horseback
el cabestrillo sling
la cabeza head
el cable rope
el cabo corporal; cape; al — de
after, at the end of
el cacto cactus
cada each
el cadáver corpse
la cadena chain
Cádiz (see Appendix)
caer to fall
calculador calculating
el calibre caliber
la calma calm
calmarse to quiet down, to calm
oneself
el calor heat; entrar en — to get
warm
calumniar to slander
caluroso hot
el calzón breeches
callar to keep quiet, to hush
la calle street; — arriba, —
abajo up the street, down the
street
la cama bed
la cámara room, chamber
cambiar to change

el cambio change, exchange; en
— on the other hand
caminar to ride, to travel
el camino road, way, route; —
real king's highway; — de
Francia road to France; estar de
— to be on the march
la camisa shirt
la campana bell, church bell
la campanada stroke
el campanario belfry
la campanilla bell
el campesino peasant
el campo field, country, countryside
la canalla rabble
el canario canary
la canasta basket
la candela candle
el candelabro candelabrum
la candelilla little candle
el candil oil lamp
el cangrejo crab
cansado tired
cansarse to tire of
cantar to sing, to crow
el cántaro water jug
la cantidad amount, quantity
el canto song
el cantor singer
el cañón cannon
la caoba mahogany
la capa cape
la capilla chapel
la capital capital
el capitán captain

el **capricho** caprice
caprichoso capricious
la **captura** capture
la **cara** face; — a — face to face
Caracas *(see Appendix)*
el **carácter** character
caramba heck; —, **compadre**
  heck, man
la **carcajada** guffaw
la **cárcel** prison
el **cardenal** cardinal
cargado laden
la **caricia** caress
carlista Carlist
cariñoso affectionate
caritativo charitable
Carlo Magno Charlemagne
la **carne** flesh, meat
caro dear, costly
la **carrera** career
la **carretera** road
el **carretero** carter, driver
Carrión *(see Appendix)*
el **carro** cart
la **carta** letter, card; — de iden-
  tificación identification card
la **casa** house; — de campo country house
la **casaca** dress coat
el **casamiento** marriage, wedding
casarse *(con)* to marry, to get married *(to)*
casi almost
la **casita :** — de campo little
  farmhouse
el **caso :** **no hacer** — a nadie to
  pay no attention to anyone
el **castaño** chestnut tree
el **castellano** Castilian, Spaniard
castigar to punish
el **castigo** punishment
Castilla *(see Appendix)*
el **castillo** castle

la **casucha** dilapidated little house
la **catástrofe** catastrophe
la **catedral** cathedral (— **nueva,**
  — **vieja :** *see Appendix*)
catorce fourteen
la **causa** cause; a — **de** because of
la **cautiva** captive
el **cazador** hunter
la **cebada** barley
la **cebolla** onion
la **celda** cell
celebrar to celebrate
célebre celebrated, famous
el **celo** zeal; los —s jealousy;
  tener —s to be jealous
celoso jealous
el **cemento** cement
la **cena** dinner
cenar to dine
el **céntimo** centimo *(a hundredth
  of a peseta, the peseta being formerly
  worth twenty American cents)*
el **centinela** sentinel
el **centro** center
la **cera** wax
cerca *(de)* near
cercano nearby
la **ceremonia** ceremony
ceremoniosamente ceremoniously
la **cerradura :** **ojo de** — keyhole
cerrar (ie) to close up, to shut
cesar to cease
la **cesta** basket
El Cid *(see Appendix)*
ciego blind
el **cielo** sky
la **ciencia** science
científico scientific, of science
ciento hundred
cierto certain
el **ciervo** deer
el **cigarrillo** cigarette
cinco five

cincuenta fifty
la cincha cinch (*of saddle*)
la cinta ribbon
la cintura waist
circular circular
la circunstancia circumstance
el circunstante bystander, person present
la ciudad city
civil civil
el cobarde coward
cobarde cowardly
cobardemente cowardly
cobrar to collect
la cocina kitchen
el coche carriage
la cochera carriage house
el cofre chest
coger to seize, to pick up, to pick, to catch
cojo lame
la cola tail
la colcha coverlet
el colchón mattress
la colección collection
la cólera anger, wrath
colérico angry
colgar to hang
cojear to limp
la colina hill
la colocación job, placing, placement
colocar to place
el color color
colorado red; ponerse — to blush
colosal colossal
la columna column
el collar collar
la comadreja weasel
el comandante major
el comedor dining room
comentar to comment on

el comentario comment
cometer to commit
la comida meal
el comienzo beginning
como as, like, as if; tan... — so... as, as... as; así — just as
cómo how
cómodamente comfortably
la comodidad comfort
compadecer to pity, to have compassion
compadre man
la compaña company
el compañero companion
la compañía company
la comparación comparison
el compás measure
la compasión compassion
el completamiento fulfillment
completo complete, whole; por — completely
complicado complicated
el cómplice accomplice
componer to repair
la compra purchase; hacer —s to shop
comprar to buy
comprender to understand
con with, in
la concentración concentration
la concha shell
el conde count
Conde de España (*see Appendix*)
la condena penalty
la condenación damnation
condenar to condemn
la condesa countess
conducir to lead
confesar to confess
el confesor confessor
conformes agreed
confundir to confuse
la confusión confusion

confuso confused

congestionado congested

conjurar to conjure

conmigo with me

conocer to know, to meet

el conocimiento knowledge

conquistar to subdue, to overcome, to conquer, to court, to
make a conquest of

conseguir (i) to succeed

el consejo advice

consentir (ie) to consent

conservar to preserve

conservas : fábrica de — canning factory

consistir to consist

construir to build, to construct

contar (ue) to tell, to relate, to
number, to count

contener to stop

contenido contained

contentar to content, to satisfy, to
make happy

contento content, satisfied

contestar to answer

contigo with you

continuar to continue

continuo continuous

el contorno vicinity

contra against

la contracción contraction

contrariar to alter

contrario opposite

el contraste contrast

el contrato contract

convencer to convince

convenir to be necessary

el convento convent

la conversación conversation

conversar to converse

convertir (ie) to convert, to
change

la copa cup, drink

la copla folk song

el corazón heart

Córdoba (see Appendix)

la corista chorus girl

la corneta bugle

la corona crown

el coronel colonel

la correa strap

el corredor corridor

el corregidor corregidor (royal
magistrate)

la corregidora wife of the corregidor

corregir (i) to correct

el correo courier

correr to run, to ride

corresponder to concern

la corrida performance (at a bullfight), bullfight; — de toros
bullfight

corriente current

cortar to cut, to cut off

la cortesía courtesy

cortésmente courteously

el cortijo farmhouse

corto short

La Coruña (see Appendix)

la corza doe

la cosa thing

la cosecha harvest, crop

coser to sew

la costa coast

costar (ue) to cost

la costumbre custom

el costurero sewing box

el cuadro square

cual which, what

la cualidad quality

cualquier(a) any, whatever

cuando when; de vez en — from
time to time; de — en — from
time to time

cuanto as much as, as; en — as

soon as; **en — a** as for; **—
antes** the sooner; as soon as
possible
cuánto how much
cuarenta forty
el cuartel headquarters
cuarto fourth
el cuarto quarter, room
cuatro four
cubierto covered
cubrir to cover
el cuchicheo whispering
el cuchillo knife
el cuello neck
la cuenta bill, account; **llevar las
—s** to keep the accounts
el cuento ſtory
cuerdo wise
el cuerno horn
el cuerpo body

la cuesta slope; **— arriba** uphill
el cuidado care
cuidado take care
cuidadosamente carefully
cuidar a to take care of
la culpa fault, blame; **tener —**
to be blamed
culpable guilty
cultivar to cultivate
la cultura culture
la cumbre height
el cumpleaños birthday
cumplir to pay, to perform, to
reach
el cuñado brother-in-law
el cura prieſt
curar to cure
la curiosidad curiosity
el curso course
cuyo whose

CH

la chaquetilla jacket
la charla chat
charlar to chat
el chasco disappointment
chico small
el chico boy; **— de la calle** ſtreet
urchin

el chihuahua Chihuahua dog
la chimenea fireplace
chiquito very small
chocar to beat, to ſtrike, to
knock
el choque clash

D

la dama lady
el daño harm
dar to give, to face, to ſtrike,
to take; **— un paseo** to take a
walk; **— broma** to joke; **—
batalla** to fight a battle
de as, of, in, on, by, about, from,
for, at, with, than
debajo underneath; **— de** under

deber ought, muſt, to owe, to have
to; **— de estar** muſt be; **— de
ser** muſt have been
el deber duty
el decano dean
decidir to decide
decimar to decimate
decir to say, to tell
la decisión decision

decisivo decisive
declarar to declare, to confess
el defecto defect
la defensiva defense
degollar to behead
la dehesa pasture ground, ranch
dejar to let, to leave, to leave alone;
— de *(with inf.)* to stop
delante in front; **por — de** in
front of
el delegado delegate
el deleite delight
delgado thin, slim
delicadísimo very delicate
delicado delicate
delicioso delightful
delirante delirious
delirar to be delirious
el delirio delirium *(passion)*
el delito crime
demás other, rest *(of the)*
demasiado too
el demonio demon
dentro within; **— de** in the
course of
denunciar to denounce
derecho right
el derecho law
derribar to demolish
derrochar to squander
derrotar to rout
desabotonar to unbutton
desagradable disagreeable
desaparecer to disappear
la desaprobación disapproval
desarrollar to develop
desatar to untie, to loosen
desayunar to breakfast
el desayuno breakfast
descalzo barefooted
descansar to rest, to be beached
el descanso rest
la descarga shot

el descendiente descendant
descolorido pale
desconcertado disconcerted
desconocido unknown, stranger
desconsoladamente disconsolately
descontento discontented
descubierto discovered
descubrir to uncover
descuida don't worry
desde since; **— hacía tiempo**
some time ago; **— cuándo**
since when
el desdén disdain
desdeñosamente disdainfully
desdeñoso disdainful
la desdichada unfortunate woman
desear to want
desembarcar to disembark
el desengaño disillusionment
desenredar to disentangle
la desesperación despair, desper-
ation
desesperado in despair, desperate
desesperarse to be in despair,
despair of
desfigurado disfigured
desgarrar to sip
la desgracia misfortune
el desgraciado unfortunate man
deshacerse to get rid of
desheredar to disinherit
la deshonra dishonor
deshonrado dishonored
deshonrar to dishonor
desierto deserted
designar to designate
desilusionado disillusioned
deslizar to slip away, to glide
desnudarse to undress
desnudo naked
desobedecer to disobey
la desobediencia disobedience
el desorden disorder

despacio slow, slowly

despachar to attend to, to dispose of

el despacho dispatch, message, military communique, office, study

despedirse (i) to say goodby, to take leave

desperezarse to stretch one's limbs

despertar to awake, to get awake, to arouse

despierto awake

despreciar to scorn, to turn down

el desprecio scorn

después afterward; — de after

destacar to stand out

desterrar (ie) to exile

destinar to destine

destrozar to destroy

destruir to destroy

el detalle detail

detener to stop

detenidamente carefully, attentively

la determinación determination

determinar to determine, to resolve

la detonación report

detrás behind; **por — de** behind

la deuda debt

de veras really

la devoción devotion

devolver to return

devorar to devour

el día day; **todo el —** all day

el diablo the devil

diabólico diabolical

diáfano clear

el diamante diamond

diario daily

dibujar to draw

(el) diciembre December

dictar to dictate

diecinueve nineteen

dieciséis sixteen

diecisiete seventeen

el diente tooth

diez ten; **a las —** at ten o'clock

la dificultad difficulty

difunto dead

la dignidad dignity

digno worthy

el dinero money

Dios God

la dirección direction

dirigir to direct; **—se** to address

la disciplina discipline

el discípulo pupil

disculpar to excuse

discutir to discuss

el disfraz disguise

disfrazado disguised

disfrazarse to disguise oneself

disfrutar to enjoy

el disgusto trouble

disminuir to diminish

disolver (ue) to dissolve

disparar to shoot

el disparate absurdity

el disparo shot

dispersar to disperse, to scatter

disponerse to get ready

dispuesto disposed, ready

la disputa dispute

disputar to argue

la distancia distance

distante distant

la distinción distinction

distinguido distinguished

distinguir to distinguish

distinto different

el distrito district

divertido amusing

divertirse to enjoy oneself

la división division

doblar to toll, to round

doce twelve

doler (ue) to pain

el dolor grief, pain, sorrow

doloroso painful, pained, sorrowful, pitiful

dominar to dominate

(el) domingo Sunday

don sir *(title of respect used only with first names)*

Don Carlos *(see Appendix)*

Don Juan *(see Appendix)*

la doncella maiden

donde where

¿ dónde ? where ?

doña lady *(formerly a title of nobility and now a title of courtesy used with the first name)*

dorado golden

dorar to make golden

dormido asleep

dormir (ue) to sleep, go to sleep

dos two

doscientos two hundred

dramático dramatic

la duda doubt

el duelo duel

la dueña mistress

el dueño owner

dulce sweet; **los —s** sweets

la dulzura pleasure, sweetness

el duque duke

la duquesa duchess

durante during

durar to last

duro hard

el duro duro *(a silver coin worth five pesetas, formerly the equivalent of the American dollar)*

E

e *(before **i** or **hi**)* and

el eco echo

echar to throw, to shoot, to turn; **— de menos** to miss; **echarse** to lie down; **echarse a (reir)** to burst out (laughing)

la edad age; **la Edad Media** the Middle Ages

el edificio building

efectivamente actually, really

la efigie effigy

efusivamente effusively

eh eh

ejecutar to execute, to carry out

ejercer to practice

el ejército army

el the; **el que** he who; **el de** that of

él he

la elegancia elegance

elegante elegant

elevarse to ascend, to rise

ella she, her

ellos they, them

embarcarse to embark

embargar to seize

embargo : sin — nevertheless

embozado wrapped in a mantle

la emoción emotion

emocionado moved

empecinado hardheaded, stubborn

el emperador emperor

empezar (ie) to begin

emplear to employ, to use; **—se** to deserve

el empujón push

en in, at, on, into

enamorado in love, enamored

enamorarse to fall in love, to be in love

encantado enchanted

el encantador enchanter

encantador charming
el encanto charm, spell
encargarse to take charge
encender to light
el encerado blackboard
encerrar (ie) to shut up, to lock up
encima : por — de above
encontrar (ue) to find, to meet
el enemigo enemy
la energía energy
enérgico lively
(el) enero January
enfadado annoyed
enfadarse to become angry
la enfermedad illness
enfermo sick
enfrentar to face
enfrente in front
engañar to deceive
enganchar to catch, to hitch
enlazar to embrace
enorme huge, enormous
enredarse to become entangled
la ensalada salad
ensanchar to widen
enseñar to teach, to show
ensillar to saddle
entero entire
enterrar to bury
el entierro funeral procession
entonces then
la entrada entrance
entrar to come in, to enter; — en calor to get warm
entre among, between; por — between
entregar to surrender, to deliver, to devote
entretanto meanwhile
entretener to entertain
entretenido entertained
la entrevista interview

entusiasmado enthusiastic
el entusiasmo enthusiasm
envenenar to poison
enviar to send
la envidia envy
envidioso envious
envolver (ue) to wrap, to envelop, to surround
la época epoch, period, time
el equipaje baggage
equivocarse to be mistaken
errado lost
la escalera staircase; — de servicio servants' staircase
la escalerilla narrow staircase
el escándalo scandal
la escapatoria escapade
la escena scene
el escenario stage
el esclavo slave
la escoba broom
escocés Scotch
escoltar to escort
esconder to hide
el escondite hiding place
la escopeta shotgun
escribir to write
escuchar to listen (to)
el escudo coat of arms
la escuela school
ese that
la esmeralda emerald
eso that
espacioso spacious
la espada sword
la espalda back
espantar to frighten
el espanto astonishment
espantoso frightening, terrifying
(la) España Spain
español Spanish
esparcir to spread, to scatter
especial special

el espectador spectator
el espejo mirror
la esperanza hope
esperar to wait (for)
espeso thick
el espía spy
espirar to expire
el espíritu spirit
espléndido splendid
la esposa wife
el esposo husband
la espuela spur
la esquila bell
el establo stable; mozo de —
  stable boy
el estado state; El Estado Mayor
  General Staff
estallar to burst out
la estancia room
el estanque pond
estar to be
el este east
este this
éste the latter, this one, he
estético esthetic
el estilo style, manner
estimar to esteem, to estimate
esto this; por — for this reason;
  en — at this moment
la estocada thrust of a sword
el estratégico strategist
estrechar to press, to shake
estrecho narrow, tight
la estrella star
estrellado starry
el estribo footboard
el estudio study

estupendo stupendous
estúpidamente stupidly
la estupidez stupidity
el estupor stupor
(la) Europa Europe
evitar to avoid
exactamente exactly
exacto deft
exaltado exalted
excelente excellent
Excelentísima Her Excellency
el exceso excess
la excitación excitement
exclamar to exclaim
exhalar to exhale
exhausto exhausted
la existencia existence
existir to exist
el éxito success
el explicador one who explains
explicar to explain
la exploración exploration
expresar to express
la expresion expression
exquisito exquisite
extenderse (ie) to extend, to
  spread
la extensión expanse
el extranjero foreigner
extranjero foreign
extraño strange
extraordinario extraordinary
Extremadura (see Appendix)
extremeño from (or of) Estremadura
el extremo end
extremo extreme

F

la fábrica factory; — de conservas canning factory
el fabricante manufacturer

la facción feature
la fachada façade
la faena performance (bullfight)

la faja   sash
la falda   skirt
la falta   lack; hacer — to be needed
faltar   to be lacking, to be missing
la fama   fame, reputation
la familia   family
famoso   famous
el fanático   fanatic
el fanfarrón   boaster
el fango   mud
la fantasía   fantasy
el fantasma   ghost
el farol   lantern
fascinador   fascinating
fascinante   fascinating
fascinar   to fascinate
fatal   fatal
la fatiga   fatigue
el favor   favor; haga usted el — please; por — please
favorito   favorite
la fe   faith; — de bautismo baptismal record
(el) febrero   February
febril   feverish
feísimo   very ugly
la felicidad   happiness
felicitar   to felicitate
feliz   happy
femenino   feminine
feo   ugly
el féretro   casket
la feria   fair
feroz   fierce
fervorosamente   fervently
fiar   to trust
la ficha   poker chip
la fiebre   fever
la fiera   wild beast
la fierecilla   little wild creature
fiero   fierce

la fiesta   fiesta, festival, festivity, party, celebration
la figura   figure
figurarse   to imagine
la figurilla   little figure
fijamente   fixedly
fijar   to fix
fijo   fixed
la fila   row
el fin   end; por — finally
el final   end
finalmente   finally
fino   fine
firmar   to sign
firme   firm
firmemente   strongly
la física   physics
físico   physical
flamenco   flamenco   (Andalusian gypsy)
la flecha   arrow
la flor   flower
florido   flowery
flotar   to float
el fondo   background, depth; al — in the back
la forma   form
formar   to form
la fórmula   formula
la fortificación   fortification
la fortuna   fortune
el fósforo   match
formado   formed, shaped
formidable   frightening
la fórmula   formula
forzado   forced, sentenced (to the galleys)
el fracaso   failure
la fragancia   fragrance
francés   French
(la) Francia   France
la frase   phrase
la frecuencia   frequency

la **fregona** kitchenmaid
la **frente** brow, forehead; **frente a** in front of
fresco cool, fresh; **hacer —** to be cool
el **fresco** fresh air
la **frescura** coolness
la **frialdad** coolness
frío cold
la **frontera** frontier
frustrado frustrated
la **fruta** fruit
el **fuego** fire
la **fuente** fountain

fuera outside
fuera get out
fuerte strong, coarse
fuertemente strongly
la **fuerza** strength, force
fugitivo fleeing
fulano so-and-so
el **fulgor** brilliancy
fumar to smoke
la **función** performance
el **funeral** funeral
la **furia** fury
furioso furious
fusilar to shoot

G

el **gabán** overcoat; **— de pieles** fur coat
las **gafas** glasses
el **galán** young lover
galantemente gallantly
galería veranda, gallery
el **galeote** galley slave
Galicia (see Appendix)
galopar to gallop
el **galope** gallop; **a todo —** at full gallop
gallego Galician
el **gallo** rooster
la **gana** desire
el **ganado** flock, herd
ganar to earn, to win
la **garçonnière** (French) bachelor's apartment
la **garganta** throat
la **gasa** gauze
gastar to spend
el **gasto** expense
el **gato** cat
Gelves (see Appendix)
los **gemelos : — de campo** field glasses

el **gemido** groan
gemir (i) to groan
general general
Generalife (see Appendix)
la **generosidad** generosity
el **genio** genius
la **gente** people
la **geografía** geography
la **geometría** geometry
el **gesto** gesture
el **gigante** giant
gigante huge, giant
gigantesco gigantic
Giralda (see Appendix)
girar to turn
giratorio revolving
el **gitano** gypsy
la **gloria** glory
el **gobernador** governor
el **Gobierno** the government
el **goce** joy, enjoyment
el **golpe** knock, blow
golpear to lash, to beat, to strike
la **gorra** cap
la **gota** drop

gótico Gothic
Goya *(see Appendix)*
gozar to enjoy, to delight in
las gracias thanks
gracioso graceful, charming
el grado rank
la grana scarlet *(color)*
Granada *(see Appendix)*
gran(de) large, big, great
el grande grandee
el granuja rogue
gratis free
grave grave, serious
la gravedad gravity
gravemente gravely
el grillo cricket
gris gray
gritar to shout
el grito shriek
grotescamente grotesquely

grueso fat, thick, heavy
el grupo group
Guadalajara *(see Appendix)*
Guadalquivir *(see Appendix)*
Guadix *(see Appendix)*
el guante glove
guapo handsome, beautiful
guardar to keep, to guard, to watch
la guardia guard
Guardia civil *(see Appendix)*
el guardián guardian
la guerra war; **un caballo de —** war horse
guerrero warring
la guerrilla band of guerrillas
el guerrillero guerrilla
el guía way, guide
la guitarra guitar
el gusto taste, pleasure

H

la Habana *(see Appendix)*
haber to have; **había, hubo** there was, there were; **habrá** there will be
la habilidad skill
la habitación room
el habitante dweller, resident
hablar to speak
hacer to make, to do, to figure; **—se** to become; **— las paces** to make peace; **— una seña** to give a signal; **— compras** to shop; **— alto** to halt; **hace tiempo** some time ago
hacia toward
la hacienda property
hallar to find
el hambre *(f.)* hunger; **tener —** to be hungry
hasta until, up to, as far as; **—**

tal punto to such an extent; **— que** until
hay there is, there are; **no — más que** there is (are) only
la hazaña exploit
he : — aquí behold
la hembra female
la herida wound
herido wounded
el hermano brother; **—s** brothers and sisters
hermoso beautiful
el héroe hero
la herradura horseshoe
la herramienta tool
el hidalgo gentleman
la hierba grass
el hierro iron
la hija daughter
el hijo son

la **historia**   history, story
histórico   historic
el **hogar**   hearth
la **hogaza**   loaf
la **hoguera**   bonfire
la **hoja**   leaf
¡ **hola** !   hello
(la) **Holanda**   Holland
el **holgazán**   lazy man
el **hombre**   man
el **hombro**   shoulder
la **honra**   honor
honrado   honest
honrar   to honor
la **hora**   hour
el **horizonte**   horizon
la **hormiguita**   industrious little ant
horriblemente   horribly
horrorizar   to horrify

el **hospital**   hospital
el **hotel**   hotel
el **hueco**   hole, gap; a — hollow
la **huella**   print *(of the foot)*
el **huérfano**   orphan
la **huerta**   orchard, garden *(truck)*
el **hueso**   bone
el **huésped**   guest
huir   to flee
humano   human
humear   to flame, to give forth smoke
húmedo   damp, humid
humilde   lowly
humillar   to humiliate
el **humo**   smoke
el **humor**   humor
hundirse   to sink, to plunge
el **huracán**   hurricane
hurra   hurrah

I

la **idea**   idea
el **ideal**   ideal
la **identificación**   identification; **carta de** — identification card
el **idioma**   language
el **idiota**   idiot
el **ídolo**   idol
la **iglesia**   church
ilegítimo   illegitimate
iluminado   illuminated
iluminar   to illuminate
ilustre   noble
Illescas   *(see Appendix)*
la **imagen**   statue
imaginar   to imagine
imaginativo   imaginative
el **imbécil**   imbecile
imitar   to imitate
la **impaciencia**   impatience
impacientemente   impatiently

el **ímpetu**   impetuosity
imponente   imposing
la **importancia**   importance
importante   important
importar   to matter; **no me importa**   it doesn't matter to me
incapaz   incapable
incesante   incessant
el **incidente**   incident
el **incienso**   incense
la **inclinación**   bow
incompleto   incomplete
incomprensible   incomprehensible
la **incredulidad**   incredulity
increíble   unbelievable
la **independencia**   independence
independiente   independent
las **Indias**   *(see Appendix)*
indicar   to indicate, to show
el **individuo**   individual

inducido induced
la infantería infantry
infernal infernal
infiel unfaithful
el infierno hell
inflexible inflexible
la influencia influence
informar to inform
infortunado unfortunate
ingenioso ingenious
(la) Inglaterra England
inglés English
la inglesita charming English girl
la ingratitud ingratitude
ingrato ungrateful
iniciar to begin
la injusticia injustice
injusto unjust
inmediatamente immediately
la inmensidad immensity
inmenso immense
inmóvil motionless
inmutarse to change one's expression
la inocencia innocence
inocente innocent
inolvidable unforgettable
inquieto restless
la insolencia insolence
insolente insolent
inspeccionar to inspect
instalar to install
instantáneamente instantaneously
el instante instant, moment; **al —** immediately

el instinto instinct
insultar to insult
el insulto insult
insuperable insuperable
la inteligencia intelligence
inteligente intelligent
la intención intention
la intensidad intensity
intensísimo very intense
intenso intense
intentar to intend, to try
el interés interest
interesar to interest
interminable interminable, endless
interrumpir to interrupt
íntimo intimate
intratable intractable
inútil useless
inútilmente uselessly
invadir to invade
inventar to invent
la investigación investigation
el invierno winter
invitar to invite
ir to go; **—se** to go away, to leave; **ir a** *(with inf.)* to be going to; **— de paseo** go for a walk
la ira wrath
la ironía irony
irónicamente ironically
irresistible irresistible
irritar to irritate, to annoy
(la) Italia Italy
izquierdo left

J

jamás ever, never
el jardín garden
el jardinero gardener
los Jardines del Luxemburgo Luxembourg Gardens

la jaula cage
el jazmín jasmine
el jefe chief
José Joseph
joven young

jovialmente jovially
la joya jewel
el juego play
(el) jueves Thursday
el juez judge
el jugador gambler
jugar (ue) to play, to stake; — al toro to play at bullfighting

(el) julio July
(el) junio June
junto together, near
el juramento oath
jurar to take an oath, to swear
la justicia police, law
juvenil youthful
juzgar to judge

L

la the, her, it; la que the one who
el laberinto labyrinth
el labio lip
el laboratorio laboratory
labrar to carve
la ladera side, slope
el lado side
ladrar to bark
el ladrón thief
la lágrima tear
lamentarse to lament, to wail
el lamento lament
la lámpara lamp
la lana wool
la lancha boat; — pescadora fishing boat
la lanza lance
la lanzada thrust with a lance
lanzar to rush, to let loose, to hurl; —se to throw oneself
el lápiz pencil
largo long
la lástima pity
el látigo whip
el latín Latin
latir to beat
lavar to wash
le him, her, it, you
leal loyal
la lección lesson
el lector reader

la lectura reading
la leche milk
leer to read
legal legal
la legumbre vegetable
lejano distant, far away
lejos far; a lo — in the distance; muy — far away
la lengua tongue, language
el león lion
el leoncito little lion
el leonero lion keeper
lentamente slowly
lentísimo very slow
lento slow
la lepra leprosy
les them
levantarse to get up
leve light
levemente lightly
la ley law
la leyenda legend
la libertad liberty, freedom
libertar to free
libertino libertine
la libra pound
librar to free
libre free
libremente in freedom
el libro book
la licencia royal permission
ligero swift

Lima *(see Appendix)*
la limosna alms
limpiar to clean
lindo lovely, pretty
la línea line
la linterna lantern
el líquido liquid
listo ready, clever
literario literary
lo the, it, that, the one
el lobo wolf
loco mad, crazy; **loca** crazy girl
el loco fool
la locura madness

lograr to win
el loro parrot
los the, them
lucir to display, to show off
la lucha fight, struggle
luchar to fight, to struggle
luego then
el lugar place; **tener —** to take place
el lujo luxury
la luna moon; **— de miel** honeymoon
(el) lunes Monday
la luz light; **hubo —** it was light

LL

la llama flame
la llamada summons
llamar to call, to knock; **—se** to be named
el llanto weeping
la llanura plain
la llave key
la llegada arrival

llegar to reach, to arrive, to extend
lleno full
llevar to wear, to carry, to raise, to take, to spend
llorar to weep, to cry
llover (ue) to rain
la lluvia rain

M

la maceta flower pot
el macho male
la madera wood
la madreselva honeysuckle
Madrid *(see Appendix)*
la madriguera hiding place
madrileño from (or of) Madrid
la madrina godmother
madrugar to get up at dawn
Maese Pedro Master Peter
la maestra expert
la maestría mastery
el maestro teacher
el magistrado magistrate

magnífico splendid, wonderful
mal(o) wicked, bad; **de — en peor** worse and worse
mal badly
el mal evil
el Málaga Malaga wine
maldecir to curse
maldito cursed, wicked
malhumorado ill-humored
la malicia malice
maligno evil
maltratar to maltreat
el malvado wicked man
manco one-handed

la **Mancha** *(see Appendix)*
manchado ſtained
manchar to ſtain
mandar to send, to command
el **mando** command; **al —** under the command
manejar to move, to manage
la **manera** manner
la **manga** sleeve
la **maniobra** operation
la **mano** hand, paw
manso gentle
la **manta** robe
mantener to support; **—se** to remain
la **mantequilla** butter
el **manto** robe, cloak, mantle
la **mañana** morning, morrow; **— siguiente** the following morning; **todas las —s** every morning
la **mañanita** early morning
el **mapa** map
la **máquina** machine
el **mar** sea
la **mar** *(de)* lot *(of)*
maravilloso wonderful, marvelous, magic
marcar to mark
la **marcha** march; **en —** march !
marchar to march, to go; **—se** to leave, to go away
María Luisa *(see Appendix)*
María Santísima Holy Mary
el **marido** husband
la **marina** : **— mercante** merchant marine
el **marinero** sailor
la **mariposa** butterfly
el **mariscal** marshal
la **marisma** marsh
el **mármol** marble
Marruecos *(see Appendix)*
(el) **martes** Wednesday

(el) **marzo** March
más more; **no... — que** only, not... except; **— tarde** later; **— allá** farther away, beyond
la **masa** mass
el **mástil** maſt
la **mata** bush
matar to kill
el **matador** murderer
el **matrimonio** marriage, married couple
máximo maximum
(el) **mayo** May
mayor larger, greater, older; **tambor —** drum major
el **mayordomo** ſteward
me me, myself
mecer to rock
el **mechón** lock *(of hair)*
la **media** ſtocking
la **medianoche** midnight
la **medicina** medicine
medio half
el **medio** middle, midſt; **en — de** in the midſt of
mediocre mediocre
el **mediodía** noon
la **meditación** meditation
meditar to meditate
mejicano Mexican
Méjico *(see Appendix)*
la **mejilla** cheek
mejor better; **tanto —** so much the better
la **melancolía** melancholy
melancólico melancholy
mencionar to mention
el **mendigo** beggar
menearse to move along
mengano so-and-so
menor younger
menos less, leaſt, except; **al —** at leaſt

el mensajero messenger
la mentira falsehood, lie
el mercader merchant
el mercado market, market place
merecer to deserve; **—se** to be deserving
el mérito merit
el mes the month
la mesa table
el metal metal
meter to put; **— en** mix in; **—se** to meddle
el método method
mi my
mí me, myself
el miedo fear; **tener —** to be afraid
la miel honey; **luna de —** honeymoon
el miembro member
mientras while; **— tanto** meanwhile
(el) miércoles Wednesday
Miguelito Mike
(el) mil thousand
el milagro miracle
milagrosamente miraculously
militar military
la milla mile
el millón million
el millonario millionaire
el ministro minister
el minuto minute; **a los pocos —s** in a few minutes
mío my, mine
la mirada expression, look
mirar to look, to look at
la misa Mass
miserable miserable, wretched
mismo self, itself, etc.; very
el misterio mystery
misterioso mysterious
la mitad half, middle

los modales manners
modestamente modestly
la modestia modesty
el modo method
mojado wet
mojar to moisten
molestar to annoy, to molest, to trouble
la molinera miller's wife
el molinero miller
el molino mill; **— de viento** windmill
el momento moment; **al —** at once; **a los pocos —s** in a few moments; **por —s** any moment
el monasterio monastery
Monasterio de Cardeña *(see Appendix)*
la moneda coin
la monja nun
el mono monkey
monótono monotonous
el monstruo beast, monster
la montaña mountain
montañoso mountainous
montar to mount
el monte mountain
morado purple
morder (ue) to bite
moreno dark
morir (ue) to die
moro Moorish
el moro Moor *(see also Appendix)*
morrocotudo corking, splendiferous
la mosquita small fly
mover (ue) to move
el movimiento movement
el mozo : — de establo stable boy; **— del mercado de carne** meat market errand boy
la muchacha girl
el muchacho boy

la muchedumbre crowd
muchísimos very many
mucho much
los muebles furniture
la muerte death; a la — to a finish
muerto dead; el — dead man
la mujer wife, woman
la mula mule; — de viaje pack mule

el mulero muleteer
mundano worldly
el mundo world; todo el — everybody
la muñeca doll
el murmullo murmur
murmurar to gossip
el músico musician
mutuamente mutually
muy very; — lejos far away

N

nacer to be born
el nacimiento source
Nacimiento (see Appendix)
la nación nation
nada nothing; de — you're welcome; más que — more than anything; apenas — scarcely anything
nadar to swim
nadie nobody, anybody
nado : a — (by) swimming
napoleónico Napoleonic
la naranja orange
el naranjo orange tree
la nariz nose
la naturaleza nature
naturalmente of course
la navaja knife
Navarra (see Appendix)
la nave ship
necesario necessary
necesitar to need
negar to refuse
el negocio business
negro black
nevar to snow
ni nor, not, even; ni... ni neither... nor; — una not even a; ni... siquiera not... even
el nicho niche

el nietecillo little grandchild
la nieve snow
ningún(o) no, not any; por ninguna parte nowhere
el niño child
no no, not
el noble nobleman
la noche night; de — at night; todas las —s every night; por la — in the evening
el nombramiento appointment
nombrar to appoint, to name
el nombre name
el noroeste northwest
el norte north
nos us, ourselves
nosotros we, us
la nostalgia nostalgia
la nota note
notar to note, to notice
la noticia word, notice; las —s news
la novela novel
la novia fiancée, sweetheart, bride
(el) noviembre November
el novio sweetheart; los —s newlyweds
el nudo knot
la nuera daughter-in-law
nuestro our

nueve nine
nuevo new; **de —** again
el número number

numeroso numerous
nunca never

Ñ

ñoño insipid

O

o or
obedecer to obey
el obispo bishop
el objeto object
la obligación obligation
obligar to compel
la obra work
observar to observe
el obstáculo obstacle
el océano· ocean
(el) octubre October
ocultar to hide
la ocupación occupation
ocupado busy
ocupar to occupy; **—se de** to
devote oneself to
ocurrir to occur
ochenta eighty
odiar to hate
el odio hatred
el oeste west
ofender to offend
la oferta offer
el oficial official
ofrecer to offer
el oído ear, hearing
oír to hear
¡ ojalá ! may... !
el ojo eye; **— de la cerradura**
keyhole
la ola wave

¡ ole ! *or* **¡ olé !** *exclamation expressing
enthusiastic admiration*
oler to smell
la olita little wave
el olivo olive tree
el olor fragrance, odor
olvidar(se) to forget
la olla kettle
once eleven
la oportunidad opportunity
oportuno opportune
la oposición opposition
oprimir to oppress
opuesto opposite
la oración prayer
Orán *(see Appendix)*
el orden order; **la —** command
ordenar to order
la oreja ear
organizar to organize
el orgullo pride
la orilla bank *(stream)*, edge
el oro gold
os you
la oscuridad darkness
oscuro dark, obscure
la ostra oyster
Otelo *(see Appendix)*
el otoño fall
otro other, another
la oveja sheep; *(pl.)* flock

P

la **paciencia** patience
paciente patient
pacíficamente peacefully
pacífico peaceful
el **padre** father; los —s parents
el **padrenuestro** Pater Noster
la **paga** payment, pay
pagar to pay (for)
el **país** country
el **paisaje** countryside
Países Bajos *(see Appendix)*
la **paja** straw, hay
el **pájaro** bird
el **paje** page
la **pala** shovel
la **palabra** word; de — by word
of mouth
el **palacio** palace
Palencia *(see Appendix)*
pálido pale
el **palillo** : — de dientes tooth-
pick
la **palma** palm
la **palmera** palm tree
el **palo** lash
el **pámpano** branch *(vine)*
Pamplona *(see Appendix)*
el **pan** bread
la **pandereta** tambourine
el **panecillo** roll *(bread)*
el **panorama** panorama
el **pantalón** trousers
el **paño** cloth
el **pañuelo** kerchief, handkerchief
el **Papa** Pope
el **papel** piece of paper, rôle;
hacer — to play a rôle
el **par** couple, pair, peer; de —
en — wide open
para to, in order to, for; —

siempre forever; — **que** in
order that; ¿ — **qué** ? why ?
el **paraíso** paradise
parar(se) to stop
parecer to resemble
parecido similar
la **pared** wall
el **pariente** relative
la **parra** grape arbor
el **parral** grapevine
la **parte** part, share; **por todas** —s
everywhere; **en cualquier** — anywhere at all; **por ninguna** —
nowhere
partido broken
partir to leave, to break
el **pasado** past
pasado : — **mañana** day after
tomorrow
el **pasajero** passenger
el **pasaporte** passport
pasar to happen, to spend, to
proceed, to go, to go over
Pascua Florida Easter
pasearse to walk, to pace
el **paseo** walk; **dar un** — to take
a walk; **ir de** — to go for a walk
la **pasión** passion
el **paso** step, walk; — **a** — step
by step; **al** — at a walk
pasodoble pasodoble; — **torero**
bullring pasodoble *(a typical bull-
ring march)*
el **pastor** shepherd
la **pata** foot *(of animal)*
la **patata** potato
el **patio** court
Patio de los Leones *(see Appendix)*
el **patrón** skipper, patron saint
la **pausa** pause

la paz peace; **hacer las paces** to make peace
el pecador sinner
pecar to sin
el pecho chest
el pedazo piece
pedir (i) to ask, to beg; — **prestado** to borrow
la pelea fight
pelear to fight
peligroso dangerous
el pelillo little hair
pelirrojo red-haired
el pelo hair
la pena pain, sorrow
el pendiente necklace
pensador thinking
el pensamiento thought
pensar (ie) to think
pensativo thoughtful
Peñón de Gibraltar *(see Appendix)*
peor worse; **de mal en** — worse and worse
pequeñito very small, tiny
pequeño small
percibir to perceive
perder (ie) to ruin, to waste, to lose; — **pie** to lose one's footing; — **la vida** to lose one's life
la pérdida loss
la perdiz partridge
el perdón pardon
perecer to perish
la perfección perfection
perfectamente perfectly
perfumado perfumed
la perla pearl
el permiso permission
permitir to allow, to permit
pero but, nevertheless
el perro dog; — **guardián** watchdog; — **sabio** trained dog
la persecución pursuit

perseguir (i) to pursue
la persona person
el personaje character
el personal personnel
persuadir to persuade
pertenecer to belong
pesadamente heavily
pesado heavy
pesar : **a** — **de** in spite of
la pesca fishing
la peseta *Spanish coin formerly worth 20 American cents*
el pescador fisherman
el peso peso
la pesquería fishing
el pico peak, point, small amount; **sombrero de tres** —**s** three-cornered hat
el pie foot; **perder** — to lose one's footing; **de**— standing; **en** — standing; **al** — **de la letra** to the letter, literally
la piedra stone
la piel skin
la pierna leg
la pieza piece
el pillo rascal
el pinar pine grove
pintar to paint
pintorescamente picturesquely
pintoresco picturesque
el piso apartment, floor; — **alto** upstairs floor
placer to please
el placer pleasure
el plan plan
el plano map
la planta plant
plantar to plant
la plata silver
la plataforma platform
el plato plate
la playa beach

la **plaza** square; — **de toros** bull ring; la **Plaza Mayor** main square *(see also Appendix)*

la **plazoleta** terrace

la **plazoletilla** small bull ring *(on a ranch for breeding bulls)*

plenamente fully

pobre poor

la **pobreza** poverty

poco little; — **a** — little by little

poder to be able, can

el **poder** authority, power; — **de madre** mother's parental authority

poderoso powerful

el **poeta** poet

poético poetic

el **poker** poker

polaco Polish

la **policía** police

el **polichinela** marionette

político political

la **polvareda** cloud of dust

el **polvo** dust

la **pólvora** powder

polvoriento dusty

el **pollo** chicken

poner to put; —**se** to become; —**se a** to begin to; —**se en marcha** to start to march; —**se colorado** to blush; —**se pálido** to turn pale

la **popa** stern

poquito little

por by, for, through, during, by way of, to, on, as, over, along; — **esto** for this reason; — **detrás de** behind; — **aquí** this way, around here; — **entre** between, through

porque because

¿ **por qué** ? why ?

portarse to behave, to act

la **portería** janitor's quarters

el **portero** janitor

el **pórtico** portico

portugués Portuguese

la **posada** inn

Posada del Sevillano *(see Appendix)*

el **posadero** innkeeper

la **posesión** possession

posesionar to take possession of

posible possible

el **postre** dessert

preceder to precede

el **precio** price

precioso charming

el **precipicio** precipice

precipitadamente hastily

precipitarse to throw oneself

precisamente in fact

el **prefacio** prologue, preface

preferir (ie) to prefer

pregonar to shout a street cry

preguntar to ask

premiar to reward

la **prenda** clothing

preocupar to worry

la **preparación** preparation

preparar to prepare

la **presencia** presence

presentar to introduce; —**se** to appear

prestado : pedir — to borrow

prestar to pay, to lend

la **prima** cousin *(f.)*

la **primavera** spring

primero first

principal main, principal

el **principio** beginning; **a** —**s** in the beginning

la **prisa** hurry; **tener** — to be in a hurry; **de** — quickly

el **prisionero** prisoner

la **proa** prow

probar   to test, to prove
el problema   problem
el procedimiento   procedure
la procesión   procession
la profesión   profession
la profundidad   depth
profundo   deep; **de —**   in depth
prohibido   forbidden
prohibir   to forbid
prolongado   prolonged
prometer   to promise
el promontorio   promontory
pronto   soon; **de —**   suddenly
la propiedad   property
el propietario   owner
propio   own
proponer   to propose
el propósito   purpose
la propuesta   proposal
prosaico   prosaic
la protección   protection
proteger   to protect
provecho : de —   worth while
la provisión   provision
provocar   to arouse, to provoke

provocativo   provocative
la prueba   proof
público   public
el pueblecito   little town
el pueblo   people, town; **de — en — ** from town to town
el puente   bridge
Puente de Alcántara   *(see Appendix)*
la puerta   gate, door
la puertecilla   little door
el puerto   port
pues   well
la puesta   setting ; **— de sol**   sunset
el puesto   place, post, position
puesto   placed
¡ pum !   bang
el puntito   tiny point
el punto   point; **a — de**   on the point of; **hasta tal —**   to such an extent
la puntualidad   punctuality
el puñetazo   punch *(with the fist)*
puro   pure

Q

que   which, that, who, whom; **el —**   he who
que   than
¡ qué !   what ! what a ! which ! how !
quedarse   to remain
la queja   complaint
quejarse   to complain
quemar   to burn
querer (ie)   to want, to wish, to love; **— decir**   to mean
querido   beloved, dear, darling

el queso   cheese; **el quesito del país**   little mold of native cheese
quien   who, whom, the one who
¿ quién ?   who ? whom ?
la quietud   calmness
la química   chemistry
quince   fifteen
la quinta   villa
quinto   fifth
quitar   to remove, to give up, to take away, to take from
quizás   perhaps

R

la **rabia** rage
rabioso violent, loud
el **racimo** bunch of grapes
radiante radiant
radiar to radiate
la **rama** branch
rápidamente rapidly
rápido rapid
raptar to kidnap
el **rapto** kidnapping
el **raptor** kidnapper
raro rare
rascar to scratch
rasgar to tear
el **rato** while
el **ratón** mouse
la **razón** reason, right; **tener —** to be right
real royal; **el camino —** the king's highway
el **real** real (*formerly the equivalent of five American cents*)
la **realidad** reality
el **rebelde** rebel
recibir to receive
reclinar to rest
reclutar to recruit
recoger to take up, to gather up
reconciliarse to be reconciled
reconocer to recognize
reconstruir to rebuild
recordar (ue) to remember
recorrer to go over
el **recreo** recreation
el **recuerdo** memory, recollection
redondo round
la **reflexión** reflection
refrescar to get cool
refugiarse to take refuge
regalar to present, to give as a present

regar to water, to sprinkle
el **regimiento** regiment
registrar to search
la **regla** rule
la **reina** queen
el **reino** kingdom
reír to laugh; **—se de** to laugh at
la **reja** grilled window
el **relámpago** flash of lightning
el **relato** tale
relieve : en — in relief
el **reloj** clock, watch
relucir to shine, to gleam
remar to row
el **remedio** recourse
el **remiendo** patch
el **remo** oar
el **remolino** whirlwind
el **rencor** anger
renegado renegade
la **renta** income
la **renunciación** renunciation
reñir to quarrel
reorganizar to reorganize
la **reparación** repair
repentino sudden
repetir to repeat
el **repique** peal of bells
la **reputación** reputation
requerir to require, to request
resbalar to slip
la **resignación** resignation
resonar to resound
respectivo respective
respetar to respect
el **respeto** respect
respetuosamente respectfully
la **respiración** breathing
respirar to breathe
resplandeciente bright, resplendent

responsable responsible
el resto rest
resuelto settled
el resultado result
resultar to turn out to be
el retablo puppet show
El Retablo de Maese Pedro (see Appendix)
la retaguardia rearguard
la retirada retreat
retirar to withdraw, to retreat, to retire
El Retiro (see Appendix)
retorcer to twist
retorcido winding
retraído retired
el retrato picture
la reunión reunion, gathering, party
reunir to reunite; —se to meet, to gather, to assemble
revelar to reveal
la reverencia reverential bow
el revés reverse; al — upside down
el rey king; —es sovereigns
Reyes Católicos (see Appendix)
rezar to pray
la ría estuary
rico rich, dear
ridículo ridiculous
la rienda rein
el rincón corner
el río river
la riqueza wealth; —s riches
la risa laugh
risueño smiling

el rival rival
la rivalidad rivalry
rizado curly
el rizo curl
robar to steal
la roca rock; de — en — from rock to rock
rocoso rocky
rodar (ue) to roll
rodear to surround
la rodilla knee; de —s on your knees !
rogar (ue) to beg
rojo red
el romance ballad
romano Roman
romper to break, to tear
ronco hoarse
Ronda (see Appendix)
la ropa clothing; — de cama bedclothes
la rosa rose
rosa rosy, rose-colored
el rosal rose bush
el rostro countenance
roto broken, torn, smashed, destroyed
el roto tear
el rubí ruby
rubio blond
el ruedo ring, circumference
rugir to bellow
el ruido noise
ra ruina ruin
ruinoso ruinous
el ruiseñor nightingale
rústico peasant, rustic

S

el sábado Saturday; Sábado de Gloria Saturday of Holy Week
la sábana sheet

saber to know (how or about)
sabio wise, learned; perro — trained dog

el **sablazo** saber thrust
el **sable** saber
sacar to take out, to get, to get out, to release, to draw, to bring up
el **sacristán** sacristan
la **sala** hall, room
Salamanca *(see Appendix)*
la **salida** departure
salir to go out, to come out, to get out
la **salita** small living room
el **salón** hall
saltar to spurt, to leap, to clatter
el **salto** leap; **de un —** at one jump
saludar to greet
la **salvación** salvation
salvar to save
Samarcanda *(see Appendix)*
la **sangre** blood
San Juan *(see Appendix under* DÍA*)*
Sanlúcar de Barrameda *(see Appendix)*
sano well, sound
Santiago de Compostela *(see Appendix)*
el **santo** saint
el **sarcasmo** sarcasm
sarcástico sarcastic
el **sargento** sergeant
Sarrió *(see Appendix)*
Satanás Satan
satánico satanic
satisfacción satisfaction
satisfecho satisfied
el **sauce** willow
se himself, herself, yourself, itself, oneself, themselves, each other, yourselves
secamente dryly
secar to dry

el **secreto** secret
el **secretario** secretary
la **sed** thirst; **tener —** to be thirsty
la **seda** silk
seis six
seguida : en — at once
seguido successive
seguir (i) to continue, to follow
según according to
segundo second
la **seguridad** security
seguro sure
la **semana** week
el **semblante** expression
semejante similar
el **semicírculo** semicircle
sencillo simple
la **sensación** sensation
sentado seated
sentar (ie) to sit down
sentenciar to sentence
el **sentido** sense, meaning, consciousness, feeling
sentimental sentimental
el **sentimiento** feeling
sentir (ie) to feel, to regret
la **seña** signal; **hacer —** to give a signal
la **señal** sign
señalar to set, to point to, to fix, to indicate
el **señor** Mr., sir, lord, gentleman, master; **Señor** Lord
la **señorita** young lady *(unmarried woman)*, Miss
la **señora** lady *(married woman)*, Mrs.
la **separación** separation
separarse to separate, to withdraw
(el) septiembre September
la **sepultura** grave
ser to be

la **serenidad** serenity
serio serious
el **sermón** sermon
el **servicio** service
el **servidor** attendant
servir (i) to serve
sesenta sixty
Sevilla *(see Appendix)*
sevillanita young girl from Seville
sevillano Sevillian
sexto sixth
si if, whether
sí himself, herself, themselves
sí yes
siempre always; **de una vez para —** once and for all; **para —** forever
la **sierra** mountain
la **siesta** afternoon nap
siete seven; **las —** seven o'clock
el **siglo** century; **hace ya muchos —s** many centuries ago
significar to mean
Sigüenza *(see Appendix)*
siguiente following; **a la mañana —** the following morning
silbar to whistle
el **silencio** silence
la **silla** chair, saddle
el **sillón** armchair
la **simetría** symmetry
la **simpatía** attraction
simpático pleasant, charming, attractive
sin without; **— embargo** nevertheless; **sin que** without
sino but, on the contrary
siquiera at least
el **sitio** siege, place
Sitio de Zaragoza *(see Appendix)*
el **soberano** sovereign
sobre about, over, against, on, on top of, about
el **sobre** address, envelope

sobrehumano superhuman
el **sobrino** nephew
la **sociedad** society
el **socorro** help
el **sol** sun; **puesta de —** sunset
solamente only
el **soldado** soldier
la **soledad** solitude
solemnemente solemnly
soler (ue) to be accustomed to
la **solicitud** petition, request
solitario solitary
solo alone, only, single
soltar to loose, to let out
la **solución** solution
sollozar to sob
el **sollozo** sob
la **sombra** shade
el **sombrero** hat; **— de tres picos** three-cornered hat
sombrío sombre
sonar (ue) to strike, to sound
el **sonido** sound
sonoro sonorous
sonreír to smile (upon)
sonriente smiling
la **sonrisa** smile
sonrojado blushing
sonrosado rosy
soplar to blow
sorprender to surprise; **—se** to be surprised
la **sorpresa** surprise
la **sortija** ring
sospechar to suspect
sostener to support
su his, her, its, their, your
suave delicate, gentle
suavemente gently
la **suavidad** softness
el **subalterno** subaltern
subir to go up
el **súbdito** subject

la **sucesión** succession
el **sucesor** successor
sucio dirty
el **sucio** dirty man
sudar to perspire
el **suegro** father-in-law
el **sueldo** salary
el **suelo** ground, floor
suelto loose
el **sueño** sleep; **tener —** to be sleepy
la **suerte** manner, luck
el **sufrimiento** suffering
sufrir to suffer

sujetar to subject, to grasp
suicidarse to commit suicide
suntuoso sumptuous
la **superficie** surface
superior superior
supersticioso superstitious
suplicar to plead
el **sur** south
suspender to postpone, to suspend
suspenso in suspense
suspirar to sigh
sustituir to substitute
suyo his, her, its, their

T

la **taberna** tavern
la **tabernera** innkeeper's wife
táctico tactical
el **tajo** blow
tal such; **la —** that
Talavera *(see Appendix)*
también also
el **tambor** drum; **— mayor** drum major
tampoco neither, not either; **ni yo —** nor I either
tan so
tanto so much; **mientras —** meanwhile; **— mejor** so much the better
tapar to cover
la **tapia** wall
tapiar to wall up
el **tapiz** tapestry
tardar to delay
tarde late; **más —** later
la **tarde** afternoon
el **tartán** plaid
el **taxi** taxicab
la **taza** cup
el **té** tea

te you, yourself
el **teatro** theater; **— de zarzuelas** comic opera theater; **— de polichinelas** marionette show
técnico technical
el **techo** roof
el **tejido** mesh
el **teléfono** telephone
el **telegrama** telegram
el **tema** theme
temblar (ie) to tremble
temer to fear
temerario rash
temeroso timorous, timid
el **temperamento** temperament
templado warm
la **temporada** season
temprano early
tender to stretch
tener to have, consider; **— (veinticinco) años** to be (twenty-five) years old; **— tanta vergüenza** to be so ashamed; **— mucho sueño** to be very sleepy; **— que (marcharse)** to have to (leave); **— hambre** to be hungry

tercero   third

terminar   to come to an end, to finish

el terreno   terrain

el tesorero   treasurer

el tesoro   treasure

testarudo   stubborn

el testigo   witness

ti   you

la tía   aunt; — abuela   great-aunt

tibio   soft, warm

el tiempo   weather, time; hace — some time ago; mucho — long

la tienda   shop

tiernamente   tenderly

la tierra   land, earth, ground

el tigre   tiger

tímido   timid

el timón   rudder

el tío   uncle

típico   typical

el tipo   type

tirar   to throw

titiritero   puppet-show man

tocar   to ring, to play, to clap

todavía   still

todo   all, whole, everything; así y — even so

Toledo   (see Appendix)

tolerar   to tolerate

la toma   capture

tomar   to take

el tono   tone

la tontería   foolishness

tonto   silly; tonta   silly (girl)

el tonto   fool

el toque   call

tordo   gray

torear   to take part in a bullfight, to perform, to play the bull

el toreo   bullfight

el torerillo   apprentice bullfighter

el torero   bullfighter

Tormes   (see Appendix)

la tornera   doorkeeper

torno :   en — de   around, about

el toro   bull; plaza de —s   bull-ring; jugar al —   to play at being a bullfighter; — bravo   wild bull

la torre   tower

Torre del Oro   (see Appendix)

la tórtola   turtledove

la tortura   torture

la tos   cough

toser   to cough

trabajar   to work

el trabajo   work

traer   to bring

Trafalgar   (see Appendix)

el trago   swallow

el traidor   traitor

el traje   costume, suit; — de luces   bullfighter's costume (made of silk and ornamented with gold embroidery and tassels); — de montar   riding habit

la trampa   trap

la tranquilidad   tranquillity

tranquilizar   to calm

tranquilo   calm, tranquil, peaceful

el tranvía   streetcar

tras   behind, after

el traslado   transfer

tratar   to treat, to try

el trato   agreement, transaction

través :   a — de   through

treinta   thirty

trémulamente   tremulously

trémulo   tremulous

trepar   to climb

tres   three

Triana   (see Appendix)

el triángulo   triangle

el trigo   wheat

triste   sad

la tristeza   sadness
tristísimo   very sad
triunfar   to triumph
el triunfo   triumph
la trompeta   trumpet
el trono   throne
las tropas   troops
tropezar (ie) (con)   to bump (into)
trotar   to trot

el trote   trot
el trozo   piece
el truco   trick
tu   your
el tubo   tube
el tumulto   tumult
turbar   to disturb
el turno   turn
el tutor   tutor
tuyo   your, yours

U

último   last
ultramar   overseas
unánime   unanimous
el ungüento   ointment
único   only
el uniforme   uniform
unir   to unite

el unísono   unison
un(o)   a, an; unos   some
la uña   fingernail
usar   to wear
usted   you
útil   useful
la uva   grape

V

la vacación   vacation; de —es   on vacation
vacilar   to vacillate, to hesitate
vagamente   vaguely
Valencia   (see Appendix)
la valentía   courage
valer   to prevail, to be worth; ¡válgame Dios!   God help me!
la valía   worth
valiente   valiant, brave, courageous
el valor   value
Valladolid   (see Appendix)
el valle   valley
la vanguardia   vanguard
vano : en —   in vain
la vara   switch, stick
vario   various
la varita   little stick, switch
varonil   manly
el vasallo   vassal

vecino   neighboring
la vega   plain
vegetar   to vegetate
veinte   twenty
la vela   sail, candle
velar   to watch, to veil
veloz   swift
velozmente   quickly
el vencedor   conqueror
vencer   to win, to conquer, to overcome
vencido   conquered
el veneno   poison
vengarse   to avenge oneself
venir   to come
la venta   inn
la ventana   window
la ventanilla   little window
el ventero   innkeeper
la ventura   good fortune

ver to see; **a ver** let's see; **— con** to do with

Veracruz *(see Appendix)*

el verano summer

la verdad truth; **es verdad** it is true

verdadero real, true, actual

verde green

el verdugo torturer, executioner

la vereda path

la vergüenza shame; **tener tanta — to be so ashamed**

la verónica verónica *(a pass in bullfighting)*

vestido dressed

el vestido dress

vestir (i) to dress; **—se** to get dressed, to put on *(clothes)*

el veterano veteran

la vez time; **otra —** again; **una y otra —** now and again; **de una — para siempre** once and for all; **a veces** at times; **de — en cuando** from time to time; **alguna —** sometimes, occasionally

viajar to travel

el viaje trip, voyage, journey, way, road; **mula de —** pack mule

el viajero traveller

la vida life, livelihood, darling

viejo old

el viento wind; **molino de — windmill; hacer — to be windy**

(el) viernes Friday

vigilar to watch

el vinillo light white wine

el vino wine

violento violent

la visión vision

visitar to visit

la vista vision, sight, gaze, view

vistosamente gaudily

vistoso bright-colored

la viuda widow

el viudo widower

vivir to live

vivo alive, lively

el vizconde viscount

la vocería clamoring

volar (ue) to fly

la voluntad will

el voluntario volunteer

volver (ue) to return, to turn, to put back; **vuelven a montar** they mount again

vosotros you

la voz voice; **en — baja** in a whisper; **en — alta** in a loud voice

el vuelo sweep

la vuelta return, turn; **dar una — to take a walk; estar de — to be back**

Y

y and

ya now, by this time, already

la yegua mare

el yelmo helmet

la yerba grass, herb

el yerno son-in-law

yo I

Z

el zafiro sapphire

la zapatilla slipper

el zapato shoe

Zaragoza *(see Appendix)*

la zarzuela comic opera

Zegríes *(see Appendix)*

Zocodover *(see Appendix)*

la zorra fox

zozobrar to sink